Dostojewski

RUSSLAND UND DIE WELT

BIBLIOTHEK DER REACTION

Herausgegeben von Jean-Jacques Langendorf und Günter Maschke

F. M. Dostojewski
Rußland und die Welt
Politische Schriften

★

Mit einer Einleitung von
Dimitri Mereschkowski

★

Herausgegeben und
mit einem Nachwort versehen von
Martin Bertleff

★

Aus dem Russischen von
Alexander Eliasberg
E.K. Rahsin
Charles Andres

★

MMXV

F. M. Dostojewski

Rußland und die Welt

Politische Schriften

Karolinger
Wien und Leipzig

Gesamtherstellung
Druckerei Theiss, St. Stefan im Lavanttal

Satz
Ecotext-Verlag, Mag. G. Schneeweiß-Arnoldstein, Wien

Umschlag
Peter Alba

Bild
Konstantin Malewitsch
Bäuerinnen in der Kirche

© Karolinger Verlag Wien 2015
© Übersetzung E. K. Rahsin: Piper Verlag München
ISBN 978 3 85418 164 4

Inhalt

Dimitri Mereschkowski
Die religiöse Revolution
7

Von der Liebe zum Volke (1876)
25

Foma Danilow,
der zu Tode gemarterte russische Held (1876)
37

Mein Paradoxon (1876)
55

Träume und Phantasien (1873)
73

Die Meinung eines
geistreichen Bureaukraten
über unsere Liberalen und Westler (1881)
82

Die Judenfrage (1877)
90

Geständnisse eines Slawophilen (1877)
113

Auf welchem Punkte jetzt
die Sache steht (1873)
119

Einiges über den Krieg (1876)
124

Eine ganz private Meinung
über die Slawen, die ich schon längst habe
aussprechen wollen (1877)
131

Das allerletzte Wort
der Zivilisation (1876)
138

Drei Ideen (1876)
142

Die tote Macht und
die künftigen Mächte (1876)
148

Die katholische Verschwörung (1877)
155

Österreichs
gegenwärtige Gedanken (1877)
165

Deutschland,
die protestierende Macht (1877)
172

Was ist Asien für uns? (1881)
178

Rede über Puschkin (1880)
185

Nachwort des Herausgebers
205

Literaturhinweise
212

Dimitri Mereschkowski
Die religiöse Revolution

Dostojewski starb am 28. Januar 1881. Es scheint eine ewige Vorbedeutung darin zu liegen, daß er gewissermaßen am Vorabend des 1. März 1881* starb, gerade vor dem ersten Donnerschlage jenes furchtbaren Gewitters, das jetzt bereits seit einem Vierteljahrhundert heraufzieht und sich immer dunkler über uns zusammenballt, – und daß die erste Gedächtnisfeier seines Todestages, am 28. Januar 1906, unter dem Getöse des endlich ausgebrochenen Sturmes stattfinden mußte. Dostojewski trug selbst den Anfang dieses Sturmes in sich, den Anfang der endlosen Bewegung, obgleich er die Schutzwehr der endlosen Unbeweglichkeit sein oder scheinen wollte: er war die Revolution, die scheinbar Reaktion war.

„Die zukünftige selbständige russische Idee ist bei uns noch nicht geboren, doch die Erde ist unheimlich schwanger mit ihr, und schon schickt sie sich an, sie unter furchtbaren Qualen zu gebären", schrieb er kurz vor seinem Tode. Dostojewski aber war der erste Schrei dieser Qualen.

„Ganz Rußland steht gewissermaßen an einem Endpunkte und schwankt über dem Abgrund", schrieb er im Jahre 1878. Immer wieder suchte Dostojewski sich von diesem Abgrunde abzuwenden, und krampfhaft klammerte er sich an den glatten Rand des Verderbens, an die vermeintlich festen Felsen der Vergangenheit – an Orthodoxie, Autokratie und Nationalität. Doch wenn er gesehen hätte, was wir heute sehen, würde er dann begriffen haben, daß Orthodoxie, Autokratie und Nationalität, so wie er sie verstand, nicht drei Felsen sind, sondern drei Abgründe auf den unvermeidlichen Wegen des heutigen Rußland zum zukünftigen? Rußland ging dorthin, wohin Dostojewski es rief, ging zu dem,

* Tag des Attentats auf den Zaren Alexander II.

was Dostojewski für die Wahrheit hielt. Doch da haben wir nun die Früchte dieser Wahrheit! Rußland „schwankt" heute nicht mehr über dem Abgrund, heute stürzt es bereits in ihn hinab. Die Autokratie stürzt zusammen. Die Orthodoxie ist gelähmter denn je. Und die russische Nationalität steht heute nicht mehr vor der Frage, ob sie einmal die erste in Europa werden kann, sondern ob sie sich überhaupt noch zu erhalten vermag. Auf welche Seite würde sich nun Dostojewski stellen: auf die der Revolution oder die der Reaktion? Oder würde er sich wirklich auch jetzt nicht um seiner großen Wahrheit willen von seinem großen Irrtume lossagen?

Dostojewski ist der Prophet der russischen Revolution. Doch, wie das häufig mit Propheten geschieht, ihm selbst war der wahre Sinn seiner Prophezeiungen verborgen. Ein unversöhnlicher Widerspruch klafft zwischen der äußeren Schale und dem inneren Wesen Dostojewskis. Von außen ist es die tote Schale zeitgebundenen Irrtums; von innen – der lebendige Kern ewiger Wahrheit. Wir müssen die Schale zerschlagen, um ihr den Kern entnehmen zu können. Als die russische Revolution vieles von dem zerschlug, was bis dahin unzerstörbar fest erschien, da vernichtete sie auch den politischen Irrtum Dostojewskis.

Nicht wir werden ihn richten; das wird die Geschichte tun. Wir aber, die wir ihn liebten, die wir mit ihm untergingen, um uns mit ihm zu retten, werden ihn vor diesem furchtbaren Gerichte nicht verlassen: mit ihm werden wir verurteilt oder mit ihm freigesprochen werden.

* * *

Einmal in der Kindheit, als er an einem klaren Frühherbsttage ganz allein im Gestrüpp am Waldrande stand, hörte er plötzlich inmitten der tiefen Stille den lauten Schrei: „Ein Wolf kommt!" – und außer sich vor Schreck lief er schreiend auf das Feld hinaus, geradenwegs zum pflügenden Bauer Marei; um im vollen Laufe nicht zu fallen, ergriff er hastig mit einer Hand die Pflugstange und mit der anderen den

Ärmel des Bauern. Der beruhigte ihn: „... Geh doch! wo denn? Was für 'n Wolf soll denn – ... Ist dir ja nur so vorgekommen! ... Ich werde dich schon nicht vom Wolf rauben lassen ... Christus ist mit dir!" Und „fast mütterlich lächelnd" bekreuzte der Bauer „mit seinen erdigen Fingern" den Knaben.

In dieser Erinnerung ist das ganze religiöse Leben Dostojewskis enthalten. Der kleine Fedja wuchs auf und wurde zu einem großen Schriftsteller. Mit Fedja wuchs auch der Bauer Marei zu einem großen „Gottträger-Volk". Doch die geheimnisvolle Verbindung zwischen ihnen blieb. Seit der Zeit hörte Dostojewski oftmals den Schrei: Ein Wolf kommt! Das Tier kommt! Der Antichrist kommt! – und jedesmal stürzte er dann außer sich vor Schreck zum Bauer Marei, der ihn abermals beschützte und „mit fast mütterlichem Lächeln" beruhigte, der „ich werde dich schon nicht von dem Wolf rauben lassen" zu ihm sagte, ein „Christus ist mit Dir!" zu ihm sprach und ihn bekreuzte. Das war die wahre Taufe Dostojewskis – nicht in der Kirche, sondern auf freiem Feld, nicht mit heiligem Wasser, sondern mit heiliger Erde.

Worin liegt nun eigentlich die Kraft des Bauern Marei, der vor dem „Wolf", dem Tier-Antichrist beschützen kann? In der heiligen Erde Gottes liegt sie, in der feuchten Muttererde, die sich dort, wo der Horizont sich hinzieht, mit dem heiligen Himmel Gottes vereinigt. In dieser letzten zukünftigen, noch nicht vollzogenen, jedoch möglichen Vereinigung des Bauerntums mit dem Christentum, der Wahrheit der Erde mit der Wahrheit des Himmels, liegt die religiöse Kraft des Bauern Marei. Er ist, gleich dem Recken Mikula Sseljaninowitsch in unseren alten Sagen, der Held der dunklen Tiefen unserer Erde, und zu gleicher Zeit der neue Sswjatogor, der Held der Berges- und Sternenhöhen. Er ist der heilige Georg, der „Besieger des Drachens, des uralten Wurmes". Er ist – das russische „Gottträger-Volk" selbst. Bauerntum ist Christentum, oder vielleicht ist es auch umgekehrt: Christentum ist Bauerntum. Doch nicht das alte, staatliche, byzantinische, griechisch-russische, wohl aber das junge, freie, volkliche Bauernchristentum ist – die

„Rechtgläubigkeit". Dies ist der Grundgedanke Dostojewskis. „Das russische Volk ruht ganz in der Rechtgläubigkeit. Die ist alles, was es hat. Doch mehr braucht es auch nicht, denn seine Rechtgläubigkeit ist – alles. Wer die nicht versteht, der wird auch von unserem Volke nichts verstehen; ja, der wird das russische Volk nicht einmal lieben können."

In diesem Grundgedanken liegt zugleich der Grundirrtum Dostojewskis. Er nimmt Zukünftiges für Gegenwärtiges, Mögliches für Wirkliches, sein neues apokalyptisches Christentum für die alte historische Orthodoxie.

Das Bauerntum will Christentum werden, doch ist es das noch nicht geworden. Die Wahrheit der Erde will sich mit der Wahrheit des Himmels vereinigen, doch noch hat sie sich nicht mit ihr vereinigt: für das historische Christentum, die Orthodoxie, hat sich diese Vereinigung als unmöglich erwiesen. Und noch niemals ist das Bauerntum dem Christentum so entgegengesetzt gewesen wie in der jetzigen Zeit. Als das Christentum sich in den Himmel zurückzog, verließ es die Erde; und das Bauerntum, das an der Erdenwahrheit verzweifelte, ist jetzt bereit, auch an der Himmelswahrheit zu verzweifeln. Die Erde ist ohne Himmel, der Himmel ist ohne Erde; Erde und Himmel drohen, in ein uferloses Chaos ineinanderzufließen. Und wer kann wissen, wo der Boden dieses Chaos ist, dieses klaffenden Abgrundes, der sich zwischen Erde und Himmel, zwischen Bauerntum und Christentum aufgetan hat?

Aus diesem einen Grundirrtum ergeben sich auch alle übrigen Täuschungen oder Selbsttäuschungen Dostojewskis. Derselbe Irrtum, der in seiner Auffassung des russischen volkstümlichen Christentums liegt, liegt auch in seiner Auffassung der Beziehung dieses Christentums zur allgemeinen Aufklärung: er verwechselt das Zukünftige mit dem Gegenwärtigen, das Mögliche mit dem bereits Vorhandenen, das Apokalyptische mit dem Historischen. Worin besteht nun die Besonderheit der Orthodoxie oder, wie Dostojewski sagt, des „russischen Christus"?

Er gibt mehrere Definitionen der Rechtgläubigkeit, doch keine befriedigt ihn vollkommen.

„In der ganzen Welt gibt es keinen anderen Namen, denn seinen – den Namen Christi –, der uns erlösen kann", das wäre, wie er meint, die „Hauptidee der Rechtgläubigkeit". Nur ist das eine viel zu allgemeine Definition: sie umfaßt nicht nur das orthodoxe, sondern auch das katholische und protestantische sowie überhaupt jedes christliche Glaubensbekenntnis; denn sie alle erkennen, ganz wie die Orthodoxie, den Namen Christi als den einzigen erlösenden an.

Schließlich aber fand er eine für seine persönliche Religion allerdings tiefere und genauere, für die Orthodoxie aber durchaus falsche Definition. Die östliche Orthodoxe sei, wie er meint, die universale geistige Vereinigung der Menschen in Christo; das westliche, römisch-katholische, päpstliche Christentum aber sei dem östlichen gerade entgegengesetzt. Er sagt: „Das römische Papsttum verkündete, daß das Christentum und seine Idee ohne die universale Beherrschung der Länder und Völker – nicht geistig, sondern staatlich – auf Erden nicht zu verwirklichen sei. Auf diese Weise ist das östliche Ideal: zuerst die geistige Vereinigung der Menschheit in Christo anzustreben, und dann erst, kraft dieser geistigen Vereinigung aller in Christo, die zweifellos sich aus ihr ergebende rechte staatliche wie soziale Vereinigung zu verwirklichen. Nach der römischen Auffassung ist das Ideal dagegen das umgekehrte: zuerst sich eine dauerhafte staatliche Vereinigung in der Form einer universalen Monarchie zu sichern und dann, nachher, meinetwegen auch eine geistige Vereinigung zustande zu bringen unter der Obrigkeit des Papstes, des Herrn dieser Welt."

Hierbei fällt einem infolge des zweideutigen Gebrauchs des Wortes „Staat" oder „staatlich" eine gewisse Unklarheit auf. Zuerst ist der „Staat" als Reich Gottes, als Theokratie aufgefaßt, d.h. als durchaus freies, nur auf Liebe begründetes Gemeinwesen, das jede äußere vergewaltigende Macht verneint und folglich allen bis jetzt in der Geschichte bekannten Staatsformen vollkommen unähnlich ist; im zweiten Fall aber versteht Dostojewski darunter eine äußere, vergewaltigende Macht, eine Herrschaft von dieser Welt, das Reich des Teufels – die Dämonokratie. Hätte nun Dostojewski diese Zweideutigkeit nicht zugelassen und die Entgegenstellung der brüderlichen, freien Vereinigung gedanklich zu Ende geführt, so hätte sich auch für ihn ein völlig unerwarteter, doch ganz unvermeidlicher Folgeschluß ergeben, und zwar: die vollständige Verneinung jeder äußeren staatlichen Macht, jedes Reiches, jeder Herrschaft auf Erden im Namen des Königs aller Könige, des Herrschers aller Herrscher: die volle A n a r c h i e , – natürlich nicht die Anarchie im alten oberflächlichen, sozialpolitischen, sondern im neuen, viel tieferen, religiösen Sinne, eine universale Monarchie als Weg zur universalen Theokratie, die Herrschaftslosigkeit als Weg zur Gottherrschaft.

Es ist aber kaum anzunehmen, daß Dostojewski sich entschlossen haben würde, zu behaupten, die theokratische Anarchie sei das Ideal des östlichen und speziell des russischen Christentums, der Rechtgläubigkeit. Was aber nicht im religiösen Ideal ist, das ist natürlich auch nicht in der religiösen Wirklichkeit und kann es ja auch gar nicht sein: unbedingter Gehorsam allen weltlichen Machthabern, völliger Verzicht auf brüderliche und freie Gemeinsamkeit, vollständige Unterjochung der Kirche durch den Staat – das ist die historische Wirklichkeit der Orthodoxie. Im Westen kam es zum Kampf der geistlichen Macht mit der weltlichen, des neuen christlichen Ideals einer universalen Theokratie mit dem altrömischen, heidnischen Ideal einer universalen Monarchie; das römische Kirchenoberhaupt mußte sein anfängliches christliches Ideal verraten, um sich in einen römischen Cäsar verwandeln zu können. Im Osten ging die Verzichtleistung auf die christliche Freiheit im öffentlichen Leben, d. h. ging der Sieg des heidnischen Staates über die christliche Kirche ohne jeden Kampf vor sich und ohne jeden Verrat; denn es gab nichts, wogegen man hätte kämpfen müssen, bzw. was man hätte verraten können – aus Mangel an einer Idee einer allgemeinen Heiligkeit im Ideale der Rechtgläubigkeit selbst. Die historische Wirklichkeit ist dem historischen Schema Dostojewskis vollkommen entgegengesetzt: die Idee der universalen geistigen Vereinigung der Menschheit in Christo hat nur in der westlichen Hälfte des Christentums, im Katholizismus, existiert – wenn auch ihre Realisierungsversuche schließlich erfolglos geblieben sind, während die östliche Orthodoxie von dieser Idee sich nicht einmal hat träumen lassen. Hier im Osten ist der römische Cäsar, der Selbstherrscher im heidnischen Sinne, der „Erdengott", der „Mensch-Gott", auch im Christentum das geblieben, was er vor dem Christentum war. Und keine Vergewaltigung, keine Religionsspötterei, keine Willkür der autokratischen Macht hat es hier gegeben, die die orthodoxe Kirche nicht gesegnet hätte. Die letzte Grenze dieser Macht ist in der natürlichen Fortsetzung und Vollendung des Oströmischen Reiches, in der russischen Autokratie erreicht. Und wenn die staatliche Macht der Päpste Dostojewski eine Lossagung von Christus erscheint, so müßte ihm die russische Autokratie als der gerade und breite Weg zur Herrschaft des Antichrist erscheinen. Die Autokratie aber dem Papsttum als geistliche christliche Freiheit der staatlichen heidnischen Vergewaltigung, als Theokratie der Demokratie gegenüberstellen, heißt das Schwarze weiß machen und das Weiße schwarz.

Schließlich begriff Dostojewski aber doch, daß man, wenn man auf dem Boden der Rechtgläubigkeit blieb, im „russischen Christ" keine universale Bedeutung finden konnte. Da verließ er denn die Kirche und wandte sich der russischen Aufklärung, ihren zwei größten Repräsentanten, zu – Peter und Puschkin.

In den Reformen Peters findet Dostojewski „eine hervorragend synthetische Begabung, die Fähigkeit zur Allversöhnung, zur Allmenschheit". „Der Russe kennt keine europäische Begrenztheit. Er lebt sich mit allem ein und lebt sich in alles ein. Allem Menschlichen, wenn es auch außerhalb seiner Nationalität, seines Blutes und Bodens steht, kann er nachfühlen. Sein Instinkt errät sofort den allmenschlichen Zug selbst in den schroffsten Sonderheiten anderer Völker: sofort vergleicht, versöhnt er sie in seiner Idee, und nicht selten findet er einen Einigungs- und Versöhnungspunkt in vollkommen entgegengesetzten feindlichen Ideen zweier ganz verschiedener europäischer Nationen."

„… Dort, in Europa, lebt jede nationale Persönlichkeit einzig für sich und in sich; wir aber werden, wenn unsere Zeit anbricht, gerade damit beginnen, daß wir die Diener aller werden, um der allgemeinen Versöhnung willen. Und darin besteht unsere Größe, denn all das führt zur endgültigen Vereinigung der Menschheit. Wer der Erste im Reiche Gottes sein will – der werde der Diener Aller. So verstehe ich die russische Bestimmung in ihrem Ideal."

Dieselbe russische Besonderheit sieht Dostojewski auch in Puschkin: „Wir begriffen in ihm, daß das russische Ideal – Ganzheit, Allheit, Allversöhnung, Allmenschheit ist."

Peter gab die staatliche, Puschkin die ästhetische Form der russischen „Allmenschheit"; Dostojewski war es vorbehalten, den religiösen Inhalt in diese Form zu gießen. Die Allmenschheit, als Übergang zur Gottmenschheit, die Vereinigung der Welt Christi mit der universalen Aufklärung ist nur möglich, wenn in der letzteren die Grundlage der Welt Christi enthalten ist: in der Allmenschheit – Gottmenschheit, die in ihrer ganzen Größe zu offenbaren eben der christlichen Erkenntnis bevorsteht. Doch braucht dabei das geringe Vorhandensein oder der völlige Mangel dieser christlichen Erkenntnis in der heutigen europäischen Kultur, in der Wissenschaft, Philosophie, Kunst, im öffentlichen Leben überhaupt nicht zu beunruhigen: der Hauptunterschied der Allmenschheit, als Übergang und Mittel, von der Gottmenschheit, als Ziel, besteht ja gerade darin, daß in der ersten, in der Allmenschheit, das Menschliche mit dem Göttlichen noch nicht durch die religiöse Erkenntnis verbunden ist, während in der zweiten, in der Gottmenschheit, die Vereinigung sich schon endgültig vollzogen hat. Dostojewski stand nun vor der Aufgabe, das Unvereinbare zu vereinigen: zu zeigen, daß die europäische Kultur außerhalb Christi und scheinbar sogar gegen Christus, dennoch zu Christus geht, vom gekommenen Christ zum kommenden Christ, und daß folglich die Wege Rußlands und Europas, trotz allen scheinbaren zeitweiligen Abweichungen, ein und derselbe ewige Weg sind.

In der politischen Tat fand Dostojewski, was er in der religiösen Anschauung nicht finden konnte – die Definition der Rechtgläubigkeit.

Es könnte noch die Frage sein, ob Dostojewski selbst die Anschauungen seines Helden in den „Dämonen" teilt, wenn er sie nicht in dem „Tagebuch eines Schriftstellers" wiederholte: „Jedes große Volk glaubt und muß glauben, daß in ihm und nur in ihm allein die Rettung der Welt liegt, daß es bloß lebt, um an die Spitze aller Völker zu treten und sie zu dem letzten Ziele, das ihnen allen vorbestimmt ist, zu führen... Der große Eigendünkel, der Glaube, daß man das letzte Wort der Welt sagen will und kann, ist das Unterpfand des höchsten Lebens einer Nation."

So ist denn die Rechtgläubigkeit, ist das wahre Christentum nach Dostojewskis Meinung der „große Eigendünkel" des russischen Volkes, der Glaube an sich selbst, wie an Gott; denn er sagt doch, daß der russische Gott, oder der „russische Christus", nichts anderes sei als die „synthetische Persönlichkeit" des russischen Volkes. Folglich kann man an die Stelle der früheren Formel: „das russische Volk ruht ganz in der Rechtgläubigkeit", die umgekehrte Formel setzen: „die ganze Rechtgläubigkeit ruht im russischen Volke". Nur dann, wenn Rußland mit seinem Gott, mit seinem Christ, „alle anderen Götter und Christusse besiegt und aus der Welt vertrieben haben wird", kann oder wird der „russische Christus" zum Christus der ganzen Welt werden. Wenn aber Gott nur die „synthetische Persönlichkeit des Volkes" ist, dann ist nicht das Volk der Leib Gottes, sondern Gott der Leib, die Fleischwerdung der Volksseele. Dann erhält nicht das Volk sein Dasein von Gott, sondern erhält Gott sein Dasein vom Volk. Dann hat nicht Gott das Volk geschaffen, sondern das Volk und überhaupt die Menschheit, d.h. der Mensch, hat Gott geschaffen, nach seinem, des Menschen, Ebenbilde. Das Volk ist absolut; Gott ist relativ. Folglich sind alle Religionen – nur Mythologien, nur scheingöttliche Ebenbilder der menschlichen Wahrheit. Also hat der Atheist Feuerbach recht, wenn er behauptet, daß der Mensch in Gott sich selbst so lange verehrt, bis er erkennt, daß er, der

Mensch, selbst Gott ist und es einen anderen Gott außer ihm überhaupt nicht gibt.

Das schrecklichste ist ja, daß, wer an den „russischen Christus", an den „russischen Gott", glaubt, nicht an das wahre Gotteswort, an den universalen Christ glauben kann. Die vermeintliche Gottmenschheit, oder „Volkgottheit", ist, ebenso wie die wahre Menschgottheit, der sichere Weg zur Gottlosigkeit. Die religiöse Tragödie Dostojewskis besteht darin, daß er, dessen wahre Religion nicht die Orthodoxie war, glaubte, ein Nichtrechtgläubiger könne auch nicht Russe sein, aber aus Furcht vor dem ewigen Schrei: „ein Wolf kommt!" den Bauer Marei nicht auf einen Augenblick zu verlassen wagte. Der kleine Fedja täuschte sich: dieser ewige Schrei ertönte nicht neben ihm, sondern in ihm; es war der erste Schrei des letzten Entsetzens: „das Tier kommt, der Antichrist kommt!" Vor diesem Entsetzen konnte ihn der Bauer Marei (das russische Volk) nicht retten; denn nachdem er der „russische Christ" geworden ist, der Doppelgänger Christi, hat er sich in ein Tier verwandelt, in den Antichrist, denn der Antichrist ist der Doppelgänger Christi.

* * *

In der Autokratie vollendete sich für Dostojewski das, was bei ihm in der Orthodoxie begonnen hatte: die Verwechslung der Menschgottheit mit der Gottmenschheit.

Der Zar sei unserem Volk der Vater, und das Volk verhalte sich wie ein Kind zu ihm. „Hierin liegt eine überaus tiefe, ursprüngliche Idee ... Der Zar ist für das Volk nicht eine äußere Kraft, nicht die Macht irgendeines Besiegers, sondern ist eine allvolkliche, allvereinende Kraft, die das Volk selbst begehrt, die es in seinem Herzen großgezogen, für die es gezittert hat; denn nur von ihr allein erwartete es seinen Auszug aus Ägypten. Für das Volk ist der Zar die eigene Fleischwerdung, die Inkarnation seiner Idee, seiner Hoffnungen und seines Glaubens. Das Verhältnis des russischen Volkes zu seinem Zaren ist der ureigenste Zug, der unser Volk von allen anderen Völkern Europas und der ganzen

Welt unterscheidet. ... Diese Idee enthält eine so große Kraft, daß sie natürlich unsere ganze weitere geschichtliche Entwicklung beeinflussen wird ... Ja, genau genommen haben wir in Rußland überhaupt keine andere Kraft, die uns erhält und leitet, als diese organische lebendige Verbindung des Volkes mit seinem Zaren, und aus ihr allein entsteht bei uns alles."

Wie soll man nun die Behauptung Dostojewskis: „das russische Volk ruht ganz in der Rechtgläubigkeit, außer ihr hat es nichts und braucht es auch nichts, denn die Rechtgläubigkeit ist alles", mit dieser neuen Behauptung: „das russische Volk ruht ganz in der Autokratie, die ist alles, was es hat, doch mehr braucht es auch nicht, denn die Autokratie ist alles", vereinigen? Entweder heben sich diese Behauptungen gegenseitig auf, oder sie verbinden sich zu einer dritten: Autokratie und Rechtgläubigkeit sind in ihrem letzten Wesen ein und dasselbe. Die Autokratie ist der Leib und die Rechtgläubigkeit ist die Seele. Die Autokratie ist ebenso eine absolute, ewige, göttliche Wahrheit, wie die Rechtgläubigkeit. Und ebendies ist jenes „neue Wort", das das russische „Gottträger-Volk" der Welt zu sagen berufen ist.

Die Autokratie wie die Orthodoxie hat Rußland von Byzanz geerbt, vom zweiten christlichen Rom, das sie seinerseits vom ersten, dem heidnischen Rom, geerbt hatte. Auch im Heidentum war die Idee der Autokratie in ihrer letzten Tiefe keine bloß politische, sondern zugleich eine religiöse Idee. Die unumschränkte Macht des römischen Kaisers über das Imperium, die Macht eines Menschen über die ganze Menschheit, schien eine göttliche Macht, und der Mensch, der diese Macht besaß, schien kein Mensch, sondern ein Gott zu sein, ein Erdengott, der dem Himmelsgott gleichkam. So ergab sich die Apotheose des römischen Kaisers: Divus Cäsar, göttlicher Cäsar, Cäsar-Gott, Mensch-Gott. Doch unter der Maske des Gottes verbarg sich das Gesicht des Tier-Nero, des Tiberius, des Caligula. Und in dem Augenblick, als auf dem strahlenden Gipfel des Imperiums in den Prunkgemächern der römischen Cäsaren der Mensch zum Gott wurde, da geschah es, daß zu Bethlehem in einer dunklen unterirdischen Höhle bei Hirten Gott zum Menschen ward – da ward Christus geboren. Nach Dostojewskis Worten geschah „der Zusammenstoß zweier denkbar entgegengesetzter Ideen, der entgegengesetztesten, die es überhaupt auf der Erde geben konnte: der Menschgott stieß auf den Gottmenschen, Apollo auf – Christus."

Wodurch wurde dieser Zusammenstoß entschieden? Wer siegte? – Niemand. „Es ergab sich ein Kompromiß", antwortet Dostojewski. Ein „Kompromiß", d. h. ein ungeheuerlicher Vertrag zwischen dem Gottmenschen und dem Tier-Gott. Solange die Autokratie noch heidnisch blieb, starben die christlichen Märtyrer lieber, als daß sie das Tier in der Person des Kaisers anbeteten. Als jedoch die Autokratie das „Christentum" annahm, natürlich nur dem Namen nach, denn seinem Wesen nach kann die Herrschaft des Tieres nicht die Herrschaft Christi sein, da nahm die Kirche ihrerseits wiederum die Autokratie an, beugte sich vor dem römischen Cäsar und segnete das Tier mit dem Namen Christi. Dostojewski behauptet, dieses sei nur im Westen, im Katholizismus, geschehen, keineswegs aber im Osten, in der Orthodoxie. Doch diese Behauptung ist ein Irrtum oder ein Selbstbetrug Dostojewskis. Im Westen wie im Osten geschah ein und dasselbe, wenn auch in zwei entgegengesetzten Richtungen: im Westen verwandelte sich die Kirche in einen Staat, der Papst, der christliche Erzpriester, wurde zum römischen Cäsar; im Osten verwandelte sich der Staat in eine Kirche, die er verschlang, der russische Kaiser wurde zum christlichen Erzpriester, wurde das Kirchenoberhaupt, „der oberste Richter der Kirchenangelegenheiten", nach den Worten Peters des Großen in dem Reglement des Heiligen Synod. Doch hier wie dort geschah die gleiche Verwechslung dessen, was des Kaisers ist, mit dem, was Gottes ist, nur mit dem Unterschiede, daß im Westen durch den – wenn auch mißlungenen – Versuch einer Theokratie, durch den Kampf der geistlichen Macht mit der weltlichen, der Päpste mit den Kaisern, die religiöse Idee des römischen Imperiums geschwächt wurde; während im Osten diese Idee, da sie auf keine Hindernisse stieß, sich entwickelte, auswuchs und schließlich ihre letzte universal-historische Vollendung in dem dritten Rom, in der russischen „orthodoxen Autokratie" erreichte. Die alte heidnische Maske der Menschgottheit wurde durch die neue christliche Maske der Gottmenschheit ersetzt; doch das wahre Gesicht blieb dasselbe – die Fratze des Tieres. Und nirgendwo in der Welt ist die Herrschaft des Tieres so grausam, so gottlos und glaubenslästerlich gewesen wie gerade hier, in der russischen Autokratie.

Die rechtgläubige Kirche weiß selbst nicht, was sie tut, wenn sie die Nachfolger des römischen Tieres „Christen", d.h. die „Gottgesalbten", nennt. Sollte sie es aber einmal erfahren und sich dann noch nicht von der Autokratie lossagen, so könnte sie von sich dasselbe sagen, was der Großinquisitor Dostojewskis zu Christus von der römischen Kirche sagt:

„Wir sind nicht mit dir, sondern mit ihm (mit dem Teufel), das ist unser Geheimnis! ... Wir nahmen von ihm das, was du unwillig verschmähtest, jenes Letzte, das er dir anbot, als er dir alle Erdenreiche zeigte: wir nahmen von ihm Rom und das Schwert des Kaisers."

Womit sonst, wenn nicht mit dem Schwert des Kaisers, muß nun die orthodoxe Autokratie Konstantinopel erobern und das letzte dritte Rom gründen – „die Erde mit Blut überschwemmend"? Daß in der auswärtigen Politik das Angesicht der Autokratie das Gesicht des Tieres ist, daran zweifelte, wie's scheint, selbst Dostojewski nicht. Nur glaubte er gleichzeitig, daß das Gesicht des Tieres in der inneren Politik, also das zu Rußland gewandte, das Angesicht Gottes werden würde. Er versichert, daß bei uns die allergrößte bürgerliche Freiheit sich ausbilden könne, und zwar „gerade auf diesem selben unerschütterlichen Boden (auf der Autokratie) wird sie sich aufbauen. Nicht durch ein geschriebenes Gesetz wird sie sich bilden, sondern einzig auf Grund der kindlichen Liebe des Volkes zum Zaren, als zu seinem Vater; denn Kindern kann man vieles erlauben, was bei anderen Völkern, die nach Gesetzen leben, undenkbar ist; Kindern kann man so viel anvertrauen, wie es noch in keinem

Staate erlebt worden ist, denn die Kinder werden ihren Vater nicht verraten." „Ja, zu unserem Volke kann man Zutrauen haben, denn es ist dessen würdig."

Übrigens hat Dostojewski, wie es scheint, selbst gefühlt, daß etwas in diesen Gedanken über das Zutrauen des Zaren zum Volke nicht stimmte, etwas, das nicht so sehr jenem „unerschütterlichen Boden" gleicht, als jenem Abgrund, über dem der „Eherne Reiter"* mit seinem Zügelruck Rußland zum Aufbäumen gebracht hat.

„Ich bin der Diener des Zaren. Ich werde noch mehr sein Diener sein, wenn er wirklich glauben wollte, daß das Volk sich zu ihm wie ein Kind verhält. Woran mag es nur liegen, daß er, wie es doch scheint, noch immer nicht daran glaubt?" schrieb er wenige Tage vor seinem Tode.

Warum glaubt er denn nicht daran, und wird er vielleicht niemals daran glauben? – das ist die Frage, die Dostojewski hätte beantworten müssen. Aber er kam nicht dazu – er starb. Und kaum war er gestorben, da rollte auch schon der erste Donnerschlag der großen russischen Revolution durch die Welt. Ein Vierteljahrhundert zog das Gewitter herauf, doch erst jetzt, zur fünfundzwanzigjährigen Gedächtnisfeier Dostojewskis, beginnt es, sich zu entladen.

* * *

Alle Irrtümer Dostojewskis ergeben sich daraus, daß er die Widerstandskraft, die der Staat der Kirche entgegensetzt, überhaupt nicht beachtet. Diese Widerstandskraft kommt der ganzen Lebenskraft des Staates gleich: das Leben der Kirche ist der Tod des Staates, das Leben des Staates – ist der Tod der Kirche.

„Glaubt mir, wir haben nicht nur einen absoluten Staat überhaupt noch nicht gesehen, sondern nicht einmal einen mehr oder weniger vollendeten. Alle blieben sie Embryos!" Diese rätselhaften Worte, die Dostojewski kurz vor seinem Tode niederschrieb, weisen auf einen tiefen und verborge-

---

* Peter der Große. Ausdruck Puschkins.

nen Gedankengang hin. Wenn es den einzelnen „Embryos" bestimmt ist, sich zu einem einzigen zukünftigen „vollendeten und absoluten" Staat zu entwickeln: ist dieser Staat dann nicht vielleicht das in der Apokalypse geweissagte „Große Babylon, die Mutter aller irdischen Greuel" – jene universale Monarchie, die Pseudotheokratie, die Herrschaft als Kirche, mit der sogar Dostojewski zuweilen die wahre Theokratie, die Kirche als Herrschaft, verwechselt?

Dann aber, wenn dieser „absolute Staat" historische Wirklichkeit wird, dann wird sich auch die „absolute Kirche" verwirklichen, das absolute, religiöse Gemeinwesen, die geliebte Stadt. Und zwischen diesen zwei Herrschaften wird, wiederum hier auf Erden, am Ende der universalen Geschichte, doch bis zum Ende der Welt, der letzte Kampf vor sich gehen.

„Der Antichrist wird kommen und sich auf die Anarchie stützen", sagte Dostojewski, gleichfalls kurz vor seinem Tode. Das ist nicht ganz richtig. Der Antichrist wird kommen, wird aus der Anarchie hervorgehen, doch sich nicht auf die Anarchie, sondern auf die Monarchie stützen, nicht auf die Herrscherlosigkeit, sondern auf die Einherrschaft, die Selbstherrschaft. Der Antichrist wird der letzte und größte Selbstherrscher sein, der Namensusurpator Christi. Und in diesem Sinne sind alle historischen Selbstherrschaften, alle historischen Staaten nur kleine „Embryos" des apokalyptischen Staates, der Selbstherrschaft des Antichrist.

Der Antichrist ist Usurpator, Pseudozar, denn der einzige wahre Zar ist – Christus. Im letzten Kampf des Staates mit der Kirche wird dann jener Kampf des Pseudozaren mit dem wahrhaften Zaren vor sich gehen, des Tieres mit dem Lamm, von dem gesagt ist: „Sie (die Selbstherrscher, die Diener des Antichrist) werden ihre Kraft und Macht dem Tiere geben. Sie werden Kampf führen mit dem Lamm, und das Lamm wird sie besiegen, denn Er ist der Herr der Herrschenden und der König der Könige."

Entweder ist das theokratische Bewußtsein noch nicht geboren, und dann ist das „Also geschehe es!" des Mönches Sossima und Dostojewskis vergeblich; denn es wird nur das sein, was gewesen ist – endlose Verwechslung der Kirche mit dem Staate. Oder dieses Bewußtsein ist schon geboren, und dann beginnt in ihm der letzte Kampf des Lammes mit dem Tier. Und die Spitze des Schwertes Christi, das zu diesem Kampfe erhoben ist, ist das erste prophetische Wort der großen russischen religiösen Revolution, das Wort, das nicht umsonst gerade von uns, den Schülern Dostojewskis, ausgeht: Selbstherrschaft ist vom Antichrist.

Wie konnte Dostojewski dieses Wort nicht aussprechen, wie konnte er seine größte Wahrheit unter dem größten Irrtum verbergen, seine religiöse Revolution unter politischer Reaktion, das Antlitz des heiligen Eiferers, des alten Sossima, unter der Maske des verfluchten Vergewaltigers, des Großinquisitors? Wie konnte er die Selbstherrschaft, die Herrschaft des Teufels, für die Herrschaft Gottes halten?

„Der Staat verwandelt sich in Kirche" – und „das ist die große Bestimmung der Rechtgläubigkeit", so führt der Bruder Paissij die apokalyptische Verheißung – „Also geschehe es!" – seines Lehrers zu historischer Realität.

Dies ist der große Irrtum Dostojewskis, die Quelle der unüberwindlichen Furcht, die ihn veranlaßte, sein neues Gesicht unter alter Maske zu verbergen, seinen neuen Wein in alte Schläuche zu gießen. Er glaubte oder wollte glauben, seine Religion sei Orthodoxie. Doch seine wahre Religion war, wenn auch noch nicht im Bewußtsein, so doch in den tiefsten unbewußten Erlebnissen, keineswegs Orthodoxie, und auch nicht das historische Christentum, ja, war nicht einmal Christentum überhaupt, sondern das, was nach dem Christentum sein wird, nach dem Neuen Testament – war Apokalypse, das nahende Dritte Testament, die Offenbarung der dritten Person der Dreieinigkeit Gottes, war die Religion des Heiligen Geistes.

Das Christentum ist die Offenbarung der einzigen gottmenschlichen Persönlichkeit; dies ist der Grund, warum die wahrhafte christliche Heiligkeit eine vorzugsweise persönliche, innerliche, einsame, nicht gemeinsame Heiligkeit ist; und dies ist auch der Grund, warum alle Versuche, die Gemeinsamkeit in das Christentum einzuschließen, so fruchtlos geblieben sind, denn die Gemeinsamkeit ist die Grundlage der Vielheit und ihrem Wesen nach, wenn auch nicht ein Widerspruch, so doch das Entgegengesetzte der Grundlage der Einheit, der Grundlage der Persönlichkeit. Nicht in das Christentum, sondern nur in die Religion der Dreieinigkeit, aller drei – der göttlichen Vielheit, die sich in der göttlichen Einheit offenbart – schließt sich auch die menschliche Vielheit, die Gesamtheit der Persönlichkeiten ein: die heilige Gemeinsamkeit. Nur in die Religion der heiligen Erde schließt sich natürlicherweise auch die universale Vereinigung und Einrichtung der Menschen auf Erden ein – in die Kirche als Staat. Im Christentum ist die Kirche ein himmlisches Reich – ein erbenloses, geistiges, körperloses. In der Religion des Heiligen Geistes ist die Kirche das himmlisch-irdische, geistig-körperhafte Reich, nicht nur unsichtbar mystisch, sondern auch sichtbar, historisch-real. Das ist – die Erfüllung des Dritten Testaments, die Inkarnation der Dritten Person, der Dreieinigkeit Gottes. Denn ganz wie die Erste Person der Dreieinigkeit, Gott-Vater, sich in der Naturwelt inkarniert, in der vormenschlichen, – im Kosmos, und die Zweite, die des Sohnes, – im Gottmenschen, so wird sich die dritte Person der Dreieinigkeit, der Heilige Geist, – in der Gottmenschheit, in der Theokratie inkarnieren.

Das ist es, was für uns jene Prophezeiung Dostojewskis bedeutet: „Die Kirche ist in Wahrheit das Reich, und ihr ist bestimmt, zu herrschen, und zum Schluß wird sie kommen müssen als Reich der ganzen Erde."

Dies ist das Antlitz und derart war seine Maske; das Antlitz ist der Maske entgegengesetzt. Die Maske ist: Orthodoxie, Autokratie, Nationalität; das Antlitz ist: Überwindung der Nationalität in der Allmenschlichkeit, Überwindung der Autokratie in der Theokratie, Überwindung der Orthodoxie in der Religion des Heiligen Geistes.

Zuweilen scheint es, daß derselbe Widerspruch zwischen Gesicht und Maske, wie bei Dostojewski, auch in ganz Rußland existiert, und daß die russische Revolution nichts anderes ist als das Abreißen der Maske vom Gesicht. Von diesem unaufgedeckten Gesichte, von dieser ungeborenen Idee spricht Dostojewski, wenn er sagt:

„Die zukünftige selbständige russische Idee ist bei uns noch nicht geboren, doch die Erde ist unheimlich schwanger mit ihr, und schon schickt sie sich an, sie unter furchtbaren Qualen zu gebären."

Von der Liebe zum Volke
(1876)

*Der unumgänglich notwendige Vertrag der
Gesellschaft mit dem Volke*

Vor kurzem schrieb ich, daß unser Volk noch roh und unwissend sei und dem Laster ergeben: „ein Barbar, der das Licht erwartet," wie ich mich ausdrückte! Bald darauf habe ich in der „Hilfe" einen Artikel Konstantin Akssakows*, unseres unvergeßlichen und allen Russen teuren Verstorbenen, gelesen, nach welchem unser russisches Volk schon lange aufgeklärt und gebildet sein soll. Ist nun dieser augenscheinliche Gegensatz meiner Meinung und derjenigen Konstantin Akssakows ein Widerspruch? Nicht im geringsten: ich teile seine Ansicht vollständig und fühle ihre Wahrheit schon lange. Trotzdem aber bleibt doch der Widerspruch? Gewiß – darin besteht gerade mein Geheimnis: während nach der Meinung anderer diese beiden Behauptungen unvereinbar scheinen, behaupte ich das Gegenteil. In dem russischen Menschen, in dem Volke muß man eben die Schönheit dieser Barbarei zu sehen verstehen. Der ganzen russischen Geschichte nach war unser Volk so dem Laster ergeben und dermaßen verdorben, verirrt und ständig gequält und gepeinigt, daß es wunderbar ist, wie es überhaupt noch sein menschliches Aussehen hat bewahren können, und nicht nur das allein, sondern auch noch seine volkliche Schönheit. Die aber hat es sich wirklich bewahrt! Wer ein aufrichtiger Freund des Volkes ist, wem das Herz nur einmal für die Leiden des Volkes geschlagen hat, der versteht es und wird auch den Schmutz entschuldigen, in den unser Volk gesunken ist, und die Perlen trotzdem zu finden wissen.

---

* Konstantin Akssakow (1817–1860), slawophiler Autor und Sozialkritiker.

Ich wiederhole es: Richtet nicht das russische Volk nach seinen Fehlern und Lastern, sondern beurteilt es nach seinen großen und heiligen Idealen, nach denen es in seinem Schmutze lechzt. Und es gibt in unserem Volke nicht nur Schurken und Verbrecher, sondern auch Heilige, die uns voranleuchten und unser Dunkel erhellen! Und ich glaube tief und fest, daß es bei uns keinen Schurken gibt, der nicht wüßte, daß er schlecht und gemein ist. Bei den anderen Völkern ist es anders: wenn dort jemand eine Gemeinheit vollführt, so stellt er sie zum Prinzip auf, bejaht sie, behauptet, daß in ihr die Ordnung und das Licht der Zivilisation läge – und der Unglückliche kommt schließlich so weit, daß er daran blind und sogar ehrlich glaubt. Nein, beurteilen Sie unser Volk nicht danach, wie es ist, sondern danach, wie es sein möchte. Seine Ideale sind stark und heilig, und sie retteten das Volk in all diesen Jahrhunderten vor dem Elend und dem völligen Untergang. Sie wuchsen mit seiner Seele zusammen und gaben ihr bis in alle Ewigkeit Einfachheit, Gutmütigkeit und Aufrichtigkeit und einen weiten, offenen Verstand – und alles das in einer anziehenden, zusammenklingenden, einer schönen Vereinigung. Und wenn trotzdem so viel Schmutz in dem russischen Menschen ist, so leidet er darunter selbst am meisten: er glaubt und hofft, daß das nur zeitlich und eine teuflische Versuchung sei, daß die Dunkelheit, die ihn umgibt, einmal aufhören und das ewige Licht dann auch auf ihn herniederscheinen werde. Ich will noch nicht einmal von seinen historischen Idealgestalten reden, von Feodossij Petscherski* oder Tichon Sadonski.** Übrigens: wie viele von uns kennen denn überhaupt einen Tichon Sadonski? Warum liest man nie etwas von ihm? Glauben Sie mir, Sie würden zu Ihrem Erstaunen wunderbare Sachen erfahren. Und abgesehen von diesen Volksheiligen: wie steht es mit unserer Literatur? Alles, was in ihr wahr-

---

* Russischer Mönch, lebte im 12. Jahrhundert in Kiew, Begründer des russischen Mönchtums, Verfasser von Predigten.

** Russischer Bischof, Zeitgenosse Peters des Großen, dessen Reformen er billigte, gleichfalls Verfasser von Predigten, die im russischen Volke sehr beliebt waren.

haft schön ist, das ist aus dem Volke genommen. Der Typ Belkin von Puschkin zum Beispiel! Bei uns ist alles von Puschkin. Seine Umkehr zum Volke, schon in der frühesten Zeit seiner Tätigkeit, ist so beispiellos und Erstaunen erregend und bedeutete einen für die damalige Zeit so unerwarteten und neuen Schritt, daß sie sich, wenn nicht durch ein Wunder, dann eben nur durch seine geniale Größe erklären läßt, die wir nur, füge ich hinzu, bis jetzt noch nicht die Kraft hatten, richtig zu werten. Erinnern Sie sich der „Oblomows" von Gontscharow, der „Väter und Söhne" von Turgenjew. In denen ist freilich nicht vom Volke die Rede, aber alles, was in den Typen Turgenjews und Gontscharows Ewiges und Schönes ist, das liegt dort, wo sie sich mit dem Volke kreuzen. Nur die Berührung mit dem Volke gibt ihnen diese ungewöhnliche Kraft. Diese Typen haben seine Gutmütigkeit, Reinheit und Bescheidenheit, die Weite seines Verstandes und seiner Güte, im Gegensatz zu allem Unnatürlichen und Falschen, angenommen.

Wundern Sie sich bitte nicht, daß ich plötzlich von unserer Literatur spreche; aber ihr gebührt das Verdienst, daß sie in ihren besten Vertretern und früher als unsere ganze Intelligenz, bemerken Sie das wohl, sich vor der Wahrheit des Volkes gebeugt und die Ideale des Volkes als die wahrhaft schönen anerkannt hat. Es ist wahr, daß unsere Dichter zum Teil dazu genötigt waren und es wohl mehr aus künstlerischem Instinkt, als aus gutem vaterländischem Willen taten. Doch genug von der Literatur – sprach ich von ihr doch nur im großen Zusammenhange mit dem Volke und mit der allgemeinen Frage der russischen Volklichkeit!

Diese Frage und das richtige Verständnis derselben ist für uns jetzt das Wichtigste: von ihr hängt unsere ganze, auch die praktische Zukunft ab. Aber das Volk ist für uns alle noch immer Theorie und ein Rätsel. Wir alle, wir Freunde des Volkes, sehen auf das Volk wie auf eine Theorie, und niemand liebt daher dasselbe so, wie es in der Tat ist, sondern so, wie er es sich vorstellt. Wenn das russische Volk in der Folge sich nicht als dasjenige erweisen sollte, als das ein jeder von uns es sich vorstellt, so würden wir, ungeachtet unserer vermeintlichen Liebe zu ihm, uns sofort und ohne jegliches Bedauern von ihm abwenden. Ich behaupte das von allen, die Slawophilen nicht ausgenommen: ja, die würden es vielleicht sogar noch früher tun als alle anderen. Was mich anbelangt, so verhehle ich nicht meine Überzeugung, und um Mißverständnissen vorzubeugen, weise ich geradezu auf sie hin. Ich glaube nämlich, daß wir Intellektuellen kaum so gut und vortrefflich sind, um uns als Ideal vor das Volk hinstellen und von ihm ohne weiteres verlangen zu können, daß es gerade so werde, wie wir sind. Wundern Sie sich nicht über die Frage (man ist ihr noch nie bei uns begegnet): „Wer ist besser – wir oder das Volk? Sollen wir uns nach dem Volke richten oder das Volk sich nach uns?" Das ist die Frage, die uns jetzt alle beschäftigt, wenigstens diejenigen unter uns, die nicht aller Gedanken bar sind und die Sache des russischen Volkes in ihrem Herzen tragen. Denen kann ich auch aufrichtig antworten: daß wir uns vor dem Volke beugen müssen und von ihm alles zu erwarten haben, unsere Gedanken und Vorstellungen, daß wir uns vor der Wahrheit des Volkes beugen und sie als u n s e r e Wahrheit anerkennen müssen, selbst in dem Falle, wenn sie zum Teil aus dem Leben der Volksheiligen käme. Mit einem Wort, wir sind die verirrten Kinder, die zweihundert Jahre nicht zu Hause waren, aber doch als Russen zurückkehrten, – was unser einziges Verdienst ist. Aber wir können uns nur unter einer Bedingung vor dem Volke beugen und das sine qua non: daß das Volk auch das von uns annimmt, was wir ihm Gutes mitgebracht haben. Ganz vernichten und aufgeben können wir uns doch nicht, selbst vor einerlei welcher Wahrheit des Volkes nicht; sonst behalten wir lieber das Unserige für uns, und müßten wir auch im äußersten Falle auf das Glück einer Vereinigung mit dem Volke verzichten. Dann mögen wir eben beide untergehen. Aber zu diesem Äußersten wird es nie kommen. Ich bin überzeugt, daß auch das Unserige, das wir mitbringen, in der Tat etwas ist: nicht ein Hirngespinst etwa, sondern daß es Bild, Form und Gewicht hat. Nichtsdestoweniger bleibt vor uns das Rätsel bestehen, das uns auf seine Lösung warten läßt – und es ist angstvoll, zu warten. Zweifel an der Zivilisation tauchen auf. Man behauptet, daß die Zivilisation das Volk verderbe. Der Gang der Dinge wäre danach der, daß neben der Erlösung und dem Lichte auch viel Falsches und Unwahres und eine große Unruhe heraufzöge. Nur den zukünftigen Geschlechtern würde ihr guter Samen aufgehen, aber uns und unseren Kindern drohe Verderben. Ist das auch Eure Meinung, die Ihr dieses lest? Ist es unserem Volke bestimmt, noch eine neue Phase von Lüge und Verderbnis durchzumachen, wie wir sie mit dem europäischen Pfropfreis von Zivilisation schon durchgemacht haben? Ich glaube, niemand wird es bestreiten, daß bei uns die Zivilisation zunächst mit der Sittenverderbnis anfing. Doch ich glaube auch, daß unser Volk von einer so ungeheuren Größe und Tiefe ist, daß alle neuen trüben und unreinen Ströme, die es aufnimmt, in ihm verschwinden werden, und es nur reine und klare wiederausströmen wird. Lassen Sie uns zusammenwirken, reichen Sie mir dazu die Hand, auf daß ein jeder mit seiner kleinen Arbeit das Seine beisteuere, auf daß die Dinge sich gerade und immer fehlerloser entwickeln! Wir selbst verstehen davon wenig: wir „lieben nur unser Vaterland". In den Mitteln, ihm zu helfen, stimmen wir nicht überein und werden nicht aufhören, uns darüber zu streiten: aber nun ist doch wenigstens schon einmal ausgemacht, daß wir gute Menschen sind, und schließlich muß doch alles zu einer Ordnung kommen. Daran glaube ich, und ich wiederhole es, daß es nur die zweihundertjährige Entwöhnung von jeglicher Arbeit ist und weiter nichts. So, wie es jetzt ist, schließen wir unsere „Kulturperiode" damit ab, daß wir allgemein aufhören, uns gegenseitig zu verstehen. Ich spreche nur von den aufrichtigen und ernsten Menschen – nur sie allein wollen sich nicht mehr verstehen. Spekulanten sind eine andere Sache: die haben sich bei uns immer und zu jeder Zeit verstanden.

Der Bauer Marei

Ich will, zur Abwechselung, einmal eine kleine Geschichte erzählen. Das heißt: eigentlich kann man das nicht recht eine Geschichte nennen; es ist nur eine alte Erinnerung. Ich war damals neun Jahre alt ... Doch nein: ich werde lieber mit meinem neunundzwanzigsten Jahre beginnen.

Es war am zweiten Osterfeiertag. Die Luft war warm, der Himmel hoch und blau und die Sonne so hell und schön. In meiner Seele aber war es dunkel und häßlich. Ich schlenderte hinter den Kasernen umher, betrachtete den Palisadenzaun, der unser Gefängnis umgab, und zählte die einzelnen Pfähle. Doch selbst das ewige Zählen wurde langweilig, wenn ich's auch nur ganz mechanisch, aus Gewohnheit, tat. Es war schon der zweite Tag, daß im Gefängnis „gefeiert" wurde: die Gefangenen brauchten nicht zu arbeiten, und so waren denn fast alle betrunken. In jedem Augenblick entstand ein neuer Streit, der mit Schimpfwörtern begann und mit Schlägen endete. Gemeine Lieder, Spielhöllen unter den Pritschen, mehrere für besonderen Unfug von den Kameraden halbtotgeprügelte Sträflinge, die man mit Pelzen bedeckt hatte und ruhig liegen ließ, bis sie wieder zu sich kommen und aufwachen würden; oft schon waren die Messer gezogen worden: all das hatte mich in den zwei Feiertagen bis zum Wahnsinn gequält.

Niemals habe ich betrunkenes Volk ohne Ekel sehen können; hier aber, an diesem Ort, war es mir ganz besonders widerlich. An solchen Feiertagen kamen nicht einmal die Beamten ins Gefängnis, um zu inspizieren oder nach dem verbotenen Branntwein zu suchen. Sie sahen wohl ein, daß man auch diesen Verstoßenen doch wenigstens einmal im Jahr etwas Freiheit lasen mußte, um Schlimmerem vorzubeugen.

Plötzlich ertrug ich die Qual nicht mehr. Heiße Wut packte mich. Da kam mir der Pole M...tzki, auch ein „politischer" Zwangsarbeiter, entgegen; er blieb vor mir stehen und sah mich zornig, mit zuckenden Lippen, an. „Je haïs ces brigands!" stieß er halblaut durch die Zähne hervor und ging an mir vorüber. Ich kehrte in die Kaserne zurück, obgleich ich erst vor einer Viertelstunde halb wahnsinnig aus ihr hinausgelaufen war; denn sechs Kerle, wahre Athleten, hatten sich zugleich auf den betrunkenen Tataren Gasin gestürzt, um ihn mit den Fäusten zu „beruhigen". Sie schlugen ihn unsinnig (ein Kamel hätte solche Schläge nicht überlebt), wußten aber, daß dieser tatarische Herkules viel aushalten konnte. Als ich nun zurückkam, sah ich in einer Ecke den schändlich zugerichteten Gasin, der ohne jedes Lebenszeichen auf seiner Pritsche lag. Man hatte ihn mit einem Pelz zugedeckt. Die anderen umstanden ihn schweigend. Wenn sie auch überzeugt waren, daß er am nächsten Tage wiedererwachen werde, so kratzte sich doch einer von ihnen den Kopf und meinte etwas besorgt. „Aber ... Weiß Gott doch ... Ist die Stunde vertrackt, so stirbt ein Mensch wie nichts von solchen Schlägen." Ich ging zu meiner Pritsche am vergitterten Fenster, legte mich auf den Rücken, schob die Hände unter den Kopf und schloß die Augen. So lag ich immer gern: die Schlafenden werden gewöhnlich in Ruhe gelassen, und so kann man denken und träumen. Diesmal wollte es jedoch mit dem Träumen nicht gehen: mein Herz schlug unruhig, und in den Ohren klang mir noch das Wort: „Je haïs ces brigands!" Jetzt noch träume ich in mancher Nacht von jener Zeit; ich kenne keinen qualvolleren Traum.

Allmählich vergaß ich die Gegenwart und verlor mich unmerklich in Erinnerungen. In den langen Jahren, die ich dort verbrachte, erinnerte ich mich meines ganzen früheren Lebens: ich glaube, ich habe es so von Anfang an nochmals durchlebt. Diese Erinnerungen kamen, ohne daß ich selbst wußte, wie; nur selten habe ich sie gerufen. Gewöhnlich fingen sie mit irgendeinem Punkt, einem kleinen Zug an, dem sich dann immer mehr Züge anfügten, bis das Vergangene zum großen Bilde wurde. Ich analysierte dann die alten Eindrücke, fügte dem längst Erlebten neue Seiten hinzu und (die Hauptsache) verbesserte, verbesserte ununterbrochen: darin bestand ja mein einziger Zeitvertreib, meine Unterhaltung und Zerstreuung. An jenem zweiten Osterfeiertag nun stand mir plötzlich, ich weiß nicht warum, eine Stunde aus meiner Kindheit vor der Seele, eine Begegnung des Neunjährigen, die ich schon längst vergessen hatte; und ich liebte damals Erinnerungen aus meinen Kinderjahren ganz besonders.

Mir fiel der Augustmonat auf unserem Landgut ein. Ein trockener, klarer Tag; ein wenig kühl und windig; der Sommer neigt sich dem Ende zu, und bald muß man wieder nach Moskau fahren, wieder den ganzen Winter über in französischen Stunden sich langweilen; und ich verlasse das Landgut so ungern! Ich ging hinter die Tenne und weiter in die Schlucht, von der sich auf der anderen Seite ein dichtes Gestrüpp bis zum Wald hinzog. Weiter und immer weiter drang ich in das Buschwerk ein und höre noch, wie, vielleicht dreißig Schritt vor mir, auf dem Neubruch einsam ein Bauer pflügt. Ich weiß: er muß steil den Abhang heraufpflügen, das Pferd hat es schwer, und manchmal tönt bis zu mir sein ermunternder Zuruf: „Nu, nu!" Ich kenne alle unsere Bauern, weiß aber nicht, welcher von ihnen da gerade pflügt; ist mir auch einerlei. Ich bin ganz und gar in meine eigene Arbeit vertieft; denn auch ich bin beschäftigt: von einem Nußbaum breche ich mir eine gute Gerte, um mit ihr Frösche zu schlagen. Die Gerten von Nußbäumen sind so hübsch, viel besser als Birkenruten. Auch Käfer und andere Tierchen nehmen mich in Anspruch; ich habe sogar eine große Käfersammlung. Viele sind so putzig! Auch liebe ich die kleinen rotgelben Eidechsen mit den schwarzen Tüpfelchen; doch vor Schlangen habe ich Angst. Aber Schlangen trifft man viel seltener als Eidechsen. Pilze gibt's hier wenig. Pilze muß man im Birkenwald suchen. Und ich mache mich auf, weiter durch das Gestrüpp in den Wald zu gehen. In meinem ganzen Leben habe ich nichts so geliebt, wie den Wald mit seinen Pilzen und Beeren, mit seinen Käfern und Vögeln, Igeln und Eichkätzchen, mit dem mich immer wieder entzückenden feuchten Duft faulender Blätter. Und noch jetzt, während ich dieses schreibe, rieche ich geradezu, atme ich den Duft unseres Birkenwaldes; solche Eindrücke haften fürs ganze Leben.

Da, plötzlich, inmitten der tiefen Stille, hörte ich laut und deutlich den Ruf: „Ein Wolf kommt!" Ich schrie auf vor Schreck und lief schreiend auf die Wiese zu dem pflügenden Bauer.

Es war unser Bauer Marei. Ich weiß nicht, ob es den Namen gibt; aber bei uns nannten ihn alle Marei. Er war ein etwa fünfzigjähriger, stämmiger, ziemlich großer Mann, mit langem, schon stark ergrautem dunkelblondem Bart. Ich kannte ihn, hatte aber noch nie mit ihm gesprochen. Als er jetzt meinen Schrei hörte, hielt er das Pferd an und blieb stehen. Ich raste den Abhang hinab auf ihn zu und ergriff, um im vollen Lauf nicht zu fallen, hastig mit einer Hand die Pflugstange und mit der anderen seinen Ärmel: er beugte sich zu mir nieder; und da erst gewahrte er meinen Schreck.

„Ein Wolf kommt!" keuchte ich atemlos.

Er hob schnell den Kopf und blickte sich unwillig um; einen Augenblick glaubte er mir.

„Es schrie... jemand schrie: Ein Wolf kommt!..." stammelte ich zitternd.

„Geh doch! Wo denn? Was für'n Wolf soll denn –... Ist dir ja nur so vorgekommen! Was kann denn hier für'n Wolf sein!" sprach er halblaut in den Bart, wie um mich zu beruhigen.

Ich aber zitterte noch immer am ganzen Leibe, klammerte mich noch fester an seinen Bauernkittel und war, glaube ich, sehr bleich. Er betrachtete mich mit besorgtem Lächeln; offenbar regte er sich meinetwegen auf.

„Sieh mal an! Du hast dich aber verschreckt! Ei – ei!" sagte er und schüttelte den Kopf. „Genug schon, Kleinerchen, nun, laß gut sein!" Er streckte die Hand aus und streichelte plötzlich meine Wange. „Nun, schon gut, Kleinerchen! Christus ist mit dir; mach ein Kreuz!"

Doch ich bekreuzte mich nicht. Meine Mundwinkel zuckten. Das schien ihn besonders zu wundern: langsam erhob er seinen dicken, mit Erde beschmutzten Mittelfinger und berührte vorsichtig meine zitternden Lippen. „Sieh mal an! So was! Ei – ei!" sagte er lächelnd (es war ein ganz besonderes, mütterlich zärtliches Lächeln). „Herrgott! Das ist doch ..."

Endlich begriff ich, daß der Schrei: „Ein Wolf kommt!" in meiner Phantasie entstanden war. Der Schrei hatte so hell und deutlich geklungen, daß ein Zweifel ausgeschlossen schien; doch ich wußte, daß ich schon früher manchmal irgendeinen Schrei zu hören geglaubt hatte, während in Wirklichkeit alles still gewesen war. Später vergingen diese Halluzinationen der Kinderjahre.

„Jetzt werde ich gehen", sagte ich endlich, nachdem ich etwas Mut gefaßt hatte; doch blickte ich Marei noch fragend und schüchtern an.

„Nu, geh nur; und ich werde Dir nachsehen. Ich werde Dich schon nicht vom Wolf nehmen lassen!" fügte er mit demselben mütterlichen Lächeln hinzu. „Nu, Christus ist mit dir, nu, geh nur"; und er bekreuzigte mich mit seinen erdigen Fingern und bekreuzte sich dann selbst.

Ich ging. Doch jedesmal, wenn ich zehn Schritte gemacht hatte, blickte ich mich nach ihm um. Marei stand mit seinem Pferdchen, während ich die Schlucht hinunter- und wieder hinaufging, stand am Pflug und sah mir nach; und so oft ich mich umkehrte, nickte er mir mit dem Kopf zu. Ich schämte mich, offen gestanden, nicht wenig vor ihm: weil ich solche Angst gehabt hatte. Trotzdem fürchtete ich mich immer noch vor dem Wolf, bis ich glücklich auf der anderen Seite der Schlucht an der Getreidedarre ankam: hier verließ mich die Angst; und plötzlich kam auch noch, ich weiß nicht, woher, unser Hofhund Woltschok mir entgegengelaufen. Erst in dessen Begleitung fühlte ich mich ganz sicher; und so wandte ich mich denn zum letztenmal nach Marei um. Sein Gesicht konnte ich nicht mehr unterscheiden; aber ich fühlte, daß er mir noch ebenso freundlich zulächelte und mit dem Kopf zunickte. Ich winkte ihm noch einmal mit der Hand zu und er winkte mir wieder. Dann wandte er sich zum Pflug und trieb das Pferd an. „Nu, nu!" Noch von fern her hörte ich seinen Zuruf; und das Pferd zog wieder den Pflug.

Ich weiß nicht, warum mir das alles mit einemmal einfiel, und warum noch dazu alle Einzelheiten so deutlich vor mir standen. Ich wachte plötzlich auf, setzte mich auf die Pritsche; und ich weiß: auf meinem Gesicht fühlte ich noch das Lächeln der Erinnerung. Eine Weile dachte ich weiter nach und suchte mich des Folgenden zu erinnern.

Als ich damals von Marei nach Hause gekommen war, hatte ich keinem Menschen von meinem „Erlebnis" erzählt.

Was war denn da auch zu erzählen? Den Marei vergaß ich gar bald. Wenn ich ihn später traf, sprach ich niemals mit ihm, nicht nur nicht über den Wolf, sondern überhaupt nicht. Und nun, plötzlich, nach zwanzig Jahren, in Sibirien, steht diese Begegnung so deutlich, bis in die kleinsten Einzelheiten, vor mir. Also muß sie doch, mir unbewußt, in meiner Seele geblieben sein, ganz von selbst und vielleicht sogar gegen meinen Willen; und sie tauchte erst wieder auf, als die Zeit gekommen war. Mir fiel dieses zärtliche, mütterliche Lächeln des armen Leibeigenen ein, seine Bekreuzung und sein Kopfschütteln: „Ei – ei, du hast dich aber verschreckt, Kleinerchen!" Und besonders der dicke, von der Erde beschmutzte Finger mit dem schwarzen Nagel, mit dem er vorsichtig, in so schüchterner Zärtlichkeit, meine zuckenden Lippen berührte. Natürlich: Ein jeder hätte ein erschrecktes Kind beruhigt; doch hier, bei dieser einsamen Begegnung, geschah etwas ganz anderes. Und wenn ich sein eigener Sohn gewesen wäre, hätte Marei mich nicht mit einer tieferen, helleren Liebe anzublicken vermocht. Wer aber zwang ihn dazu? Er war unser Leibeigener und ich immerhin sein Herrensohn. Niemand hätte jemals erfahren, daß er mich gestreichelt, niemand ihn dafür belohnt. Liebte er vielleicht kleine Kinder so sehr? Solche Leute gibt es allerdings. Die Begegnung geschah auf einsamem Feld, und nur Gott wußte, mit welch einem tiefen, heiligen menschlichen Gefühl, von welch einer weichen, fast weiblichen Zärtlichkeit die Seele eines rohen, tierisch unwissenden russischen Muschiks erfüllt sein kann. War es nicht dieses, was Konstantin Akssakow meinte, als er von der tiefen inneren Bildung des russischen Volkes sprach?

Ich weiß noch: als ich von der Pritsche aufstand und mich umblickte, fühlte ich mit einemmal, daß ich diese Unglücklichen mit ganz anderen Augen betrachten konnte, und daß plötzlich, wie durch ein Wunder, aller Haß und alle Wut aus meinem Herzen verschwunden waren. Ich ging wieder hinaus und schaute aufmerksam in die Gesichter der Gefangenen, die mir begegneten. Dieser glattrasierte ehrlose Muschik mit dem gebrandmarkten Verbrechergesicht, der mit heiserer Stimme sein rohes Lied gröhlt, ist vielleicht auch so einer wie der Marei, der mich als Kind streichelte: ich kann ja nicht in sein Herz sehen.

Am selben Abend traf ich noch einmal den Polen M ... tzki. Der Arme! Der konnte keine Erinnerungen an irgendeinen Marei haben und für alle diese Menschen nichts anderes empfinden als: „Je hais ces brigands!" Wahrhaftig: diese Polen haben dort doch mehr gelitten als unsereiner!

Foma Danilow,
der zu Tode gemarterte russische Held
(1876)

Es ist jetzt wohl ein Jahr her, daß die Zeitungen die Nachricht brachten von dem Märtyrertode des Unteroffiziers des 2. Turkistanischen Schützenbataillons, Foma Danilow. Er war in die Gefangenschaft der Kiptschaken geraten und von ihnen in Magelan nach vielen raffinierten Foltern endlich am 21. November barbarisch umgebracht worden, weil er nicht in ihren Dienst und zum Mohammedanismus hatte übertreten wollen. Der Chan selber hat ihm Belohnungen, seine Gunst und alle möglichen Ehren versprochen, wenn er eingewilligt hätte, Christus zu verleugnen. Danilow aber hat geantwortet, daß er das Kreuz nicht verraten könne und als Untertan des Zaren, wenn auch in der Gefangenschaft, seine Pflicht dem Zaren und dem Christentum gegenüber erfüllen müsse. Seine Peiniger haben sich über die Kraft seiner Seele gewundert und ihn einen Helden genannt.

Damals rief diese Nachricht, wenn sie auch von allen Zeitungen mitgeteilt wurde, doch kein besonderes Interesse in der Gesellschaft hervor; ja, selbst die Blätter, die sie nur wie eine gewöhnliche Tagesneuigkeit brachten, fanden es nicht für nötig, sich noch besonders darüber zu verbreiten. Darauf kamen die slawische Bewegung, Tschernjajew*), die Serben und manches andere. Es kamen Spenden und Freiwillige, und der gefolterte Foma geriet in völlige Vergessenheit – das heißt in den Zeitungen. Erst kürzlich hörten wir wieder etwas von ihm, oder vielmehr von seiner Familie, nach der der Gouverneur von Samara inzwischen geforscht hatte. Danilow hat eine 27jährige Frau, Jewrossinja, und eine sechsjährige Tochter, Ulita, in ärmlichen Verhältnissen zurückge-

---

* Russischer General, kämpfte 1876 mit den Serben unglücklich gegen die Türken.

lassen. Eine Sammlung für sie ergab 1320 Rubel, von denen 600 für die Tochter bis zu ihrer Mündigkeit verzinst werden sollen, während den Rest die Mutter erhält; außerdem hat eine Schule die kleine Ulita als Stipendiatin aufgenommen. Bald darauf benachrichtigte dann der Chef des Generalstabes den Gouverneur von Samara, daß nach Allerhöchster Bestimmung der Witwe eine lebenslängliche Pension von 120 Rubel jährlich ausgezahlt werden solle. Und nun – wird die Sache wahrscheinlich wieder vergessen werden, besonders in Anbetracht der gegenwärtigen Aufregungen, politischen Befürchtungen, der schwebenden Fragen, Krachs usw.

Oh, ich will durchaus nicht behaupten, daß unsere Gesellschaft sich zu dieser ungewöhnlichen Tat gleichgültig, wie zu einem nicht beachtenswerten Geschehnis, verhalten hätte! Tatsache ist nur, daß darüber wenig gesprochen worden ist, oder richtiger, daß niemand davon als von etwas Besonderem gesprochen hat. Übrigens, vielleicht hat man es auch irgendwo getan, bei Kaufleuten, bei Geistlichen zum Beispiel, nicht aber in der „Gesellschaft", nicht in den Kreisen unserer „Intelligenz". Das Volk natürlich wird diesen großen Tod nicht vergessen. Dieser Held hat Qualen für Christus erduldet und ist ein großer Russe gewesen: das versteht das Volk zu schätzen, und solche Taten vergißt es nie. Und doch ist es mir, als hörte ich schon einige mir so wohlbekannte Stimmen sagen: „Tja, das ist allerdings Kraft, Stärke, und wir erkennen sie ja auch an, aber – es ist doch immer eine blinde, sagen wir wie das Volk: eine ‚dunkle' Kraft, die sich in etwas allzu vorsintflutlicher Gestalt geoffenbart hat, und darum – was hätten wir da als etwas Besonderes besprechen sollen? Nicht von unserer Welt ist das. Eine ganz andere Sache aber ist Kraft, die sich intellektuell, die sich bewußt zeigt. Es gibt noch andere Dulder und andere Kräfte, es gibt auch Ideen, die unvergleichlich höher sind – die kosmopolitische Idee zum Beispiel ..."

Doch trotz dieser vernünftigen und „intellektuellen" Stimmen scheint es mir erlaubt und verzeihlich, etwas Besonderes auch über Danilow zu sagen. Ja, ich glaube sogar, daß es selbst unsere Intelligenz nicht gar so sehr erniedrigen würde, wenn sie sich etwas aufmerksamer zu dieser Tat verhalten hätte. Mich, zum Beispiel, wundert am meisten, daß sich damals nirgendwo Verwunderung geäußert hat, – gerade Verwunderung. Ich rede nicht vom Volke: dort ist Verwunderung nicht nötig, und darum wird es sich auch in diesem Falle nicht gewundert haben: die Tat Danilows kann ihm nicht ungewöhnlich erscheinen, schon allein wegen des großen Glaubens unseres Volkes an sich selber nicht. Seine Antwort auf diese Heldentat wird nur ein mächtiges Gefühl und eine tiefe Rührung sein. Sollte aber etwas Ähnliches in Europa geschehen, ich meine, ein solcher Beweis von Mut und Größe, sei es bei den Engländern, bei den Franzosen oder bei den Deutschen, so würde der Ruhm des betreffenden Helden über die ganze Welt hin erschallen. Nein, hört mal, wißt ihr auch, wie mir dieser „dunkle", unbekannte Soldat des Turkistanischen Bataillons vorkommt? Ja, der ist doch – der ist doch das Symbol ganz Rußlands, unseres ganzen volklichen Rußlands, das wahrhafteste Abbild dieses selben Rußlands, dem unsere Zyniker und Allwissenden jetzt schon jeden Geist abstreiten, wie jede Möglichkeit der Erhebung und Offenbarung eines großen Gedankens oder großen Gefühls. Hört mal, ihr seid ja gar nicht diese Zyniker. Ihr seid ja im ganzen nur intellektuell-europäisierte Russen, das heißt, im Grunde die gutmütigsten Leute! Auch ihr, nicht wahr, leugnet doch nicht, daß unser Volk im vergangenen Sommer stellenweis ungewöhnliche Geisteskraft bewiesen hat: viele Bauern verließen bekanntlich ihre Häuser und Kinder und gingen hin, um für den Glauben zu sterben, für die bedrückten Brüder, – weiß Gott wohin und weiß Gott mit welchen Mitteln, ganz genau so, wie einst vor neun Jahrhunderten in Europa die ersten Kreuzfahrer auszogen, – diese selben Kreuzfahrer, deren Wiedererscheinen manch einer unserer Intellektuellen für fast lächerlich und beleidigend halten würde, „in unserem," wie er sagt, „Jahrhundert des Fortschritts, der positiven Aufgaben usw." Schön, mag diese unsere Bewegung im vorigen Sommer auch nach eurer Meinung blind und sogar „nicht recht gescheit" gewesen sein, sozusagen „kreuzfahrerisch", so könnt ihr doch nicht leugnen, wenn ihr nur ein wenig größer schaut, daß es eine überzeugungsvolle und großmütige Bewegung gewesen ist. Eine mächtige Idee erwachte und erweckte und zog vielleicht Hunderttausend, vielleicht Millionen Seelen mit einem Schlage aus der Gleichgültigkeit, dem Zynismus und dem Schmutz, in dem sie sich bis dahin gewälzt. Wie ihr wißt, hält man unser Volk bis jetzt noch, wenn auch für gutmütig und geistig sogar sehr begabt, doch für eine dunkle, elementare, erkenntnislose Masse, die ohne Ausnahme Lastern und Vorurteilen ergeben und fast durchweg sittenlos ist. Nun aber erdreiste ich mich, etwas auszusprechen, das man, wenn man will, ein Axiom nennen kann, und zwar: Um über die sittliche Kraft eines Volkes und darüber, zu was es in Zukunft fähig sein kann, zu urteilen, muß man nicht den Grad der Verderbnis, bis zu der es sich zeitweilig und womöglich in seiner Mehrzahl selbst erniedrigt, in Betracht ziehen, sondern nur die Geisteshöhe, bis zu der es sich wird emporschwingen können, wenn die Zeit dazu gekommen sein wird. Denn Verderbnis ist nur ein temporäres Unglück und hängt so gut wie immer von den vorhergehenden und vorübergehenden Umständen ab, von der Sklaverei, der Unterdrückung, Verrohung; die Gabe aber der Großmut ist ewig, elementar, ist eine Gabe, die mit dem Volke geboren wird und um so höher zu ehren ist, wenn sie durch Jahrhunderte der Sklaverei, des Unglücks und der Armut sich trotzdem im Herzen dieses Volkes unverletzt erhalten hat.

Foma Danilow war dem Ansehen nach vielleicht eines der allergewöhnlichsten und unauffälligsten Exemplare des russischen Bauern, so unauffällig wie das russische Volk selber. – Oh, viele haben dieses Volk überhaupt noch nicht bemerkt! – Möglich, daß er seinerzeit nicht ungern ohne Arbeit war und ein Gläschen trank, möglich, daß er nicht einmal viel betete, wenn er auch natürlich seinen Gott nie vergaß! Und plötzlich befiehlt man ihm nun, seinen Glauben zu ändern, – unter Androhung des Märtyrertodes! Dabei nicht zu vergessen, was das für eine Folter ist, diese asiatische Folter! Vor ihm sitzt der Chan in eigener Person und verheißt ihm seine Gnade und alles Schöne. Und Danilow begreift nur zu gut, daß seine Weigerung den Mächtigen unbedingt reizen wird und es die Eigenliebe der Kiptschaken kränken muß, daß „ein Christenhund es wagt, den Islam so zu verachten". Doch trotz allem, was ihn erwartet, nimmt dieser unansehnliche russische Mensch die grausamen Qualen auf sich und stirbt, seine Peiniger in Erstaunen setzend. Wißt ihr auch, daß von uns kein einziger das getan hätte? Vor aller Augen leiden, mag zuweilen sogar angenehm sein, hier aber ging doch die Qual ganz weltfern vor sich, in einem stummen Winkel: keiner sah ihn; und Foma selber konnte nicht wissen, daß seine Tat über das ganze Land der Russen hin bekannt werden würde. Ich glaube, gar manchen großen Märtyrern, sogar solchen aus den ersten Jahrhunderten des Christentums, gereichte es, wenn sie das Kreuz auf sich nahmen, nicht wenig zum Trost und zur Erleichterung, sich sagen zu können, daß ihr Tod den Zaghaften und Schwankenden ein Beispiel sei und noch mehr Jünger für Christus werben werde. Foma Danilow konnte selbst diesen großen Trost nicht haben: er war allein unter seinen Henkern – niemand, mußte er sich sagen, würde erfahren, was mit ihm geschah. Er war noch jung und hatte Weib und Kind in der Heimat, – niemals würde er sie wiedersehen – doch sei es! „Wo ich auch bin, gegen mein Gewissen kann ich nicht handeln; ich wähle den Märtyrertod" – Wahrheit um der Wahrheit willen und nicht zum Ruhme! Und weder Lug noch Trug noch sophistisches Spiel mit dem eigenen Gewissen: „Werde den Islam einfach zum Schein annehmen, errege lieber keinen Anstoß, es wird ja doch niemand sehen, später kann ich ja Buße tun, das Leben ist lang, werde der Kirche spenden, Gutes tun …" Nichts davon war in ihm, sondern nur wundernehmende, uranfängliche, elementare Ehrlichkeit. Nein, ich glaube nicht, daß wir ebenso gehandelt hätten!

Doch das sind wir – aber für unser Volk, wiederhole ich, hat die Heldentat Danilows vielleicht sogar nicht das geringste Verwunderliche. Das ist es ja, daß hier geradezu ein Symbol des russischen Volkes geboten wird, eine ganze Darstellung unseres Volkes: deswegen berührt dieser Tod mich so nah und auch euch, natürlich auch euch! Gerade so liebt unser Volk die Wahrheit nur um der Wahrheit willen und nicht um des Ruhmes willen. Möge es auch noch so roh und gemein und sündig und unscheinbar sein; doch laßt nur seine Zeit kommen, laßt nur die Zeit der Volkswahrheit anbrechen, so werdet auch ihr erstaunen über seine Geistesfreiheit, die seine Größe dann vor dem Joch des Materialismus, der Leidenschaften, der Geld- und Habgier, und sogar unter Androhung des grausamsten Foltertodes, beweisen wird. Und all das wird es einfach, ohne Phrasen und Gesten tun, nur fest in seiner Überzeugung, ohne Belohnung oder Lob zu verlangen, ohne mit seiner Tat zu prahlen: „Woran ich glaube, das bekenne ich auch."

Wißt, man muß die Wahrheit nicht zu umgehen suchen: ich glaube, daß wir solch ein Volk nichts mehr lehren können. Das ist ein Sophismus, versteht sich, doch kommt er einem zuweilen unwillkürlich in den Sinn. Oh, natürlich, wir sind gebildeter als das Volk, aber was sollen wir es denn lehren – fragt es sich! Ich rede hier nicht von den Handwerken, nicht von der Technik, nicht von der Mathematik, – das werden ihm auch die zugereisten Deutschen schon für Lohn beibringen, wenn wir es selbst nicht tun. Nein, aber wir, was sollen wir es lehren? Wir sind doch Russen, sind Brüder diesem Volke und folglich verpflichtet, es zu erleuchten. Was können wir ihm Moralisches, welches Höhere können wir ihm geben, was ihm erklären, und womit diese „dunklen" Seelen erleuchten? Volksaufklärung ist unser Recht und unsere Pflicht im höchsten christlichen Sinne: wer das Gute weiß und das wahrhafte Wort des Lebens kennt, der muß, der ist verpflichtet, es seinem nichtwissenden, im Dunkel irrenden Bruder zu sagen, lehrt uns die Bibel. Was sollen wir nun dem Irrenden sagen, was er selbst nicht besser wüßte als wir? Zuerst natürlich, daß „lernen nützlich ist und man lernen muß" – nicht wahr? Aber das Volk hat schon vor uns gesagt: „lernen – ist Licht, nicht lernen – ist Finsternis". Besiegung der Vorurteile, zum Beispiel, Vernichtung der Götzen? Aber in uns selber ist doch solch eine Unmenge von Vorurteilen, und Götzen haben wir uns so viele zugelegt, daß das Volk uns offen sagen wird: „Arzt, heile dich selber."

– Und unsere Götzen versteht es bereits ganz vorzüglich zu erkennen! Oder sollen wir es Selbstachtung lehren, persönliche Würde? Aber unser Volk, als Ganzes genommen, achtet sich selber viel mehr als wir uns, ehrt und begreift seine Würde viel tiefer als wir. In der Tat, wir sind so furchtbar in uns selbst verliebt, aber wir achten uns dabei doch nicht im geringsten, und persönliche Würde, einerlei worin sie auch bestände, gibt es bei uns überhaupt nicht. Oder sollen wir dem Volk etwa Achtung vor fremden Überzeugungen beibringen? Unser Volk beweist schon seit Peters des Großen Zeiten, daß es auch die Überzeugungen Fremder zu achten versteht, wir aber verzeihen ja nicht einmal unteresgleichen die kleinste Abweichung von unseren Überzeugungen, und wer mit uns nicht übereinstimmt, den halten wir einfach für einen Dummkopf, wobei wir ganz vergessen, daß, wer so leicht die Achtung für andere verliert, in erster Linie sich selbst nicht achtet. Oder sollen wir etwa das Volk Glauben an sich und seine Kräfte lehren? Das Volk hat Foma Danilows zu Tausenden, wir aber glauben überhaupt nicht an russische Kräfte, ja, und halten diesen Unglauben noch für höhere Bildung, und es fehlt nicht viel, auch noch für Heldenhaftigkeit. Aber so sagt doch, was können wir das Volk denn lehren? Wir verabscheuen, wir hassen sogar all das, was unser Volk liebt und ehrt, und wonach sein Herz sich sehnt. Nun also: was sind wir denn für Volksfreunde? Man wird vielleicht entgegnen, daß wir folglich das Volk nur um so mehr lieben, wenn wir, ihm Besseres wünschend, seine Unwissenheit verabscheuen. O nein, meine Herren, keineswegs: wenn wir wahrhaft und in der Tat unser Volk liebten und nicht nur in Artikeln und Broschüren, so würden wir etwas näher zu ihm hingehen und uns bemühen, erst einmal das kennen zu lernen, was wir jetzt, wie es uns gerade beliebt, nach europäischer Schablone in ihm vernichten wollen: dann würden wir vielleicht selbst so viel Neues lernen, wie wir uns jetzt noch nicht einmal träumen lassen.

Übrigens haben wir einen Trost: unseren großen Stolz vor unserem Volke. Darum verachten wir es ja auch so: verachten es, weil es national ist und aus seiner ganzen Kraft auf dieser seiner Nationalität besteht, wir aber – wir haben kosmopolitische Überzeugungen, haben uns als unser Ziel die Allmenschheit gesetzt und uns über unser Volk somit selbst hinausgehoben. Nun, und das ist ja unsere ganze Zwietracht, unser ganzer Bruch mit dem Volk. Und so sage ich denn meine Meinung: versöhnen wir uns mit ihm in diesem Punkte, so hört sofort auch unser Zwist mit ihm auf. Dazu aber gibt es eine Möglichkeit, die außerdem sehr leicht zu finden ist. Im übrigen wiederhole ich nochmals nachdrücklichst, daß sogar unser allerschroffster Widerspruch im Grunde nur eine – Selbsttäuschung ist.

Doch was ist das nun für eine Versöhnungsmöglichkeit?

Die Versöhnungsmöglichkeit außerhalb der Wissenschaft

Zuerst hebe ich das am meisten Bestrittene hervor und beginne ohne weiteres damit:

„Jedes große Volk glaubt und muß glauben, wenn es nur lange am Leben bleiben will, daß in ihm, und nur in ihm allein, die Rettung der Welt liegt, daß es bloß lebt, um an die Spitze aller Volker zu treten, sie alle in das eigene Volk aufzunehmen und sie, in harmonischem Chor, zum endgültigen, ihnen allen vorbestimmten Ziele zu führen."

Ich behaupte, daß es so mit allen großen Völkern der Erde war, mit den ältesten, wie mit den jüngsten, daß nur dieser Glaube allein sie zu der Möglichkeit, jedes zu seiner Zeit einen großen Einfluß auf die Schicksale der Menschheit auszuüben, erhoben hat. So war es zweifellos mit dem alten Rom, und so war es später mit dem zweiten Rom in der katholischen Periode der Geschichte dieser Stadt. Als dann Frankreich seine katholische Idee erbte, geschah ganz dasselbe auch mit Frankreich, und im Zeitraum von fast zwei Jahrhunderten, bis zu seinem Sturz in unserem Jahrhundert und seiner jetzigen Resignation, glaubte Frankreich sich zweifellos die ganze Zeit über an der Spitze der Völker, hielt sich, wenigstens moralisch, zeitweilig aber auch politisch, für ihren Führer und Wegweiser zur Zukunft. Danach strebte freilich auch Deutschland in seinen Träumen und stellte der katholischen Weltidee und ihrer Autorität seinen Protestantismus und die unbegrenzte Freiheit des Geistes und der Forschung gegenüber. Ich wiederhole, dasselbe geschieht mehr oder weniger mit allen großen Nationen auf der Höhe ihrer Entwicklung. Man wird mir sagen, daß das nicht wahr sei, daß das ein Irrtum von mir sei, und wird mich auf das Bewußtsein dieser selben Völker aufmerksam machen, auf die Erkenntnis ihrer Gelehrten und Denker, die gerade auf die gemeinschaftliche, die vereinte Bedeutung der europäischen Nationen hingewiesen haben, der Nationen, die vereint an der Schöpfung und Vollendung der europäischen Zivilisation mitgewirkt haben ... nun, und ich werde diesen Einwand selbstverständlich nicht ohne weiteres abweisen. Doch abgesehen davon, daß solche Vernunftschlüsse im allgemeinen gewissermaßen das Ende des lebendigen Lebens eines Volkes bedeuten, will ich einstweilen nur auf eines hinweisen: diese selben kosmopolitischen Denker haben, was sie da auch von der Weltharmonie der Nationen geschrieben, immerhin zu gleicher Zeit und meistenteils mit unmittelbarem, lebendigem und aufrichtigem Gefühl, ganz so wie die Masse ihres Volkes, fortgesetzt geglaubt, daß in diesem Chor der Nationen, die die Weltharmonie und die gemeinsame Zivilisation ausmachen, gerade sie (sagen wir, zum Beispiel, die Franzosen) das Haupt dieser ganzen Vereinigung sind, sie die vordersten, sie diejenigen, denen es vorherbestimmt ist, zu führen, die anderen aber ihnen nur nachfolgen: daß sie (die Franzosen) von diesen anderen Völkern nun, meinetwegen, vielleicht auch etwas entlehnen, doch immerhin nur etwas, daß dafür aber jene anderen Völker von ihnen alles übernehmen, wenigstens alles Erstrangige, und nur von ihrem Geist und von ihrer Idee zu leben vermögen, ja, und ihnen überhaupt nichts übrigbleibe, als sich schließlich ihrem Geiste anzuschließen und sich mit ihnen, den Franzosen, früher oder später zu verschmelzen. Und auch in dem heutigen resignierten und innerlich zerfallenen Frankreich lebt noch eine derartige Idee, die eine neue, doch meiner Meinung nach vollkommen natürliche Phase gerade seiner früheren katholischen Weltidee in ihrer Entwicklung ist; und nicht weniger als die Hälfte aller Franzosen glaubt auch jetzt, daß in ihr und nur in ihr allein die Rettung nicht nur Frankreichs, sondern der ganzen Welt liegt: das ist ihr französischer Sozialismus. Diese Idee – das heißt, dieser ihr Sozialismus – ist natürlich unwahr und aussichtslos; doch jetzt handelt es sich nicht mehr um ihre Qualität, sondern darum, daß sie jetzt vorhanden ist, ein lebendiges Leben lebt, und daß diejenigen, die sich zu ihr bekennen, nicht von Wehmut und Zweifeln befallen sind, wie alle übrigen Franzosen. Anderseits sehe man sich doch den Engländer an, einerlei was für einen, den Lord oder den Arbeiter, den Gelehrten oder den Ungebildeten, und man wird sich überzeugen, daß jeder einzelne Engländer sich bemüht, vor allen Dingen Engländer zu sein, in allen Lebenslagen Engländer zu bleiben, im öffentlichen wie im Privatleben, in der Politik wie in der Gesellschaft und im Geschäft: und sogar die Menschheit zu lieben, bemüht er sich nicht anders, denn nur als Engländer. Und wenn dem auch so wäre, wird man mir entgegnen, so wie ich es behaupte, dann würde doch solch ein Eigendünkel jedes großen Volkes unwürdig sein: der Egoismus und unsinnige Chauvinismus würden seine Bedeutung verringern oder gar sein nationales Leben schon gleich zu Anfang schädigen und verderben, statt ihm Lebenskraft zu geben. Man wird sagen, daß ähnliche sinnlose, stolze Ideen keiner Nachahmung wert seien, sondern, im Gegenteil, von der Vernunft, die alle Vorurteile vernichtet, ausgerottet werden müßten. Nun, wenn das von der einen Seite auch sein Wahres hat, so muß man doch, denke ich, nichtsdestoweniger die Frage auch von der anderen Seite nehmen: dann aber erscheint meine Meinung durchaus nicht erniedrigend, sondern sogar umgekehrt erhebend. Was tut's, daß der lebensfremde Jüngling träumt, dereinst ein Held zu werden? Glaubt mir: stolze und hochmütige Träume können diesem Jüngling viel nützlicher und lebenbringender sein als die „Vernünftigkeit" eines Knaben, der schon mit sechzehn Jahren an der weisen Regel festhält, daß „Glück besser als Heldentum" sei. Glaubt mir, das Leben jenes Jünglings wird nach durchlebter Armut und mißglückten Versuchen als Ganzes doch schöner sein als das behagliche Dahinvegetieren seines vernünftigen Schulkameraden, der sein Leben unter allen nur denkbaren Bequemlichkeiten verbringt. Solch ein Glaube an sich ist nicht unmoralisch und keineswegs eine Selbstüberhebung. Und ebenso ist es auch mit den Völkern: mag es auch vernünftige, friedliche und zufriedene Völker geben, die ohne Überschwenglichkeiten ein gutes Leben führen, Handel treiben, Schiffe bauen, und sich mit Behagen ihres Lebens freuen: nun, Gott hab' sie selig, weit werden sie es nicht bringen! Daraus wird doch nur so eine echte Mittelmäßigkeit entstehen, von der die Menschheit nichts, aber auch nichts hat: die große Energie, die mächtige Selbstachtung fehlt ihnen! Jene Kraft ist nicht unter ihnen, die alle großen Völker treibt. Der Glaube daran, daß du der Welt das letzte Wort sagen willst und kannst, daß du die Welt mit dem Überfluß deiner lebendigen Kraft erneuen wirst, der Glaube an die Heiligkeit der eigenen Ideale, der Glaube an die Kraft der eigenen Liebe und des eigenen Verlangens, der Menschheit zu dienen – nein, solch ein Glaube ist das Unterpfand für das allerhöchste Leben der Nationen, und nur mit ihm bringen sie der Menschheit den ganzen Nutzen, den zu bringen ihnen vorherbestimmt gewesen, jenen ganzen Teil ihrer Lebenskraft und organischen Idee, die die Natur selber bei ihrer Schöpfung ihnen vorausbestimmt hat, als Erbe der späteren Menschheit zu vermachen. Nur die eines solchen Glaubens fähige Nation hat das Recht auf ein höheres Leben. Der legendäre Ritter der alten Zeiten glaubte, daß er alle Hindernisse, alle Gespenster und Ungeheuer besiegen, daß er alles erreichen werde, wenn er nur treu sein Gelübde „Gerechtigkeit, Keuschheit und Armut" bewahrte. Ihr sagt: „Ach, das sind Legenden und alte Lieder, an die nur ein Don Quijote noch glaubt! nicht derart sind die Gesetze des wirklichen Lebens der Nationen." Nun, dann fange und überführe ich euch zum Trotz und sage, daß auch ihr ganz solche Don Quijotes seid, daß auch ihr selbst ebensolch eine Idee habt, an die ihr glaubt und durch die ihr die Menschheit erneuern wollt!

In der Tat, woran glaubt ihr denn? Ihr glaubt – ja, und ich mit euch– an die Allmenschheit, das heißt, daran, daß dereinst vor dem Lichte der Vernunft und Erkenntnis die natürlichen Schranken und Vorurteile, die bis heute noch die freie Gemeinschaft der Nationen durch den Egoismus der nationalen Forderungen vereiteln, fallen werden, und daß dann erst die Völker beginnen können, in einem einheitlichen Geiste und einhellig wie Brüder zu leben, vernünftig und mit Liebe zu allgemeiner Harmonie strebend. Nun, meine Freunde, was kann es Höheres und Heiligeres geben, als dieser euer Glaube es ist? Und die Hauptsache ist noch: diesen Glauben werdet ihr nirgends in der ganzen Welt finden, bei keinem einzigen Volk zum Beispiel in Europa, wo die Charaktere der Nationen doch ungewöhnlich scharf umrissen sind, wo dieser Glaube, wenn er überhaupt da ist, nicht anders sich findet, als in Gestalt irgendeiner bloß apriorischen, einer vielleicht lebhaften und feurigen, aber doch nicht mehr als bloß studierstubenhaften Erkenntnis. Bei euch aber, das heißt nicht gerade bei euch, wohl aber bei uns, bei uns allen, uns Russen, – ist dieser Glaube allgemein lebendig und überwiegt alle anderen Ideen. Von uns glauben alle daran, sei es mit vollem Bewußtsein in der intellektuellen Welt, sei es ganz einfach mit lebendigem Instinkt im einfachen Volke, dem seine Religion schon befiehlt, an diesem selben Glauben festzuhalten. Ihr dachtet wohl, ihr wäret die einzigen „Allmenschen" aus der ganzen russischen Intelligenz, die anderen aber nur Slawophile oder Nationalisten? So ist es denn doch nicht: die Slawophilen und Nationalisten glauben an ganz genau dasselbe, an was ihr glaubt, ja, und tun das noch viel stärker als ihr!

Ich nehme jetzt nur die Slawophilen: was war es denn, das sie durch ihre ersten Führer von ihrer Lehre verkündeten? Sie erklärten in klaren, treffenden Folgerungen: daß Rußland zusammen mit allen Slawen, und selbst an ihrer Spitze, der ganzen Welt das größte Wort sagen werde, das die Menschheit jemals vernommen hat, und daß dieses Wort gerade das Gebot der allmenschlichen Vereinigung sein wird, und zwar nicht im Geiste eines persönlichen Egoismus, in dem sich jetzt Menschen und Nationen künstlich und unnatürlich in ihrer Zivilisation vereinigen, zum „Kampf ums Dasein", indem sie mittels positiver Wissenschaft dem freien Geiste moralische Grenzen setzen und zu gleicher Zeit sich gegenseitig Gruben graben, belügen, beschimpfen und verleumden. Das Ideal der Slawophilen war vielmehr die Vereinigung im Geiste der wahren großen Liebe, ohne Lüge und Materialismus, und auf Grund des persönlichen großmütigen Beispiels, wie es bestimmt ist, vom russischen Volke an der Spitze der freien panslawischen Vereinigung Europa gegeben zu werden. Ihr sagt allerdings, daran glaubet ihr keineswegs, und all das seien nur Spekulationen der Gelehrtenstuben. Doch hier ist nicht das wichtig, was irgend jemand glaubt, sondern wichtig ist, daß bei uns alle, trotz ihrer ganzen Meinungsverschiedenheiten, in diesem einen endgültigen, gemeinsamen Gedanken der allmenschlichen Vereinigung sich treffen und übereinstimmen. Das ist eine Tatsache, die keinem Zweifel untersteht, und die an sich schon erstaunlich ist; denn dieses Gefühl gibt es noch nirgends, in keinem einzigen Volke, in einem solchen Grade: als ein so lebendiges und hauptsächliches Bedürfnis. Ist dem aber so, dann haben also auch wir, wir alle, eine feste und bestimmte Nationalidee: ja, gerade eine nationale Idee. Folglich wäre, wenn die nationale russische Idee zu guter Letzt nur die universale allmenschliche Vereinigung ist, das Ratsamste für uns, so schnell wie möglich unsere Uneinigkeiten beizulegen und national, d. h. Russen, zu werden. Unsere ganze Rettung liegt ja darin, daß wir nicht im voraus darüber streiten, wie und wann sich diese Idee verwirklichen wird, ob nach eurer oder nach unserer Annahme, sondern daß wir alle zusammen von der Betrachtung geradewegs zur Tat übergehen. Aber gerade hier liegt nun freilich der wunde Punkt.

In Europa sind wir bloß Landstreicher

Denn wie seid ihr eigentlich zur Tat übergegangen? Ihr habt doch schon längst begonnen, schon vor langer, langer Zeit, aber was habt ihr denn für die Allmenschheit, das heißt zur Verwirklichung eurer Idee getan?

Ihr begannt mit ziellosem Umherstreichen durch Europa, mit dem heftigen Verlangen, euch in „Europäer" zu verwandeln, wenn auch nur dem Anscheine nach. Das ganze achtzehnte Jahrhundert hindurch taten wir ja nichts anderes, als den Schein eines Europäertums annehmen. Wir zwangen uns europäischen Geschmack auf, aßen sogar allerhand ekelhaftes gepfeffertes Zeug nach europäischem Beispiel und bemühten uns krampfhaft, dabei das Gesicht nicht zu verziehen: „Seht, was ich für ein Engländer bin, kann nichts mehr ohne Paprika essen!" Ihr glaubt vielleicht, daß ich euch verspotten will? Fällt mir nicht ein. Ich verstehe nur zu gut, daß man anders überhaupt nicht hätte anfangen können, „Europäer" zu werden. Wir mußten gerade mit der Verachtung des Eigenen beginnen, und wenn wir ganze zwei Jahrhunderte auf diesem Punkt geblieben sind, uns weder vorwärts noch rückwärts bewegt haben, so wird das wohl die uns von der Natur bestimmte Frist gewesen sein. Allerdings, so ganz regungslos sind wir doch nicht geblieben: unsere Verachtung für das Eigene wuchs immer mehr, und besonders als wir anfingen, Europa etwas gründlicher zu verstehen. In Europa übrigens verwirrte uns die schroffe Absonderung der Nationen, die scharfe Zeichnung der Typen nationaler Charaktere nicht im geringsten. Unser Erstes war ja, daß wir „alles Entgegengesetzte abwarfen" und den kosmopolitischen Typus des „Europäers" annahmen, das heißt also, daß wir gleich am Anfang schon das Gemeinsame, was sie alle verbindet, herauszufinden verstanden, – und das ist sehr bezeichnend. Mit der Zeit noch klüger geworden, hielten wir uns darauf unmittelbar an die Zivilisation und glaubten sofort blind und kritiklos, daß in ihr allein das „Gemeinsame", das berufen ist, die Menschheit zu vereinen, enthalten sei. Sogar die Europäer wunderten sich, wenn sie uns, die Fremdlinge, sahen, über diesen unseren begeisterten Glauben, um so mehr, als s i e damals schon anfingen diesen selben Glauben bei sich zu verlieren. Begeistert empfingen wir Rousseau und Voltaire, freuten uns innigst mit dem reisenden Karamsin* über die Zusammenrufung der „Nationalstaaten" im Jahre 1789, und wenn wir auch später, nach dem ersten Viertel unseres Jahrhunderts, mit den fortgeschrittensten Europäern in Verzweiflung gerieten über die untergegangenen Träume und zerschlagenen Ideale, so verloren wir doch nicht unseren Glauben und trösteten sogar noch die Europäer. Selbst die im Vaterlande „weißesten" Russen wurden in Europa sofort „rot" – gleichfalls ein außerordentlich charakteristischer Zug. Darauf, schon in der Mitte dieses Jahrhunderts, erachteten sich einige von uns bereits für würdig, zum französischen Sozialismus überzutreten, und sie nahmen ihn ohne das geringste Bedenken für die endgültige Lösung der allmenschlichen Vereinigung, also für die Erreichung unserer ganzen Idee, die uns bis jetzt mit sich fortgerissen. Aus diese Weise hielten wir für das realisierte Ziel das, was in Wirklichkeit der größte Egoismus war, was den Gipfel der Unmenschlichkeit, der ökonomischen Sinnlosigkeit und des politischen Wirrwarrs, den Gipfel der Verleugnung aller menschlichen Natur, den Gipfel der Vernichtung jeder menschlichen Freiheit ausmachte. Doch das, wie gesagt, beunruhigte uns weiter nicht. Im Gegenteil: sahen wir betrübtes Bedenken oder Nichtbegreifenkönnen mancher tiefen europäischen Denker, so nannten wir sie ohne Bedenken dumm. Wir glaubten widerspruchslos, und glauben ja auch jetzt noch, daß die positive Wissenschaft durchaus fähig sei, die moralischen Grenzen zwischen den Persönlichkeiten der einzelnen wie der Nationen zu bestimmen, – als ob die Wissenschaft, selbst wenn ihr das möglich wäre, diese Geheimnisse vor der Vollendung des Versuchs, das heißt, vor der Vollendung aller Schicksale des Menschen auf der Erde, entdecken könnte. Unsere Gutsbesitzer verkauften ihre leibeigenen Bauern und fuhren nach Paris, um dort sozialistische Blätter heraus-

---

* 1775–1826, Historiker und Schriftsteller.

zugeben, und unsere Rudins* starben auf den Barrikaden. Währenddessen hatten wir uns aber schon so von unserer russischen Erde gelöst, daß wir jede Vorstellung davon verloren, bis zu welchem Grade solch eine Lehre sich von der Seele des russischen Volkes entfernt. Übrigens schätzten wir den russischen Volkscharakter nicht nur nicht, sondern sprachen unserem Volk überhaupt jeden Charakter ab. Wir vergaßen, an unser Volk auch nur zu denken, und waren in unerschütterlicher Ruhe überzeugt – ohne überhaupt zu fragen –, daß unser Volk sofort alles annehmen werde, worauf wir es hinweisen, richtiger: was wir ihm befehlen würden. In dieser Hinsicht hat es bei uns immer die komischsten Anekdoten über das Volk gegeben. Unsere Allmenschen blieben im Verhältnis zu ihrem Volk durchaus Gutsherren und Gutsbesitzer, und das sogar noch nach der Bauernreform.

Was aber haben wir damit erreicht? Wirklich sonderbare Ergebnisse: vor allem werden wir von ganz Europa spöttisch angesehen. Auf die allerklügsten Russen blickt man im Westen nur mit hochmütiger Herablassung. Davor hat sie nicht einmal die Emigration gerettet, auch die politische nicht. Um keinen Preis wollen uns die Europäer für ihresgleichen anerkennen, für keine Opfer und auf keinen Fall! „Grattez le Russe", sagen die Franzosen, „et vous verrez le Tartare", und so ist es noch heute. Unser Barbarentum ist bei ihnen zum Sprichwort geworden. Und je mehr wir ihnen zu Gefallen unsere Nationalität verachteten, um so mehr verachteten sie wiederum uns. Wir scharwenzelten vor ihnen, bekannten ihnen knechtisch unsere „europäischen" Anschauungen und Überzeugungen; sie aber hörten uns herablassend kaum an und meinten gewöhnlich mit, nun ja, höflichem Lächeln, um uns schneller los zu werden, wir hätten das bei ihnen „nicht ganz richtig verstanden". Es wundert sie, daß wir, die wir solche Tataren sind, auf keinerlei Art und Weise Russen werden können. Wir jedoch haben es ihnen niemals erklären können, daß wir nicht Russen, sondern Allmenschen sein wollen. Es ist wahr, in der letzten Zeit

---

* Held eines Romans von Turgenjew

scheint ihnen doch irgend etwas aufgegangen zu sein: sie haben begriffen, daß wir etwas wollen, etwas, das für sie furchtbar und gefährlich ist; sie sagen sich, daß es unserer viele gibt, achtzig Millionen, daß wir alle europäischen Ideen kennen und verstehen, während sie von unseren russischen Ideen überhaupt nichts wissen, und daß sie, wenn sie auch etwas von ihnen wüßten, sie doch nicht verstehen könnten; daß wir alle Sprachen sprechen, sie aber nur die ihrigen – nun, und noch vieles andere scheint ihnen mit der Zeit halbwegs aufgegangen zu sein und ihren Verdacht erweckt zu haben. Kurz, die Folge davon war, daß sie uns die Feinde und zukünftigen Zerstörer der europäischen Zivilisation nannten. So haben sie unser leidenschaftliches Ideal, Allmenschen zu werden, verstanden!

Und doch können wir uns unmöglich von Europa lossagen. Europa ist uns zum zweiten Vaterlande geworden – ich selbst bin der erste, der sich leidenschaftlich zu Europa bekennt. Europa ist uns allen fast ebenso teuer wie Rußland. In ihm wohnt Iaphets Stamm, und unsere Idee ist: die Vereinigung aller Nationen dieses Stammes – und sogar noch weiter, viel weiter, bis zu Sem und Ham. Was sollen wir da nun tun?

Als erstes und vor allen Dingen – Russen werden. Ist die Allmenschheit die russische Nationalidee, so muß vor allem ein jeder von uns erst Russe werden, das bedeutet aber so viel wie: „er selbst". Dann wird sich vom ersten Schritt an alles verändern. Russe werden, heißt aufhören, sein eigenes Volk zu verachten. Sobald der Europäer sieht, daß wir unser Volk und unsere Nationalität achten, wird er sofort auch uns achten. In der Tat, je stärker und selbständiger wir uns in unserem nationalen Geiste entwickeln würden, desto stärkeren und tieferen Widerhall dürften wir im Europäer finden und ihm sofort verständlicher werden. Dann würde man uns auch nicht mehr hochmütig loswerden wollen, sondern würde uns gern zuhören. Auch äußerlich würden wir dann anders werden. Sind wir erst wir selbst geworden, so werden wir auch endlich Menschengestalt annehmen, und nicht wie bisher nur Affengestalt haben. Wir werden wie freie Wesen, nicht wie Sklaven oder Diener sein; und man wird uns dann für Menschen halten, nicht für internationale Landstreicher, nicht für die Elenden des Europäismus, Liberalismus und Sozialismus. Auch reden werden wir mit ihnen klüger als jetzt; denn in unserem Volke und seinem Geiste können wir neue Worte finden, die den Europäern bestimmt verständlicher sein werden. Und wir selbst werden dann einsehen, daß vieles von dem, was wir an unserem Volke verachtet haben – nicht Finsternis, sondern Licht ist, nicht Dummheit, sondern im Gegenteil – Geist. Und haben wir erst das begriffen, dann werden wir Europa jenes Wort sagen, das man dort noch niemals gehört hat. Dann werden wir uns überzeugen, daß das wirkliche soziale Wort kein anderes Volk als unser Volk in sich trägt; daß in seiner Idee, in seinem Geiste das lebendige Bedürfnis nach der Allvereinigung der Menschheit liegt, nach einer Vereinigung, die volle Achtung für die Persönlichkeit jeder einzelnen Nation und für ihre Erhaltung, für die Erhaltung der Freiheit der Menschen in sich schließt, und die nur den Hinweis darauf enthält, worin diese Freiheit besteht: in der Vereinigung durch Liebe, sichergestellt bereits durch die Tat, durch das lebendige Beispiel, durch das Bedürfnis nach der wahrhaften Brüderlichkeit in der Wirklichkeit – nicht aber durch die Guillotine, nicht durch Millionen gefällter Köpfe ...

Hm ... habe ich etwa wirklich jemanden überzeugen wollen? Das war ja nur ein Scherz. Doch – schwach ist nun einmal der Mensch: vielleicht liest es einer von den Knaben ... einer von der jungen Generation ...

Mein Paradoxon
(1876)

Das Paradoxon

Wieder ein Zusammenstoß mit Europa! Und noch kein Krieg? Vom Kriege, sagt man, seien wir, d. h., sei Rußland noch weit entfernt ... Wieder ist die endlose Orientfrage aufs Tapet gebracht, wieder blickt Europa mißtrauisch auf uns Russen ... Doch was geht uns schließlich das Vertrauen Europas an? Hat es denn jemals vertrauensvoll auf uns geblickt? und kann es das überhaupt? Oh, versteht sich, i r g e n d e i n m a l wird sich dieser Blick ändern, e i n m a l wird Europa auch uns besser begreifen: und es lohnte sich wirklich, über dieses i r g e n d e i n m a l zu sprechen. Einstweilen jedoch – einstweilen ist mir eine ganz nebensächliche Frage eingefallen, eine, mit deren Beantwortung ich noch kürzlich sehr beschäftigt gewesen bin. Wenn nun auch heute niemand mit mir übereinstimmen wird, so scheint mir doch, daß ich nicht so ganz unrecht habe.

Ich sagte, daß man die Russen in Europa nicht liebe. Nun, das wird, glaube ich, niemand bestreiten; aber unter anderem wirft uns Europa auch vor, daß wir alle, ohne Ausnahme, furchtbar liberal, ja selbst revolutionär seien, und immer, sogar mit einer gewissen Vorliebe, geneigt, uns eher den zerstörenden als den konservativen Elementen Europas anzuschließen. Zur Strafe dafür sehen viele Europäer spöttisch und von oben auf uns herab, nicht selten geradezu gehässig: es ist ihnen unbegreiflich, wie wir darauf kommen, in f r e m d e n A n g e l e g e n h e i t e n Verneiner zu sein? Sie nehmen uns kurzerhand das Recht, nach europäischer Art zu verneinen – und zwar deshalb, weil sie uns für ein Volk halten, das nicht zur „Zivilisation" gehört. Eher sehen sie in uns Barbaren, die sich in Europa Herumtreiben und sich freuen, irgendwo irgend etwas zerstören zu können – zerstören bloß um der Zerstörung willen, um das Vergnügen zu haben, zuzusehen, wie das alles zusammenkracht – gleich den Hunnen, gleich einer Horde Wilder, die bereit ist, Europa wie das alte Rom zu überschwemmen und alles Große, Alte und Heilige zu zerstören, ohne auch nur zu ahnen, welch einen Schatz sie der Vernichtung weiht.

Daß die Russen tatsächlich in ihrer Mehrzahl sich in Europa als Liberale erwiesen haben – das ist wahr und ist sogar, ich gestehe es, sonderbar. Hat sich aber schon jemand die Frage gestellt, warum das der Fall ist? Warum beinahe neun Zehntel von den Russen, die in diesem Jahrhundert in Europa ihre Bildung erhalten hatten, sich immer derjenigen Partei der Europäer angeschlossen haben, die liberal war, der Partei der „Linken", d. h. immer derjenigen Seite, die ihre eigene Zivilisation, ihre eigene Kultur verneinte? Das, was Thiers an der Zivilisation verneint, und das, was die Pariser Kommune an ihr 1871 verneinte, ist keineswegs dasselbe. Ebenso „mehr oder weniger" liberal und ebenso verschieden liberal sind aber auch die Russen in Europa; doch immer sind sie, ich wiederhole es, geneigter als die Europäer, sofort zur äußersten Linken überzutreten, statt sich zunächst noch auf den unteren Stufen des Liberalismus aufzuhalten. Mit einem Wort, man findet unter den Russen weit weniger Thieristen als Kommunarden. Und man beachte wohl: das sind keineswegs irgendwelche vom Wind verwehte Leute – Ausnahmen natürlich zugegeben –, sondern Leute, die sogar sehr solid und zivilisiert aussehen, zuweilen fast schon Minister sind. Doch die Europäer trauen diesem Scheine nicht: „Grattez le Russe et vous verrez le Tartare", sagen sie. Das kann ja alles stimmen, aber, frage ich mich, woher kommt das? Schließt sich der Russe in seiner Gemeinschaft mit Europa der äußersten Linken an, weil er Tatar ist und die Zerstörung liebt, also als Wilder, oder bewegen ihn vielleicht andere Gründe dazu? – Das ist die Frage! ... Man wird mir wohl zugeben, daß sie nicht so uninteressant ist. Petersburg spielt jetzt nicht mehr die Rolle des Fensters, das uns aus Europa Licht bringt. Es beginnt etwas Neues, es muß wenigstens etwas Neues beginnen: das sieht jetzt ein jeder ein, der nur ein wenig nachzudenken gelernt hat. Kurz, wir fangen an mehr und mehr zu fühlen, daß wir zu irgend etwas bereit sein müssen, zu einem neuen Zusammenstoß mit Europa, und vielleicht einem viel eigenartigeren, als es die bisherigen waren, – ob es nun in der Orientfrage sein wird, oder sonstwo, wer kann das wissen! ... Darum aber sind ähnliche Fragen, Vermutungen, selbst Rätsel und sogar Paradoxe interessant – und wäre es auch nur, weil sie vielleicht auf einen richtigen Gedanken bringen können. Wie aber soll einem da nicht eine so auffallende Erscheinung zu denken geben, wie die, daß gerade diejenigen Russen, welche sich am meisten für Europäer halten und bei uns allgemein die „Westler" genannt werden, die auf diesen Namen stolz sind und noch heute auf die anderen Russen wie auf Kwastrinker und Bauernkittel herabsehen, – wie soll es da nicht interessant sein, frage ich, daß gerade diese sich am schnellsten den Verneinern der Zivilisation, den Zerstörern der Kultur, der „äußersten Linken" anschließen, und daß dieses in Rußland niemanden wundert, ja nicht einmal zum Nachdenken bringt? Wie soll einem das nicht merkwürdig erscheinen?

Ich habe schon eine Antwort auf diese Frage gefunden, doch werde ich meine Idee nicht beweisen, werde sie nur ein wenig zu erklären und die Tatsache zu entwickeln versuchen.

Mir scheint – folgendes: Zeigt sich nicht in dieser Tatsache – d.h. im Anschluß unserer eifrigsten Westler an jene äußerste Linke, in Wirklichkeit an die verneinenden Elemente Europas, an die Verneiner Europas geradezu, – zeigt sich darin nicht die protestierende russische Seele, der die europäische Kultur von jeher, von Peter dem Großen an, verhaßt gewesen ist, und ihr Protest gegen diese Kultur, die sich in vielem, in allzu vielem, der russischen Seele als fremd erwiesen hat? Geradeso scheint es mir zu sein. Oh, versteht sich, dieser Protest ist fast die ganze Zeit nur unbewußt geschehen, doch wertvoll an ihm ist, daß er zeigt, wie gerade der russische Instinkt nicht erstorben ist: die russische Seele hat, wenn auch unbewußt, gerade im Namen ihres Russentums protestiert, im Namen ihres echt russischen, ursprünglichen, eigenen und dann unterdrückten Kulturversuchs. Natürlich wird man sagen, es sei noch kein Grund vorhanden, sich zu freuen, wenn dem auch so wäre: „Immerhin bist du ein Verneiner – Hunne, Barbar, Tatar –, der nicht im Namen eines Höheren verneint, sondern im Namen seiner eigenen Niedrigkeit, da er ja in ganzen zwei Jahrhunderten die europäische Höhe noch nicht einmal hat begreifen können."

Ich gebe zu, daß das eine offene Frage ist, doch werde ich nicht versuchen, sie zu beantworten. Ich sage nur, daß ich diesen Einwand aus allen Kräften verneine – eine Begründung würde zu weit führen. Oh, wer wird jetzt noch von uns Russen, und besonders, nachdem das alles vergangen ist – denn diese Periode ist jetzt tatsächlich vergangen –, wer wird jetzt noch gegen die Tat Peters sein, sich gegen das „durchbrochene" Fenster auflehnen und vom alten Zarenreich Moskau träumen? Doch nicht davon spreche ich jetzt; ich meine nur: wie schön und gut auch alles gewesen sein mag, was wir durch das Fenster erblickt haben, so war doch auch so viel Häßliches und Schädliches darunter, daß der russische Instinkt nicht aufgehört hat, sich dagegen aufzulehnen und zu protestieren, ... wenn er sich auch vielleicht so weit verloren haben mag, daß er selbst nicht mehr wußte, was er mit diesem Protest eigentlich tat. Und er hat nicht aus seinem Tatarentum heraus protestiert, sondern in der Tat vielleicht deswegen, weil er in sich etwas Höheres und Besseres fühlte als das, was er durch das Fenster erblickte... Versteht sich, der Instinkt hat ja nicht gleich gegen alles protestiert: wir haben viel Gutes und Schönes bekommen, und wollen nicht undankbar sein; nun, aber gegen die Hälfte zum mindesten hat er, glaube ich, doch protestieren können.

Ich wiederhole nochmals, daß dieses ungemein sonderbar vor sich gegangen ist: gerade unsere feurigsten Westler, gerade unsere Kämpfer für die Reform wurden zu gleicher Zeit zu Verneinern Europas und stellten sich in die Reihen der äußersten Linken. Nun, und so geschah es, daß sie sich selbst gerade dadurch zu den eifrigsten Russen machten, zu Kämpfern für Rußland und den russischen Geist. Hätte man ihnen das seinerzeit erklärt, so würden sie entweder gelacht haben, oder sie wären entsetzt gewesen. Es kann darüber kein Zweifel bestehen, daß sie nicht im geringsten die Höhe und eigentliche Bedeutung ihres Protestes erkannt haben. Im Gegenteil: sie haben ja die ganzen zwei Jahrhunderte hindurch ihren eigensten Wert fortgesetzt verleugnet, und nicht nur den allein, sondern sogar die Achtung vor sich selbst – solche gab es ja auch unter ihnen! – und in einem Grade, der ganz Europa mit Recht wundergenommen hat. Und nun stellt es sich heraus, daß gerade sie sich als die wahren Russen erwiesen haben. Ebendiese meine Deutung aber nenne ich „mein Paradoxon". Belinski*) zum Beispiel, ein von Natur leicht und leidenschaftlich begeisterter Mensch, ist fast als erster direkt zu den europäischen Sozialisten, die schon die ganze Form der europäischen Zivilisation verneinten, übergetreten, und zu gleicher Zeit hat er bei uns, in der russischen Literatur, bis zum Schluß gegen die Slawophilen gekämpft – scheinbar für das ganz Entgegengesetzte. Wie erstaunt wäre er gewesen, wenn ihm diese selben Slawophilen damals gesagt hätten, daß gerade er der erste Kämpfer für das russische Recht, für den russischen Geist und Anfang, gerade für all das, was er in Rußland an Europa bekämpfte, wenn man ihm bewiesen hätte, daß in Wirklichkeit gerade er der russische Konservative sei – und das ausschließlich, weil er in Europa Sozialist und Revolutionär war? Und so war es ja beinahe auch wirklich. Es wurde von beiden Seiten ein großer Fehler begangen, nämlich der, daß alle damaligen Westler Rußland mit Europa verwechselten, im Ernst für Europa hielten und, Europa samt seinen Formen verneinend, ernstlich glaubten, dieselbe Verneinung gälte auch für Rußland, während Rußland durchaus nicht Europa war, sondern nur in einem europäischen Rock steckte, unter ihm aber ein vollkommen anderes Wesen barg. Da-

---

* Wissarion Belinski (1811–1848), Kritiker, Bahnbrecher einer westeuropäisch, atheistisch und sozialistisch gefärbten russischen Literatur- und Gesellschaftsauffassung.

von sich zu überzeugen, forderten die Slawophilen auf, indem sie direkt auf die Tatsache hinwiesen, daß die Westler Unvergleichbares verglichen oder gar für identisch hielten, und daß die Folgerung, die für Europa paßte, sich keineswegs auch auf Rußland anwenden ließ: teilweise schon deshalb nicht, weil all das, was sie in Europa wünschten, in Rußland schon längst vorhanden war und ist, jedenfalls wenigstens im Keim und in der Möglichkeit, und sogar sein Wesen ausmacht, nur nicht in revolutionärer Form, sondern gerade in derjenigen, in welcher diese Ideen der universalen Erneuerung der Menschheit erscheinen müssen: in der Gestalt der Wahrheit Gottes, der Wahrhaftigkeit Christi, die sich irgendeinmal auf der Erde doch verwirklichen wird, und die sich unversehrt allein in unserem Glauben erhalten hat. Sie forderten auf, erst Rußland kennen zu lernen und dann Folgerungen zu ziehen. Doch damals waren – um die Wahrheit zu sagen – keine Möglichkeiten vorhanden, etwas von Rußland kennen zu lernen. Und wer konnte denn damals etwas von Rußland wissen? Die Slawophilen wußten, natürlich, hundertmal mehr als die Westler – und das ist das Minimum –; doch auch sie handelten fast nur tastend und tappend, apriorisch und abstrakt, indem sie sich mehr auf ihren bloßen Instinkt verließen. Irgend etwas kennen zu lernen ist erst in den letzten zwanzig Jahren möglich geworden, doch – wie viele wissen denn selbst jetzt etwas von Rußland? Es ist viel, sehr viel, daß schon ein Anfang damit gemacht worden ist. Trotzdem erhebt sich kaum eine wichtige Frage, und alle sind sofort verschiedener Meinung bei uns. Nun, und jetzt erhebt sich von neuem die Orientfrage: Hand aufs Herz, wie viele sind ihrer und welche sind es, – die fähig wären, in dieser Angelegenheit übereinzustimmen, und wenn es sich auch nur um einen einzigen Entschluß handelt? Und das noch in einer so wichtigen, großen, in einer so verhängnisvollen und nationalen Frage! Was Orientfrage! man denke doch bloß an unsere hundert, unsere tausend inneren Tagesfragen: – welch eine allgemeine Verwirrung, welche unbeständigen Anschauungen, welch eine Ungewohntheit zu handeln! Rußland wird inzwischen entwaldet, die Gutsbesitzer und Bauern fällen mit wahrer Wut ihre Bäume. Es ist nicht übertrieben, wenn man sagt, daß der Holzpreis auf ein Zehntel des früheren herabsinkt. Noch bevor unsere Kinder groß werden, wird schon zehnmal weniger Holz auf dem Markt sein. Was daraus folgt, ist vielleicht unser Verderben. Doch versucht man einmal, etwas von der Einschränkung der Rechte des Waldfällens zu sagen, was bekommt man dann zu hören? Von der einen Seite „staatliche und nationale Notwendigkeit" und von der anderen „Verletzung der Eigentumsrechte": zwei entgegengesetzte Begründungen. Sofort bilden sich zwei Lager, und noch weiß man nicht, in welches die liberale, alles entscheidende Meinung treten wird. Und sind es wirklich nur zwei Lager? So wird denn diese Frage noch lange unentschieden bleiben. Einer der heutigen Liberalen hat versucht, einen Witz zu reißen: jedes Übel, meinte er, habe auch sein Gutes, und so müsse hinfort, wenn der ganze russische Wald abgeholzt sei, wenigstens endgültig die Körperstrafe aufhören – denn woher wollen die Landrichter Ruten nehmen, wenn keine Wälder mehr da sind? Natürlich ist das eine kleine Beruhigung, doch traut man auch ihr nicht allzusehr: sind keine Bäume mehr vorhanden, so bleiben doch noch Sträucher, oder man kann ja Ruten aus dem Auslande beziehen. Neuerdings werden die Juden Gutsbesitzer – und überall schreibt und schreit man, daß sie den Boden Rußlands ruinieren, daß der Jude sofort, nachdem er das Gut gekauft, um das Kapital mit den Prozenten zurückzugewinnen, alle Kräfte und Reichtümer des gekauften Landes aussaugt. Versucht jemand, etwas dagegen zu sagen – so wird sofort von allen Seiten losgeschrien, man verletze das Prinzip der ökonomischen Freiheit und der staatsbürgerlichen Gleichberechtigung! Möge man doch wenigstens hierbei die Gleichberechtigung aus dem Spiel lassen, da es sich in erster Linie um den ausgesprochensten *Talmudstatus in statu* handelt; wenn hier nicht nur Aussaugung des Bodens, sondern auch die Aussaugung unseres Bauern droht, der nun, befreit vom Gutsbesitzer, in die Sklaverei dieser neuen „Herren" gerät, derselben, die aus dem westrussischen Bauern schon alles gezogen, was aus ihm noch zu ziehen war, die jetzt nicht nur Güter und Bauern kaufen, sondern auch die liberale Meinung – und zwar mit gutem Erfolg. Warum aber ist das alles so bei uns? Warum diese Unentschlossenheit und diese Uneinigkeit bei jedem Entschluß? Meiner Meinung nach kommt das durchaus nicht von irgendeiner Unbegabtheit und Unfähigkeit zur Tat, sondern von unserer fortdauernden Unkenntnis Rußlands, seines Wesens, Sinnes und Geistes, obgleich seit Belinski und den Slawophilen schon zwanzig Jahre vergangen sind. Und es gibt sogar noch einen anderen Grund: in diesen zwanzig Jahren ist die Kenntnis Rußlands in Tatsachen und Einzelheiten weit, weit fortgeschritten, – der russische Instinkt aber hat sich verringert im Verhältnis zu früher. Der Grund hierfür? Wenn nun die Slawophilen durch ihren russischen Instinkt gerettet worden sind, so muß doch dieser Instinkt auch in Belinski gewesen sein und sogar so stark, daß die Slawophilen ihn für ihren besten Freund gehalten haben! Hier lag aber ein großes Mißverständnis von beiden Seiten vor. Nicht umsonst hat man einmal von Belinski gesagt: „wenn er länger gelebt hätte, so wäre er bestimmt zu den Slawophilen übergetreten". In diesen Worten war ein Gedanke.

Das Ergebnis des Paradoxons

„Sie behaupten also", wird man mir sagen, „daß jeder Russe, der sich in einen europäischen Kommunarden verwandelt, allein schon dadurch sofort zum russischen Konservativen wird?" Nein, das zu behaupten, wäre denn doch etwas zu gewagt. Ich wollte nur bemerken, daß in dieser Idee, selbst wenn man sie wörtlich nimmt, etwas Wahres liegt. Es ist vor allen Dingen viel Unbewußtes dabei und meinerseits vielleicht ein zu starker Glaube an den unvergänglichen russischen Instinkt und an die Lebenszähigkeit des russischen Geistes. Doch schön, schön, mag ich auch selbst wissen, daß es ein Paradox ist, so will ich doch die Folgerung aus ihm ziehen: das ist gleichfalls eine Tatsache, eine Folgerung aus der Tatsache. Ich habe vorhin gesagt, daß die Russen sich in

Europa durch Liberalismus auszeichnen, und daß sich ihrer wenigstens neun Zehntel der Linken und äußersten Linken anschließen, sobald sie nur mit Europa in Berührung kommen – vielleicht sind es auch nicht neun Zehntel: auf der Zahl will ich nicht bestehen. Ich bestehe nur darauf, daß es unvergleichlich mehr liberale Russen gibt, als unliberale. Doch haben wir natürlich auch solche. Tatsächlich gibt es, und hat es immer gegeben, Russen – die Namen einiger von ihnen sind weltberühmt –, die nicht nur die europäische Kultur nicht verneint, sondern, im Gegenteil, sie dermaßen angebetet haben, daß sie schon ihren letzten russischen Instinkt verloren, ihre russische Persönlichkeit und ihre Muttersprache, Russen, die ihre Heimat gewechselt und, wenn sie auch nicht zu fremden Völkern übertraten, so doch ganze Generationen hindurch in Europa blieben. Tatsache ist nun, daß alle diese Russen, im Gegensatz zu den liberalen, im Gegensatz zu deren Atheismus und Kommunismus, sich alsbald zur Rechten und äußersten Rechten geschlagen haben und echte europäische Konservative geworden sind.

Viele von ihnen haben ihren Glauben gewechselt und sind zum Katholizismus übergetreten. Sind das nicht echte Konservative, ist das nicht schon die äußerste Rechte? Sie sind Konservative in Europa und umgekehrt – die vollkommensten Verneiner Rußlands geworden. Sie werden zu Zerstörern, zu Feinden Rußlands! Da sieht man, was das heißt, sich aus einem Russen in einen Europäer verwandeln, sich zum „wahren Sohn der Zivilisation" machen – eine bemerkenswerte Tatsache, die zweihundert Jahre Experiment uns gegeben haben. Daraus folgt, daß der Russe, der wirklich Europäer wird, nicht anders kann, als zu gleicher Zeit auch der natürliche Feind Rußlands werden: War es das, was die wollten, die „das Fenster durchbrachen"? Hatten sie das im Auge? Und so bekamen wir zwei Typen des zivilisierten Russen: den Europäer Belinski, der zu gleicher Zeit Europa verneinte und sich im höchsten Grade als Russe erwies, und den echten, altadligen russischen Fürsten Gagarin, der es, nachdem er Europäer geworden, für notwendig befand, nicht nur zum Katholizismus überzutreten, sondern auch noch gleich unter die Jesuiten zu gehen. Wer ist von beiden der größere Feind Rußlands? Wer ist mehr Russe geblieben? Und bekräftigt nicht dieses zweite Beispiel von der äußersten Rechten mein voriges Paradoxon, daß die russischen europäischen Sozialisten und Kommunarden – vor allen Dingen keine Europäer sind und zum Schluß echte, prächtige Russen werden, sobald das Mißverständnis sich aufklärt und sie ihr Land kennen lernen! Und zweitens, daß kein einziger Russe ernstlich Europäer wird, wenn er nur noch ein bißchen, wenn auch nur verschwindend wenig, Russe bleibt! Ist dem aber so, – dann muß folglich auch Rußland etwas vollkommen Selbständiges und Besonderes sein, etwas, das Europa nicht im geringsten gleicht. Ja, und Europa selbst ist vielleicht gar nicht im Unrecht, wenn es die Russen tadelt und über ihr Revolutionärtum lacht: „Wir sind also Revolutionäre nicht nur für die Zerstörung, dort, wo nicht wir gebaut haben, nicht wie die Hunnen und Tataren, sondern für irgend etwas anderes, das wir bis jetzt selbst noch nicht wissen – die aber, die es wissen, behalten es für sich. Kurz, wir sind – Revolutionäre aus irgendeiner eigenen Notwendigkeit heraus, sozusagen Revolutionäre aus Konservativismus ..."

Doch all das sind Übergangsstadien, wie ich schon gesagt habe, all das ist nebensächlich und liegt abseits – heute wenigstens, da sich die ewig unbeantwortete Orientfrage wieder erhoben hat.

Utopische Geschichtsauffassung

In diesen ganzen hundertfünfzig Jahren nach Peter dem Großen haben wir nichts anderes getan, als die Gemeinschaft mit allen nur möglichen menschlichen Zivilisationsformen zu erwerben versucht, durch die Teilnahme an der Geschichte und durch die Bekanntschaft mit den Idealen aller Völker. Zuerst haben wir uns gezwungen und dann haben wir uns gewöhnt, die Franzosen zu lieben, die Deutschen und all die anderen gleichfalls, als ob das unsere Brüder gewesen wären, ganz abgesehen davon, daß sie uns nie geliebt haben und wohl auch willens sind, uns hinfort nicht zu lieben. Doch darin bestand ja unsere Reform, die ganze Tat Peters des Großen: sie hat in anderthalb Jahrhunderten unseren Blick erweitert, – eine Tatsache, die vielleicht noch bei keinem Volk, weder in der alten noch in der neuen Geschichte, vorgekommen ist. Das Rußland vor Peter war tätig und festgefügt, wenn es sich auch politisch langsam entwickelte. Es hatte sich zur Einheit herausgearbeitet und schickte sich an, seine Grenzen zu befestigen, und bei sich wußte es, daß es einen Schatz in sich trug, wie es keinen zweiten in der Welt mehr gibt – die Rechtgläubigkeit; wußte, daß es der Hüter der Wahrheit Christi ist, wirklich der gewißlichen Wahrheit, des wahrhaften Ebenbildes Christi, das sich in allen anderen Glaubensformen und bei allen anderen Völkern verdunkelt hat. Dieser Schatz, diese ewige, in Rußland gegenwärtige Wahrheit, deren Aufbewahrung uns als Aufgabe zugefallen, befreite geradezu das Gewissen der besten damaligen Russen (nach ihrer eigenen Meinung) von der Pflicht, sich um das Wissen anderer Völker zu kümmern. Ja, in Moskau kam man sogar zu der Überzeugung, daß jede engere Berührung mit Europa schädlich und demoralisierend auf das russische Gemüt und auf die russische Idee wirken, die Rechtgläubigkeit selbst entstellen und Rußland auf den Weg des Verderbens bringen könnte, „nach dem Beispiel aller anderen Völker". So schickte sich denn das alte Rußland in seiner Abgeschlossenheit an, Unrecht zu tun – Unrecht an der Menschheit, indem es sich dafür entschied, tatlos seinen Schatz, seine Rechtgläubigkeit bei sich zu behalten und sich von Europa, d. h. von der Menschheit, abzuschließen, – in der Art unserer Sektierer, die mit niemandem aus einer Schüssel essen, sondern es für eine heilige Pflicht halten, daß ein jeder sich eine besondere Tasse und einen besonderen Löffel anschafft. Dieser Vergleich stimmt buchstäblich, denn vor Peter waren unsere politischen wie geistigen Beziehungen zu Europa von derselben Art. Seit der Reform Peters jedoch gewannen wir die beispiellose Erweiterung des Blicks, – und darin, wiederhole ich, besteht die ganze Größe der Tat unseres „Ehernen Reiters". Dieses ist der Schatz, den wir, die obere kultivierte Schicht Russen, nach einer anderthalb Jahrhunderte langen Abwesenheit aus unserem eigenen Lande dem Volke bringen, und den das Volk, nachdem wir uns selber vor seiner Wahrheit gebeugt, von uns annehmen muß, *sina qua non*, „widrigenfalls die Vereinigung beider Schichten sich als unmöglich erweisen und alles untergehen wird."

Was ist das nun für eine „Erweiterung des Blicks", worin besteht sie und was für eine Bedeutung hat sie?

Das ist nicht die Aufklärung oder Erleuchtung im eigentlichen Sinne des Wortes, auch nicht die Wissenschaft, es ist auch kein Verrat an den russischen moralischen Grundsätzen im Namen der europäischen Kultur. Nein, das ist etwas, was einzig dem russischen Volke eigen ist: denn eine ähnliche Reform hat es nirgends und noch niemals gegeben. Das ist unsere wirklich und in der Tat fast brüderliche Liebe zu den anderen Völkern, eine Liebe, die wir in anderthalb Jahrhunderten Berührung mit ihnen uns erworben haben. Das ist unser Bedürfnis, der ganzen Menschheit zu dienen, zuweilen sogar zum Nachteil der eigenen, wichtigsten und nächsten Interessen; das ist unsere Aussöhnung mit ihren Kulturen, unser Begreifen und Verzeihen ihrer Ideale, selbst dann, wenn sie sich mit den unsrigen nicht vertragen. Das ist unsere Fähigkeit, die wir uns selbst anerzogen haben, in jeder der europäischen Kulturen, oder richtiger, in jeder europäischen Persönlichkeit die in ihr enthaltene Wahrheit zu entdecken, sogar ungeachtet alles dessen, womit wir grundsätzlich nicht übereinstimmen können. Das ist endlich das Bedürfnis, in erster Linie gerecht zu sein und nur die Wahrheit zu suchen. Mit einem Wort, das ist vielleicht gerade der Anfang, der erste Schritt dieser aktiven Anwendung unseres Schatzes, unserer Rechtgläubigkeit, zum Dienste der ganzen Menschheit, wozu sie ja bestimmt ist und was ihr wirkliches Wesen ausmacht. Auf diese Weise hat die Reform Peters die Erweiterung unserer **früheren Idee** bewirkt, unserer alten russisch-moskowitischen Idee: wir bekamen ein vervielfachtes und verstärktes Verständnis für dieselbe: wir erkannten unsere Weltbestimmung, unsere Persönlichkeit und unsere Rolle in der Menschheit, übersahen aber, daß diese Bedeutung und diese Rolle grundverschieden sind von denen der anderen Völker; denn dort lebt jede nationale Persönlichkeit einzig für sich und in sich, wir aber werden, wenn unsere Zeit kommt, gerade damit beginnen, daß wir die Diener Aller werden, um der allgemeinen Versöhnung willen. Das ist durchaus nicht schmählich für uns, im Gegenteil, es ist unsere Größe, denn es führt zur endgültigen Vereinigung der Menschheit. Wer der Höchste im Reiche Gottes sein will – der werde der Diener Aller. So verstehe ich die russische Prädestination in ihrem I d e a l.

Der erste Schritt unserer neuen Politik nach Peter spezifizierte sich denn auch ganz von selbst: dieser erste Schritt lag in dem Plan, das ganze Slawentum unter den Flügeln Rußlands zu vereinigen. Und diese Vereinigung nicht etwa zur Aneignung fremden Besitzes, nicht zur Vergewaltigung, nicht zur Vernichtung der einzelnen slawischen Völkerpersönlichkeiten durch den russischen Koloß, sondern um sie zu erneuern und in das ihnen zustehende Verhältnis zu Europa und zur Menschheit zu bringen, ihnen endlich die Möglichkeit zu geben, friedlich leben zu können und sich nach ihren unzähligen, jahrhundertelangen Leiden zu erholen, um sich im gemeinsamen Geiste zu versammeln und, nachdem man seine neue Kraft gefühlt, auch sein Scherflein in die Schatzkammer des menschlichen Geistes zu bringen, auch sein Wort in der Kultur zu sagen. Oh, natürlich, man kann ja über diese meine „Illusionen" von russischer Prädestination lachen soviel man will, doch bitte ich wenigstens eines sagen zu dürfen: wünschen etwa nicht alle Russen die Befreiung und Erhebung der Slawen gerade auf dieser Basis, gerade für deren volle persönliche Freiheit und die Auferstehung ihres Geistes, und durchaus n i c h t, um sie für Rußland p o l i t i s c h zu gewinnen und durch sie Rußland p o l i t i s c h zu verstärken, wie es einstweilen Europa argwöhnt? Das ist doch so, nicht wahr? Dann aber sind doch meine „Illusionen" zum Teil schon gerechtfertigt? Freilich versteht es sich von selbst, daß zu diesem selben Zweck Konstantinopel – früher oder später doch unser werden muß …

Herrgott, wie spöttisch ein Österreicher oder Engländer lächeln würde, wenn er diese ausgedachten „Illusionen" lesen könnte und plötzlich solch eine positive Folgerung fände!

„Konstantinopel, das Goldene Horn, der erste politische Punkt der Welt! – das soll keine politische Eroberung sein!?"

Ja, das Goldene Horn und Konstantinopel – all das wird dereinst unser sein, doch nicht um der Eroberung und der Vergewaltigung willen, antworte ich. Und vor allen Dingen: das wird ganz von selbst geschehen, wenn die Zeit dazu kommt. Es ist der natürliche Ausgang der Balkanfragen. Wenn es bis jetzt noch nicht geschehen ist, so war eben die Zeit noch nicht gekommen. In Europa glaubt man an irgendein „Testament Peters des Großen". Das ist nichts weiter als ein von Polen geschriebenes, untergeschobenes Papier. Doch wenn Peter auch der Gedanke gekommen wäre, anstatt Petersburg zu gründen, Konstantinopel zu erobern, so hätte er doch diesen Gedanken aufgegeben: selbst dann, wenn er die Macht gehabt hätte, den Sultan zu vernichten – denn damals wäre das unzeitgemäß gewesen und hätte sogar Rußlands Verderben sein können.

Schon in dem finnischen Petersburg sind wir dem Einfluß der benachbarten Deutschen nicht entronnen, – wenn er auch nützlich gewesen ist, so hat er doch die russische Entwicklung, bevor sie ihren rechten Weg fand, ungemein gelähmt, – wie hätten wir dann in Konstantinopel, der großen, eigenartigen Stadt, mit den Resten der ältesten und mächtigsten Kultur, dem Einfluß der Griechen entrinnen können, dieser unvergleichlich „geschliffeneren" Menschen, als es die rauhen, uns vollkommen unähnlichen Deutschen sind, dem Einfluß dieser Menschen, die bedeutend mehr Berührungspunkte mit uns haben, dieser zahlreichen höfischen Griechen, die sofort den Thron umringt hätten und viel früher als die Russen gelehrt und gebildet geworden wären, die unseren Peter selber, nicht nur seine Nachfolger, bezaubert hätten, schon allein durch ihre Kenntnis der Schifffahrt, – seiner schwachen Seite –? Kurz, sie hätten Rußland politisch erobert, hätten es wieder auf irgendeinen neuen asiatischen

Weg gelockt, nun, und dem wäre natürlich das damalige Rußland nicht gewachsen gewesen. Seine russische Kraft und Nationalität wären in ihrer Entwicklung unterbrochen worden. Der mächtige Großrusse wäre abseits in seinem dunklen schneeigen Norden geblieben und hätte nur als Material für die Zarenstadt gedient, und vielleicht würde er es zum Schluß sogar überflüssig gefunden haben, ihr noch weiter zu folgen. Der Süden Rußlands aber wäre den Griechen anheimgefallen. Ja, vielleicht hätte sich sogar die Rechtgläubigkeit selber in zwei Welten geteilt: in die südlich-zaristische und die nördlich-altrussische ... Kurz, die Sache wäre im höchsten Grade unzeitgemäß gewesen. Jetzt aber ist es etwas ganz anderes.

Jetzt ist Rußland schon in Europa gewesen und ist nicht mehr so unwissend wie damals. Die Hauptsache aber – es hat seine ganze Kraft erkannt und ist wirklich stark geworden; und außerdem weiß es jetzt, wodurch es dereinst am stärksten sein wird. Jetzt weiß es, daß Konstantinopel uns gehören kann, auch ohne dabei die Hauptstadt zu sein; vor zweihundert Jahren aber, da hätte Peter nach der Eroberung von Byzanz nicht umhingekonnt, dorthin seine Residenz zu verlegen, was das Verderben Rußlands gewesen wäre – denn Byzanz ist nicht Rußland und kann auch niemals Rußland werden. Angenommen aber, daß Peter diesen Fehler nicht begangen hätte, so wären doch bestimmt seine Nachfolger dorthin gezogen. Wenn aber Byzanz heute unser wird, so wird es deshalb noch nicht Rußlands Hauptstadt und somit auch nicht die Hauptstadt des Panslawismus, wie einige träumen. Der Panslawismus ohne Rußland wird sich im Kampf mit den Griechen entkräften, selbst dann, wenn er aus seinen Teilen irgend etwas politisch Ganzes bilden könnte. Daß aber die Griechen allein Byzanz erben, ist jetzt schon unmöglich: einen so wichtigen Punkt der Erde kann man ihnen nicht abtreten, das wäre denn doch etwas zuviel für sie. Der Panslawismus aber mit Rußland an der Spitze – oh, der ist natürlich etwas ganz anderes! Aber ist dieses Andere auch etwas Gutes, fragt es sich? Und würde das nicht wie ein Einstecken der Slawen aussehen, was wir durchaus nicht nötig haben? Also im Namen wessen, im Namen welches moralischen Rechtes könnte denn Rußland Konstantinopel begehren? Auf welche höheren Ziele gestützt, könnte es Byzanz von Europa fordern? Nur als Führer der Rechtgläubigkeit, als ihr Beschützer und Erhalter – in der Rolle, die ihm schon seit Iwan III.*) zusteht: zum Zeichen dessen hat dieser den zweiköpfigen byzantinischen Adler über das alte Wappen Rußlands gestellt, wenn Rußland dieser Führer auch erst seit Peter dem Großen wirklich geworden ist, als es die Kraft in sich fühlte, seine Bestimmung zu erfüllen, und in der Tat der einzige wahrhafte Beschützer und Erhalter der Rechtgläubigkeit, wie der ihr angehörigen Völker wurde. Dieser Grund, dieses Recht auf das alte Byzanz, wäre, selbst den auf ihre Unabhängigkeit eifersüchtigsten Slawen und sogar den Griechen verständlich und hätte nichts Kränkendes für sie. Damit würde sich das wirkliche Wesen dieser politischen Beziehungen selbst zu erkennen geben, Beziehungen, die sich unfehlbar in Rußland zu allen übrigen rechtgläubigen Völkern herstellen müssen – ob Slawen oder Griechen, bleibt sich gleich. Rußland ist ihre Beschützerin und vielleicht sogar ihre Führerin, doch nicht ihre Herrscherin. Sollte Rußland aber einmal ihre Zarin werden, so wird das nur auf ihre eigene Wahl hin geschehen können, mit der Aufrechterhaltung alles dessen, was sie selbst zur Sicherung ihrer Unabhängigkeit und Selbständigkeit und Eigenart bestimmen ... so daß zu solch einem Vaterlande auch die nicht rechtgläubigen Slawen werden hinzutreten können, denn sie würden selbst sehen, daß die Vereinigung unter dem Schutze Rußlands nur eine Sicherstellung der unabhängigen Persönlichkeit eines jeden ist, da sie ohne diese große, vereinende Kraft sich vielleicht wieder in Streitigkeiten untereinander entkräften würden, selbst wenn sie einmal von Muselmännern oder Europäern, denen sie jetzt gehören, politisch unabhängig werden sollten.

---

* Großfürst von Moskau (von 1462 bis 1505), heiratete 1472 Sophie Paläolog, die letzte byzantinische Prinzessin.

Wozu mit Worten spielen, wird man mir sagen: was ist das, diese „Rechtgläubigkeit" und worin liegt hier eine so besondere Idee, solch ein besonderes Recht auf die Vereinigung der Völker? Ist das nicht ganz ebensolch ein politischer Verband wie alle übrigen, wenn auch auf den breitesten Grundlagen, in der Art der Vereinigten Staaten Amerikas vielleicht, oder womöglich auf noch breiteren?

Ich werde diese Frage sofort beantworten.

Nein, es wird nicht dasselbe sein, und es ist auch kein Spiel mit Worten, sondern hierdurch wird w i r k l i c h etwas Besonderes und noch nicht Dagewesenes geschehen. Es wird nicht nur eine politische Vereinigung sein und noch weniger eine politische Aneignung oder Vergewaltigung, – wie Europa es sich nicht anders denken kann; und nicht im Namen eines Krämerwesens, oder persönlicher Vorteile und der ewigen, immer gleichen vergötterten Laster unter dem Schein des offiziellen Christentums, an das in Wirklichkeit niemand mehr außer dem Pöbel glaubt. Nein, hierdurch soll die Wahrheit Christi zur Wirklichkeit werden, diese Wahrheit, die einzig im Osten noch erhalten wird, die wirkliche, neue Herrschaft Christi und die Verkündung des endgültigen Wortes der Rechtgläubigkeit, deren Haupt schon längst Rußland ist. Das wird ja das Ärgernis sein für alle Starken dieser Welt, die bis jetzt hienieden triumphiert haben, die immer auf ähnliche „Erwartungen" mit Verachtung und Spott herabgesehen und nicht einmal begreifen können, wie man ernstlich an die Brüderlichkeit der Menschen, an die Allversöhnung der Völkerschaften glauben kann, an einen Bund, der auf der Basis der Alldienstbarkeit der Menschheit gegründet ist, und endlich selbst an die Erneuerung der Menschen auf Grund der wahrhaften Lehre Christi. Ist aber der Glaube an dieses „neue Wort", das Rußland als Haupt der vereinten Rechtgläubigkeit der Welt sagen kann, eine „Utopie", die nur des Spottes wert ist, so möge man auch mich zu diesen Utopisten rechnen, und den Fluch der Lächerlichkeit will ich dann gerne tragen.

„Schon das allein ist Utopie," wird man vielleicht noch einwenden, „daß man Rußland irgendeinmal einfach erlauben werde, an die Spitze der Slawen zu treten und in Konstantinopel einzuziehen. Man kann ja nicht verbieten, sich Illusionen zu machen, doch bleiben es immerhin Illusionen."

Ist das wirklich so? Doch abgesehen davon, daß Rußland stark ist und vielleicht noch viel stärker, als es selbst ahnt, ganz abgesehen davon – waren es nicht unsere eigenen Augen, die noch in den letzten Jahrzehnten zwei riesige, Europa beherrschende Mächte sich aufrichten sahen, von denen die eine in Staub und Schutt zusammenbrach, in einem Tage vom Sturme Gottes hinweggefegt, und an deren Stelle sich ein neues Reich erhob, dem ein an Kraft ähnliches, sollte man meinen, die Erde noch nicht getragen hat? Und wer hätte das voraussehen können? Wenn aber solche Veränderungen möglich sind, schon in unseren Tagen und vor unseren Augen, wie kann dann der menschliche Verstand vollkommen und buchstäblich das Schicksal des Ostens weissagen wollen? Wer hat wirklich Ursache, in der Hoffnung auf die Auferstehung und Einigung der Slawen zu verzagen? Unbekannt sind uns Menschen die Wege Gottes allzeit gewesen.

Träume und Phantasien
(1873)

In der letzten Nummer des „Graschdanin" sprachen wir wieder von der Trunksucht, oder, genauer gesagt, von der Möglichkeit, das Volk von der Pestbeule der Trunksucht zu heilen, von unseren Hoffnungen und von unserem Glauben an eine nahe, bessere Zukunft. Aber seit langem kommen uns unwillkürlich Zweifel und Trauer. Bei den vielen wichtigen laufenden Geschäften (alle sehen bei uns so aus, als ob sie viele wichtige Geschäfte hätten), ist es natürlich unzeitgemäß und dumm, daran zu denken, wie es nach zehn Jahren oder am Ende des Jahrhunderts, d. h. wenn wir nicht mehr sind, sein wird. Das Motto eines solchen beschäftigten Menschen unser Zeit lautet: *après moi le déluge*. Doch den müßigen, unpraktischen und beschäftigten Menschen ist es wohl verzeihlich, manchmal auch über die Zukunft zu phantasieren, wenn solche Phantasien überhaupt kommen. Auch Poprischtschin (in den „Aufzeichnungen eines Wahnsinnigen" Gogols) phantasiert über die spanischen Angelegenheiten: „Alle diese Ereignisse haben mich dermaßen erschlagen und erschüttert, daß ich ..." – so schrieb er vor vierzig Jahren. Ich muß gestehen, daß auch mich vieles erschüttert und daß meine Phantasien mich zuweilen ganz trübsinnig stimmen. Dieser Tage dachte ich z. B. an die Lage Rußlands als einer Großmacht, und was kam mir zu diesem traurigen Thema nicht alles in den Sinn!

Schon das eine, daß wir um jeden Preis und so schnell als möglich eine europäische Großmacht werden müssen. Wir sind zwar schon eine Großmacht; ich will nur sagen, daß dies uns viel zu teuer zu stehen kommt, – viel teurer als den anderen Großmächten, und das ist ein sehr übles Zeichen. Es sieht sogar beinahe unnatürlich aus. Ich beeile mich jedoch, zu bemerken: ich urteile ausschließlich vom westlerischen Standpunkte aus, und gerade von diesem Standpunkte aus komme ich zu meinen Schlüssen. Etwas ganz anderes ist der nationale, der sozusagen etwas slawophile Standpunkt; wenn man ihn vertritt, so hat man bekanntlich einen Glauben an gewisse innere ursprüngliche Kräfte des Volkes, an gewisse völkische, durchaus persönliche und originelle Prinzipien, die unserem Volke eigen sind, die es retten und stützen. Aber die Aufsätze des Herrn Pypin* ernüchtern mich. Natürlich wünsche ich und werde auch stets aus allen meinen Kräften wünschen, daß die wertvollen, festen und selbständigen, dem rassischen Volke eigentümlichen Prinzipien tatsächlich existieren; aber – was sind das für Prinzipien, die sogar Herr Pypin selbst weder sieht, noch hört, noch merkt, die versteckt sind, die sich versteckt haben und sich unmöglich finden lassen wollen? Darum muß auch ich mich notgedrungen ohne diese tröstlichen Prinzipien behelfen. Und so komme ich zur Einsicht, daß wir vorerst auf unserer Großmachtshöhe nur kleben und uns die größte Mühe geben, daß unsere Nachbarn uns nicht so bald bemerken. In dieser Beziehung kann uns die allgemeine europäische Unwissenheit in allen Dingen, die Rußland betreffen, außerordentlich helfen. Diese Unwissenheit unterlag bis jetzt wenigstens keinem Zweifel – ein Umstand, den zu bedauern wir gar keinen Grund haben. Im Gegenteil: es wird uns sehr schaden, wenn unsere Nachbarn uns besser und genauer kennenlernen. Darin, daß sie uns bisher nicht verstanden, lag unsere Kraft. Aber das ist es eben: leider beginnen sie uns jetzt anscheinend besser als bisher zu kennen, und das ist sehr gefährlich.

Unser großer Nachbar studiert uns unermüdlich und scheint vieles schon durchschaut zu haben. Man nehme, ohne sich in die feinsten Details einzulassen, nur die anschaulichsten Dinge, die besonders ins Auge fallen. Man berücksichtige doch nur unsere räumliche Ausdehnung und unsere Grenzen (die von Fremdstämmigen und Fremdländern bevölkert sind, welche von Jahr zu Jahr in der Individualität ihrer eigenen fremdstämmigen und zum Teil auch der be-

---

* A. N. Pypin (1833–1904) – liberaler Literaturhistoriker

nachbarten fremdländischen Elemente immer mehr erstarken), – man überblicke es und frage sich: an wieviel Punkten sind wir strategisch verletzbar? Um dies alles zu verteidigen, brauchen wir (übrigens nur nach meiner Zivilistenauffassung) ein viel größeres Heer als unsere Nachbarn. Man berücksichtige dabei, daß die Kriege heute weniger mit Waffen als mit Verstand geführt werden; man wird auch zugeben müssen, das dieser letztere Umstand für uns besonders unvorteilhaft ist.

In unserer Zeit wird die Bewaffnung alle zehn Jahre, sogar noch öfter geändert. Nach fünfzehn Jahren wird man vielleicht nicht mehr mit Gewehren, sondern mit irgendeinem Blitz, irgendeinem allverbrennenden elektrischen Strome aus einer Maschine schießen. Was können wir aber auf diesem Gebiete erfinden, um es als Überraschung für unsere Nachbarn aufzusparen? Was, wenn nach fünfzehn Jahren jede Großmacht so eine heimlich eingeführte und für jeden Fall vorbereitete Überraschung auf Lager haben wird? Wehe, wir verstehen nur, die Waffen von anderen zu übernehmen und zu kaufen und sie höchstens noch zu reparieren. Um solche Maschinen erfinden zu können, brauchen wir eine selbständige und keine gekaufte Wissenschaft, eine eigene und keine vom Auslande bezogene; eine bodenständige und freie. Eine solche Wissenschaft haben wir noch nicht; wir haben sogar keine gekaufte. – Man denke ferner an unsere Eisenbahnen und berücksichtige unsere Entfernungen und unsere Armut; man vergleiche unsere Kapitalien mit den Kapitalien der anderen Großmächte und berechne: was wird uns unser Eisenbahnnetz, das wir als Großmacht brauchen, zu stehen kommen? Man vergesse nicht: draußen sind diese Eisenbahnnetze ganz allmählich erbaut worden und seit langem fertig, wir aber müssen uns sehr beeilen, um die anderen einzuholen; dort sind die Entfernungen kurz, bei uns aber wie im Stillen Ozean. Wir bekommen auch jetzt schon schmerzlich zu fühlen, was uns nur die Anfänge unseres Netzes kosten und wie verhängnisvoll die Abwanderung des Kapitals nach dieser einen Richtung war, zuschaden unserer armen Landwirtschaft und jeglicher Industrie. Es handelt sich dabei weniger um die Geldsummen selbst, als um die Anstrengung der Nation. Wir kommen übrigens nie zu Ende, wenn wir alle unsere Nöte und unser ganzes Elend nach Punkten aufzählen. Man denke schließlich an die Volksbildung, d. h. an die Wissenschaft: wieviel haben wir auch auf diesem Gebiete nachzuholen. Nach meiner bescheidenen Ansicht müssen wir für die Volksaufklärung alljährlich mindestens ebensoviel ausgeben wie für das Heer, wenn wir auch nur eine der Großmächte einholen wollen, – auch in Anbetracht dessen, daß wir schon viel Zeit verloren haben, daß wir das viele Geld gar nicht haben und daß es schließlich nur ein Anstoß, aber keine normale Entwicklung sein wird; sozusagen eine Erschütterung und keine Aufklärung.

Das sind natürlich nur meine Gedanken; aber ... ich wiederhole: manchmal kommen einem gerade solche Gedanken, und darum fahre ich fort. Man beachte: ich bewerte alles in Geld; ist das aber eine richtige Rechnung? Für Geld kann man unmöglich alles kaufen; das kann höchstens irgendein ungebildeter Kaufmann in einem Lustspiele des Herrn Ostrowskij glauben. Mit Geld kann man jetzt z. B. beliebig viele Schulen erbauen, aber keine Lehrer herstellen. Der Lehrer ist eine komplizierte Sache; der Typus eines völkischen, nationalen Lehrers ist im Laufe von Jahrhunderten entstanden und beruht auf Überlieferungen und langen Erfahrungen. Und selbst angenommen, daß man für Geld nicht nur Lehrer, sondern auch Gelehrte kaufen kann; Menschen kann man nicht kaufen. Was hat man davon, daß er gelehrt ist, wenn er nichts von der Sache versteht? Er hat z. B. Pädagogik studiert und wird diese Wissenschaft vom Katheder herab vorzüglich dozieren; ein Pädagoge wird er aber doch nicht sein. Das wichtigste ist, daß man Menschen hat. Menschen sind sogar wertvoller als Geld. Menschen kann man auf keinem Markte und für kein Geld kaufen: Menschen werden weder gekauft noch verkauft, sondern entstehen, wie gesagt, im Laufe von Jahrhunderten; für die Jahrhunderte braucht man aber Zeit, so an die zwanzig oder dreißig Jahre, selbst bei uns, wo die Jahrhunderte längst keinen

Wert mehr haben. Einen Mann der Idee und der selbständigen Wissenschaft, einen Mann der selbständigen Arbeit kann nur ein langes selbständiges Leben der Nation, ihre qualvollste Arbeit, mit einem Worte, nur das ganze historische Leben des Landes erzeugen. Unser historisches Leben war aber in den beiden letzten Jahrhunderten gar nicht selbständig. Es ist unmöglich, die notwendigen und feststehenden historischen Momente des Volkslebens künstlich zu beschleunigen. Wir haben das Beispiel an uns selbst erlebt, und es dauert auch jetzt noch fort: vor zwei Jahrhunderten wollten wir uns beeilen und alles einholen, sind aber statt dessen stecken geblieben; denn wir sind, trotz des Triumphgeschreis unserer Westler, zweifellos stecken geblieben. Unsere Westler sind Menschen, die heute mit außerordentlicher Schadenfreude und großem Triumph trompeten, daß wir weder eine Wissenschaft, noch gesunden Menschenverstand, weder Geduld noch Verständnis haben; daß uns nur das eine gegeben ist: den Europäern auf allen Vieren nachzukriechen, sie in allen Dingen sklavisch nachzuahmen, und daß es im Interesse der europäischen Vormundschaft sogar verbrecherisch sei, an unsere Selbständigkeit auch nur zu denken; die aber morgen, wenn man bloß den geringsten Zweifel an der absoluten Heilsamkeit der Umwälzung, die wir vor zweihundert Jahren erlebt, äußert, sofort ein einmütiges Geschrei erheben, daß alle unsere Gedanken an eine nationale Selbständigkeit nichts als Kwas* bedeuten; daß wir vor zweihundert Jahren aus einer Barbarenhorde zu höchst gebildeten und glückseligen Europäern geworden seien, und daß wir daran bis ans Ende unserer Tage mit Dank zurückdenken müssen.

Lassen wir aber die Westler und nehmen wir an, daß man mit Geld alles erreichen, selbst Zeit kaufen, selbst ein selbständiges Volksleben in Schnellzugstempo herstellen kann; es fragt sich nur: wo nimmt man dieses Geld her? Fast die Hälfte unseres jetzigen Budgets bezahlen wir mit der

---

* Kwas – bierähnliches Getränk aus vergorenem Schwarzbrot; Nationalgetränk der Großrussen und, scherzweise, Symbol des nationalen Russentums

Schnapssteuer, d. h. der Versoffenheit und der Verderbtheit des Volkes, also mit der ganzen Zukunft des Volkes. Wir bezahlen unser großartiges Budget einer europäischen Großmacht sozusagen mit unserer Zukunft. Wir sägen den Baum an der Wurzel an, um möglichst schnell die Frucht zu bekommen. Wer hat das aber gewollt? Das geschah unwillkürlich, ganz von selbst, im strengen Laufe der historischen Ereignisse. Das durch das große Wort des Monarchen befreite Volk,* das im neuen Leben unerfahren ist und noch nie selbständig gelebt hat, macht seine ersten Schritte auf seinem neuen Wege: es ist eine kolossale und ungewöhnliche, beinahe plötzliche, in ihrer Größe und Art in der Weltgeschichte noch nicht dagewesene Umwälzung. Diese ersten selbständigen Schritte des befreiten Riesen auf seinem neuen Wege erheischten die größte Vorsicht; was erblickt aber unser Volk gleich bei seinen ersten Schritten? Eine Wankelmütigkeit der oberen Gesellschaftsschichten, eine seit Jahrhunderten bestehende Entfremdung unserer Intelligenz vom Volke (und das ist das Wichtigste) und als Vollendung – den Branntwein und den Juden. Unser Volk begann zu bummeln und zu trinken – zuerst aus Freude, dann aber aus Gewohnheit. Hat man ihm denn etwas gezeigt, was besser wäre als Schnaps? Hat man etwas für seine Unterhaltung und Belehrung getan? In einigen Gegenden, sogar in vielen Gegenden kommt eine Branntweinschenke nicht mehr auf Hunderte von Einwohnern, sondern auf Dutzende; sogar auf nur wenige Dutzende. Es gibt Gegenden, wo auf alle fünfzig Einwohner eine Branntweinschenke kommt, sogar auf weniger als fünfzig. Der „Graschdanin" teilte schon einmal in einem eigenen Artikel das genaue Budget unserer jetzigen Branntweinschenken mit: man kann unmöglich annehmen, daß die Schenken nur vom Branntweinverkauf existieren. Wovon existieren sie denn? Von der Unzucht, von Diebereien, Wucher, Raub, Zerstörung der Familie und von der Schmach des ganzen Volkes!

---

* Aufhebung der Leibeigenschaft am 19. Februar 1863

Die Mütter trinken, die Kinder trinken, die Kirchen stehen leer, die Väter rauben; den Bronzearm vom Iwan Ssussanins Denkmal* haben sie abgesägt und in die Schenke getragen; und die Schenke hat den Arm angenommen! Man frage doch nur die Ärzte: was für eine Nachkommenschaft werden diese Säufer in die Welt setzen? Soll es aber nur (was Gott geben möchte!) der Traum eines Pessimisten sein, der die Gefahr zehnfach übertreibt! Wir glauben und wollen glauben, aber ... aber wenn der (zweifellos bestehende) Hang zur Trunksucht in den nächsten zehn oder fünfzehn Jahren nicht abnimmt, sich folglich noch mehr entwickelt, wird dann mein Traum nicht in Erfüllung gehen? Wir müssen das Budget einer Großmacht haben, brauchen daher notwendig Geld; wer wird aber dieses Geld nach fünfzehn Jahren zahlen, wenn die gegenwärtigen Zustände bestehen bleiben? Die Arbeit, die Industrie? Ein richtiges Budget wird nämlich nur von der Arbeit und der Industrie bestritten. Was für Arbeit ist aber möglich, wenn wir die vielen Branntweinschenken behalten? Das echte, rechtmäßige Kapital entsteht im Lande nur bei einem allgemeinen, auf Arbeit beruhenden Wohlstande; andernfalls können nur Kapitalien von Wucherern und Juden entstehen. So wird es auch kommen, wenn diese Zustände anhalten, wenn das Volk nicht selbst zur Besinnung kommt und wenn die Intelligenz ihm nicht hilft. Wenn es nicht zur Besinnung kommt, wird es in kürzester Zeit mit Haut und Haaren in die Gewalt aller möglichen Juden geraten, und da wird ihm keinerlei Gemeindeorganisation mehr helfen können: es wird nur solidarische Bettler, die sich gemeindeweise in die Knechtschaft verkauft haben, geben, und die Juden und die Wucherer werden für sie unser Budget bestreiten. Es werden kleine, gemeine, verdorbene Bourgeois aufkommen und zahllose versklavte Bettler, – das ist eine schöne Aussicht! Die Juden werden das Blut des Volkes trinken und von der Verderbtheit und der Erniedrigung des Volkes leben; da sie aber das

---

* Iwan Ssussanin – ein Bauer, der 1613 den Zaren Michail Romanow gerettet haben soll. Das Denkmal befindet sich in Kostroma.

Budget bestreiten werden, wird man sie begünstigen müssen. Eine entsetzliche Phantasie, eine fürchterliche Phantasie, Gott sei Dank, daß es nur eine Phantasie ist! Der Traum des Titularrates Poprischtschin, ich will es zugeben. Er soll aber nicht in Erfüllung gehen! Das Volk mußte sich schon mehr als einmal selbst helfen! Es wird in sich selbst die Schutzkraft finden, die es immer zu finden verstand; es wird in sich auch die schützenden und rettenden Prinzipien finden, – die unsere Intelligenz in ihm unmöglich finden kann! Es wird die Branntweinschenken selbst nicht mehr wollen, es wird Arbeit und Ordnung wollen, es wird Ehre wollen und nicht Schnaps! ...

Das alles scheint sich, Gott sei Dank, bestätigen zu wollen: es gibt jedenfalls Anzeichen dafür; wir sprachen schon von den Mäßigkeitsvereinen. Sie sind allerdings erst im Entstehen, es sind schwache, kaum sichtbare Versuche; daß man nur ihre Entwicklung nicht aus irgendwelchen besonderen Gründen hemmt! Im Gegenteil, wenn man sie nur unterstützen wollte! Wenn doch alle unsere führenden Geister, unsere Literaten, unsere Sozialisten, unsere Geistlichkeit und alle, alle, die in der Presse allmonatlich unter der Last ihrer Schuld an das Volk zusammenbrechen, ihrerseits diese Bestrebungen unterstützen wollten! Auch die bei uns eben aufkommenden Volksschullehrer! Ich weiß, daß ich ein unpraktischer Mensch bin (jetzt, nach der bewußten Rede des Herrn Spassowitsch* gestehe ich es sogar mit Stolz ein!) ich stelle mir aber vor – man denke sich nur, – ich stelle mir vor, daß ein bettelarmer Volksschullehrer, wenn er bloß den guten Willen hätte, furchtbar viel, ausschließlich kraft seiner Initiative, – erreichen könnte! Das ist es eben: wichtig ist hier die Persönlichkeit, der Charakter, wichtig ist, daß an diese Stelle tätige Menschen, die überhaupt zu wollen fähig sind, kommen. Auf den Lehrerposten kommt bei uns jetzt meistens ein junger Mann, der manchmal wirklich Gutes tun will, der aber das Volk nicht kennt, der mißtrauisch und argwöhnisch ist; nach den ersten, oft sehr energischen und

---

* Wl. Spassowitsch (1829–1906), Professor und Advokat.

edlen Versuchen ermüdet er schnell, blickt finster drein, beginnt seine Stellung als einen Übergangsposten zu einer besseren Stellung zu betrachten und verfällt zuletzt dem Suff, oder läßt, wenn man ihm irgendwo zehn Rubel mehr bietet, alles im Stich und flieht, wohin man will, selbst umsonst, selbst nach Amerika: „Um die freie Arbeit in einem freien Staate zu versuchen". Dies kam schon vor und kommt auch jetzt noch vor. In Amerika gerät er einem gemeinen Unternehmer in die Hände, der ihn mit irgendeiner rohen Handarbeit zugrunde richtet, betrügt und sogar mit Fäusten behandelt; er aber ruft bei jedem Faustschlag gerührt aus: „Gott, wie sind doch diese selben Faustschläge in meiner Heimat rückschrittlich, unedel, und wie edel, geschmackvoll und liberal sind sie hier!" Lange wird er noch daran glauben; er wird doch nicht wegen einer solchen Bagatelle seine Überzeugungen wechseln! Lassen wir ihn aber in seinem Amerika; ich werde meine Gedanken weiterspinnen. Meine Idee – ich wiederhole sie – besteht darin, daß auch der kleinste Dorfschullehrer die ganze Initiative der Befreiung des Volkes von der barbarischen Leidenschaft für Schnaps auf sich nehmen kann, wenn er es nur will. Zu diesem Kapitel habe ich sogar das Thema zu einer Erzählung, und ich werde vielleicht riskieren, es dem Leser noch vor der Erzählung selbst mitzuteilen ...

Die Meinung eines geistreichen Bureaukraten über unsere Liberalen und Westler
(1881)

... Ich will von einem geistvollen Bureaukraten erzählen, der mir vor kurzem in einer Gesellschaft eine sehr interessante Sache auseinandergesetzt hat – eine, die gerade jene Grundsätze berührt, die für die Veränderung unserer gegenwärtigen Lage in Frage kommen.

Das Gespräch drehte sich um die Finanzen, um die allgemeine ökonomische Situation, und zwar speziell in dem Sinne, daß wir Russen unsere Mittel nicht verschwenden sollten, sondern vernünftig mit ihnen umzugehen versuchen müßten, damit auch nicht eine einzige Kopeke für irgendeine Phantasterei hinausflöge.

Über diese Art Ökonomie wird jetzt bei uns überall gesprochen, und die Regierung beschäftigt sich unausgesetzt mit diesem Problem. Es ist auch tatsächlich so etwas wie eine Kontrolle eingeführt worden, und alljährlich will man in den Etats eine bestimmte Summe zu streichen suchen. In der letzten Zeit sprach man sogar von einer Verringerung der Armeeausgaben. Manche meinten, man könne das stehende Heer auf die Hälfte der Truppen herabsetzen. „Deswegen", hieß es, „würde doch nichts anders werden". Das wäre ja alles ganz wunderbar, aber trotzdem gibt es etwas, was sich einem dabei unwillkürlich in die Gedanken einschleicht: Gut, wir reduzieren die Armee vorläufig um fünfzigtausend Mann, das Geld aber geht uns doch wieder durch die Finger, für dieses und jenes, natürlich nur für die Bedürfnisse des Staates, jedenfalls aber für Bedürfnisse, die so radikaler Opfer nicht wert sind. Die abgeschafften fünfzigtausend Mann jedoch werden wir dann niemals wieder einbringen können, oder höchstens mit Mühe und Not; denn was man einmal abgeschafft hat, ist schwer wieder anzuschaffen. Soldaten aber brauchen wir mehr als je und besonders jetzt, da in Europa alle einen Stein für uns bereit halten. Es ist gefährlich, diesen Weg zu betreten, doch nur in der gegenwärtigen Zeit. Wir würden nur dann uns überzeugen lassen, daß dieses heilige Geld wirklich für etwas Notwendiges ausgegeben wird, wenn wir, z. B. den Entschluß faßten, unerbittliche Ökonomie zu treiben, so wie etwa Peter sie durchgeführt haben würde, wenn er sich vorgenommen hätte, zu sparen. Sind wir nun aber dazu fähig, bei den „schreienden" Nöten unserer gegenwärtigen Lage, in der wir nun einmal stecken? Ich bemerke hierbei, daß dieses einer der ersten Schritte wäre zu einer Umkehr vom alten, phantastischen Gegenwärtigen zum neuen, wirklichen und für uns notwendigen Zukünftigen. Wir reduzieren ziemlich oft die Etats, das Beamtenpersonal usw., doch das Ergebnis ist immer dasselbe: daß die Etats ganz von selbst sich wieder vergrößern und vermehren. Ja, sind wir denn überhaupt fähig zu einer richtigen Reduzierung, fähig, zum Beispiel, von vierzig Beamten mit einemmal auf vier herunterzugehen? Daß vier Beamte ohne Ausnahme dasselbe leisten können, was jetzt vierzig leisten, das wird natürlich niemand bezweifeln, besonders bei einer Vereinfachung des Eingaben- und Verordnungswesens mit all seinen Schreibereien, und überhaupt bei einer radikalen Veränderung der jetzigen Formen der Beamtenarbeit.

Auf dieses Thema kamen wir, wie gesagt, zufällig zu sprechen. Einige bemerkten, daß eine derartige Reform jedenfalls ein großer Bruch mit dem Alten wäre. Andere entgegneten, daß bei uns schon viel kapitalere Reformen als diese durchgeführt worden seien. Die Dritten fügten hinzu, daß man den neuen Beamten, also diesen vier, die die vierzig ersetzen sollen, das Gehalt sogar verdreifachen könnte, und daß diese dann gewiß treffliche Arbeiter abgeben würden. Und selbst wenn man das Gehalt auch für diese vier verdreifachte, so würde ihr Gehalt doch nur dem der jetzigen zwölf entsprechen; folglich wären die Ausgaben immer noch um fast drei Viertel der heutigen vermindert.

Hier aber geschah es, daß mich mein Bureaukrat unterbrach. Ich bemerke noch, daß auch er zu meiner größten Verwunderung gegen die Möglichkeit, durch vier vierzig zu ersetzen, nichts einzuwenden hatte: „Auch mit vieren wird es sich machen lassen." Doch was er angriff, war etwas ganz anderes: er wies auf das Grundsätzliche hin, auf die Fehlerhaftigkeit und das Verbrecherische dieses neuen „Prinzips". Ich kann seine Entgegnung nicht wörtlich wiedergeben, und ich führe sie nur an, weil mir seine Meinung in ihrer Art bemerkenswert erschien und so etwas wie eine pikante Idee enthielt. Er hat sich natürlich nicht herabgelassen, auf Einzelheiten einzugehen, da ich in dieser Sache nicht „Spezialist" bin: „verstehe wenig davon", was vorauszuschicken ich mich beeile – aber sein „Prinzip", so hoffte er, würde mir doch einleuchten.

„Die Reduzierung der Beamten von vierzig auf vier", begann er gemessen und in eindringlichem Tone, „ist für die Sache nicht nur unnütz, sondern allein schon ihrem Wesen nach direkt schädlich, trotz der tatsächlich beträchtlichen Verringerung der Staatsausgaben. Unmöglich und schädlich wäre nicht nur, von vierzig auf vier zu reduzieren, sondern selbst von vierzig auf achtunddreißig. Und das aus folgendem Grunde: es wäre ein verderblicher Anschlag auf das Grundprinzip. Jetzt sind es zweihundert Jahre her, d. h. seit Peter, daß wir, die Bureaukraten, im Reiche *alles* sind; ja, im Grunde genommen sind w i r das Reich und überhaupt alles; – das Übrige – ist nur Anhängsel. Wenigstens ist es bis vor kurzem, bis zur Aufhebung der Leibeigenschaft, noch so gewesen. Alle früheren Wahlämter, als da s i n d … nun, da, die der Adligen zum Beispiel, haben ganz von selbst, sozusagen infolge einer Anziehungskraft, unseren Geist und Sinn angenommen. Und wir haben uns deswegen, als wir das einsahen, keineswegs beunruhigt; denn das Prinzip, das vor zweihundert Jahren aufgestellt worden ist, wurde dadurch nicht im geringsten angegriffen. Nach der Bauernreform schien allerdings etwas Neues kommen zu wollen: es kam die Selbstverwaltung, es kam das Semstwo usw… . Jetzt hat es sich deutlich erwiesen, daß auch all dieses Neue sofort und ganz von selbst unsere Form, unsere Seele und unsere Gestalt annimmt, sich sozusagen in unsere Form verwandelt. Und das ist nicht etwa durch Zwang geschehen – das wäre eine total falsche Auffassung –, sondern gerade ganz von selbst; denn es ist schwer, sich Jahrhunderte alter Gewohnheiten zu entledigen, und wenn Sie wollen, ist das auch nicht nötig, besonders nicht in einer so fundamentalen und großen Nationalfrage. Sie können mir das, wenn Sie wollen, nicht glauben; doch wenn Sie tiefer nachdenken, so werden Sie die Richtigkeit des Gesagten, dessen bin ich gewiß, anerkennen. Denn – was sind wir? Wir sind **alles**, **sind bis jetzt alles** gewesen und werden fortfahren, alles zu sein, – und wiederum ohne uns darum selber sonderlich zu bemühen, einfach nach dem natürlichen Gang der Dinge, also unwillkürlich! Es ist schon lange her, daß man sagt, unsere Arbeit sei tote, papierene Kanzleiarbeit, und Rußland wäre all dem entwachsen. Vielleicht ist es dem entwachsen, aber vorläufig sind wir immer noch die einzigen, die Rußland halten und es davor bewahren, daß es auseinanderfällt! Denn das, was Sie erstarrtes Kanzleitum nennen, – d. h. also wir, als Einrichtung, und dann auch unsere ganze Tätigkeit – das ist, wenn man sich eines Beispiels bedienen will, wie das Skelett, in einem lebendigen Organismus. Zerstören Sie das Skelett, werfen Sie die Knochen durcheinander – und der ganze lebendige Körper muß vergehen. Schön, mag die Sache auch noch so tot betrieben werden, dafür aber geht es nach dem System, nach dem Prinzip, dem großen Prinzip – erlauben Sie, daß ich Sie darauf aufmerksam mache. Mag es auch auf Kanzleimanier geschehen, meinetwegen sogar schlecht, unvollkommen, so wird es immerhin irgendwie doch gemacht und, die Hauptsache: Rußland steht noch und fällt nicht! Das ist es ja, daß es noch immer nicht fällt! Ich bin bereit, Ihnen zuzugeben, daß wir im Grunde meinetwegen auch nicht gerade **alles** sind, – oh, wir sind klug genug, um einzusehen, daß wir nicht **ganz** Rußland sind und besonders jetzt nicht; dafür aber sind wir immerhin **etwas**, d. h. etwas bereits Wirkliches, tatsächlich Vorhandenes, wenn auch vielleicht teilweise Körperloses.

Nun aber, was habt ihr, womit ihr uns ersetzen könntet? Woraufhin könnten wir uns mit der Überzeugung zurückziehen, daß auch bei euch ein E t w a s entstanden ist, das uns wirklich ersetzen kann, – ohne daß alles fallen muß? All diese Selbstverwaltungen und Semstwos – das ist doch vorläufig immer noch ein Vogel in den Wolken, meinetwegen ein prachtvoller Vogel, einer, der unter dem Himmel herumfliegt, jedoch immerhin einer, der sich noch niemals auf die Erde herabgelassen hat. Folglich ist er trotz seiner Schönheit als Wert für uns eine Null, wir aber, wenn wir auch durchaus nicht ‚prachtvoll' sind und man unser sogar sehr überdrüssig geworden ist, wir aber s i n d dafür wenigstens etwas, und zwar nichts weniger als eine Null. Ihr nun werft uns vor und beschuldigt uns: wir seien daran schuld, daß der Vogel sich bis jetzt noch nicht auf die Erde herabgelassen hat, und wir bemühten uns, ihn, den prachtvollen Vogel, in unsere Bureauform umzuwandeln, unserem Kanzleigeist anzupassen. Es wäre natürlich sehr nett von uns, wenn das wirklich der Fall wäre; denn damit würden wir beweisen, daß wir für das ewige, grundlegende und edelste Prinzip einstehen, und eine nutzlose Null in ein nützliches Etwas verwandeln. Doch glauben Sie mir, hierbei tragen wir nicht die geringste Schuld, oder doch nur eine verschwindend geringe Schuld, und glauben Sie mir, der herrliche Vogel ist selber im Zweifel: er weiß selbst nicht, was er eigentlich werden soll – das, was wir sind? oder wirklich etwas Selbständiges? Wie gesagt, er ist noch selber unschlüssig und hat vielleicht sogar ein wenig den Kopf verloren. Ich versichere Sie, er ist aus eigenen freien Stücken zu uns gekommen, und wir haben ihn nicht im geringsten zu beeinflussen gesucht. So stellt es sich heraus, daß wir sozusagen ein natürlicher Magnet sind, zu dem in Rußland bis heute noch alles hingezogen wird – und das kann noch lange, lange so fortdauern. Sie glauben mir noch immer nicht? Es erscheint Ihnen vielleicht lächerlich? Und doch bin ich bereit, um einerlei was zu wetten: versuchen Sie es, lösen Sie Ihrem herrlichen Vögelchen die Flügel, gestatten Sie ihm alle Freiheiten, befehlen Sie zum Beispiel Ihrem Semstwo mit aller Strenge: „Von jetzt ab mußt du ein selbständiger und nicht mehr ein bureaukratischer Vogel sein!" – und, glauben Sie mir, daß alle Vögel, wie sie da sind, ohne eine Ausnahme, sich von selbst noch viel mehr zu uns drängen und schließlich damit enden werden, daß sie sich in echte, rechte Beamte verwandeln, unseren Geist und unsere Gestalt annehmen, alles von uns kopieren! Sogar der Bauer wird zu uns kommen, denn es würde ihm doch gar zu schmeichelhaft sein, uns ähnlich zu werden! Nicht umsonst hat sich der Gefallen, den sie an uns Beamten gefunden haben, zweihundert Jahre lang entwickelt. Und Sie verlangen nun, daß wir, das einzig Reale und Feststehende in Rußland, uns selber gegen dieses Rätsel eintauschen sollen, gegen diese Scharade, gegen diesen Ihren schönen Vogel in den Wolken? Nein, lieber behalten wir unseren Sperling in der Hand. Lieber verbessern wir uns selber irgendwie, nun, sagen wir, indem wir etwas Neues einführen, etwas mehr, wie Sie es nennen, Fortschrittliches, dem Geiste der Zeit Entsprechenderes: wir werden, sagen wir, etwas wohltätiger werden oder sonst irgend etwas von der Art... Aber gegen das Hirngespinst, den plötzlich erschienenen Traum, tauschen wir nicht unser einziges reales Etwas ein; denn es ist klar, daß wir vorläufig niemanden haben, der uns ersetzen könnte! Wir widersetzen uns der Vernichtung sozusagen durch unseren mächtigen passiven Widerstand. Dieser Widerstand ist es gerade, der an uns wertvoll bleibt, denn nur durch ihn allein hält sich noch alles in unserer Zeit. Darum aber wäre der Versuch, uns von vierzig auf achtunddreißig zu reduzieren (von einem ‚von vierzig auf vier' ganz zu schweigen) grundschädlich, ja wäre sogar unmoralisch! Man würde Kopeken sparen, dafür aber das Prinzip zerstören. Vernichten Sie, verändern Sie jetzt noch unsere Formel, wenn Sie nur das Gewissen dazu haben: Es würde ein Verrat an unserem ganzen russischen Europäismus, an unserer ganzen Bildung sein! – wissen Sie das auch? Das wäre die Verneinung dessen, daß auch wir ein Reich, auch wir Europäer sind, das wäre Verrat an Peter! Und wissen Sie, Ihre Liberalen – übrigens die unserigen gleichfalls –, die in den Zeitungen so heftig für die Semstwos und gegen das Beamtentum eintreten, widersprechen sich im Grunde genommen alle selbst. Denn diese Semstwos, alle diese Neuheiten ‚im volklichen Geiste' – das sind doch dieselben ‚Volksgrundsätze', oder die beginnende Formulierung dieser Grundsätze, über die jene Partei, die unseren europäisierenden Russen so verhaßt ist, eben die ‚russische Partei' zetert (vielleicht haben Sie schon gehört, daß man sie in Berlin so benannt hat?); das sind diese selben ‚Grundsätze', die unser russischer Liberalismus und Europäismus so wütend leugnet, die er verlacht und sogar nicht einmal als vorhanden anerkennen will! Oh, er fürchtet sie sehr: Nun, wie, wenn sie tatsächlich vorhanden sind und sich verwirklichen – dann ist's doch in gewissem Sinne eine unangenehme Überraschung! Also sind alle Ihre Europäer genau genommen mit uns und wir mit ihnen ... was sie eigentlich schon längst hätten einsehen und sich merken sollen. Wenn Sie wollen, sind wir nicht nur mit ihnen, sondern sogar wir sind sie, denn wir sind ein und dasselbe: in ihnen, in ihnen selber ist unser Geist enthalten und sogar unsere Gestalt, gerade in diesen Ihren Westlern. Ja, das ist tatsächlich so! Und ich werde Ihnen noch etwas sagen: Europa, d. h. das russische Europa oder Europa in Rußland – das sind ja nur wir allein! Wir sind die Verkörperung der ganzen Formel des russischen Europäismus und enthalten sie restlos in uns. Wir allein sind ihre Ausleger. Ich begreife nicht, warum man diesen unseren Europäern nicht für ihren Europäismus gewisse Kennzeichen verleiht, wenn wir mit ihnen doch nun einmal so ohne weiteres zusammenfließen? Mit Vergnügen würden sie sie tragen, und damit könnte man auch noch viele anlocken. Aber bei uns versteht man's nicht. Nichtsdestoweniger schimpfen sie auf uns – die Eigenen erkennen die Eigenen nicht! Doch, um mit Ihren Semstwos und all diesen Neuheiten endlich abzuschließen, sage ich Ihnen ein für allemal: Nein! Denn dieses ist eine lange Sache und keineswegs so kurz, wie Sie vielleicht annehmen. Dazu bedarf es einer eigenen vorhergehenden Kultur, einer eigenen, neuen, vielleicht noch einmal zweihundertjährigen Geschichte. Nun, sagen wir, einer hundertjährigen, oder meinetwegen auch fünfzigjährigen, da wir ja jetzt das Jahrhundert der Telegraphen und Eisenbahnen haben. Also immerhin doch eine fünfzigjährige Entwicklung: also geht es nicht sofort. Augenblicklich jedenfalls wird nichts anderes entstehen als unseresgleichen. Und so wird es noch lange bleiben."

Damit verstummte mein Bureaukrat stolz und würdevoll, und, wissen Sie, ich habe ihm auch nichts entgegnet, denn in seinen Worten war gerade solch ein „Etwas", irgendeine traurige Wahrheit, die wirklich, wirklich da ist. Selbstverständlich, war ich innerlich nicht mit ihm einverstanden. Und zudem – in solchem Ton sprechen nur Leute, die sich überlebt haben. Aber trotzdem war in seinen Worten „etwas" ...

Die Judenfrage
(1877)

Vorbemerkungen

Oh, bitte nur nicht zu glauben, ich beabsichtigte hier wirklich, die „Judenfrage" aufzuwerfen! Diese Überschrift habe ich nur zum Scherz hingeschrieben. Ein Problem von der Größe, wie es die Stellung der Juden in Rußland und andererseits die Lage Rußlands ist, das unter seinen Söhnen drei Millionen Juden zählt, – solch ein Problem zu lösen geht über meine Kraft. Wohl aber kann ich darüber eine eigene Meinung haben, und zudem hat sich jetzt herausgestellt, daß viele Juden sich plötzlich für diese Meinung interessieren. Seit einiger Zeit schreiben sie mir Briefe, in denen sie mir ernst, bitter und betrübt vorwerfen, ich fiele über sie her, ich haßte den Juden, und zwar nicht wegen seiner „Mängel", „nicht als Ausbeuter", sondern gerade als „Juden", als Volk, also etwa in dem Sinne von: „Judas hat Christus verkauft". Das schreiben mir „gebildete" Juden, d. h. solche, die sich immer bemühen, einem zu verstehen zu geben, daß sie bei ihrer Bildung schon längst nicht mehr die „Vorurteile" ihrer Nation teilen, noch deren religiöse Gebräuche erfüllen, wie die anderen, einfachen Juden, denn sie hielten dies für unvereinbar mit ihrer Bildung; und auch an Gott glaubten sie nicht mehr, schreiben sie. Dazu will ich vorläufig nur bemerken, daß es von diesen „höheren Israeliten", die doch sonst so für ihre Nation einstehen, einfach Sünde ist, ihren bereits vierzig Jahrhunderte lebenden Jehova zu vergessen und zu verleugnen. Es ist nicht nur aus dem Gefühl der Nationalität heraus Sünde, sondern auch noch aus anderen, tieferen Gründen. Ist es nicht sonderbar, daß man sich einen Juden ohne Gott gar nicht denken kann? Doch dieses Thema gehört schon zu den ganz großen, daher müssen wir von ihm hier vorläufig absehen. Am meisten wundert mich eines: wie und woher kommt es, daß man mich für einen Feind der Juden als Volk, als Nation, ja, für einen Judenhasser hält? Den Juden als Ausbeuter und für einzelne seiner Laster zu verurteilen, wird mir von diesen Herren selbst teilweise sogar erlaubt, aber ... aber nur in Worten: in Wirklichkeit kann man jedoch schwerlich einen reizbareren und kleinlicheren Menschen als den gebildeten Israeliten finden, einen, der sich leichter gekränkt fühlt als ein Jude, als „Jude". Doch wann und wodurch habe ich Haß auf die Juden, als Volk, bewiesen? Da ich in meinem Herzen nie so etwas gefühlt habe und alle Juden, mit denen ich in engere oder auch nur flüchtige Berührung gekommen bin, dieses wissen, so weise ich ein für allemal eine solche Beschuldigung, noch bevor ich auf die Judenfrage näher eingehe, zurück, um es später nicht immer wieder tun zu müssen. Beschuldigt man mich vielleicht deswegen des „Hasses", weil ich statt „Israelit" „Jude" sage? Erstens habe ich nicht geglaubt, daß dieser Name kränken könnte, und zweitens habe ich mich seiner, soweit ich mich erinnere, immer nur zur Bezeichnung einer bestimmten Idee bedient: „Judentum, verjudet, jüdisch" u. dgl. m. Es hat sich dabei stets um einen gewissen Begriff, eine besondere Richtung, um die Charakteristik irgendeiner Epoche gehandelt. Man könnte wohl über diese Bezeichnung streiten und mit ihr nicht übereinstimmen, aber man kann doch nicht das Wort als beabsichtigte Kränkung auffassen.

Ich erlaube mir, einen Auszug aus dem sehr schönen Schreiben eines äußerst gebildeten Israeliten anzuführen, das mich ungemein interessiert hat: es enthält eine der charakteristischsten Anschuldigungen, die gegen mich wegen meines „Hasses auf die Juden als Volk" erhoben worden sind.

> ... nur Eines kann ich mir entschieden nicht erklären: das ist Ihr Haß auf den „Juden", der fast in jedem Heft Ihres „Tagebuches" durchbricht.
>
> Ich möchte gerne wissen, warum Sie sich nur gegen den Juden auflehnen und nicht gegen den Ausbeuter im allgemeinen? Ich verabscheue nicht weniger als Sie die Vorurteile meiner Nation – ich habe nicht wenig unter ihnen

gelitten –, doch niemals werde ich zugeben, daß schon im Blute dieser Nation das gewissenlose Aussaugen der anderen liege.

Sollten Sie denn wirklich nicht das Grundgesetz jedes sozialen Lebens verstehen können: daß ohne Ausnahme alle Bürger eines Staates, wenn sie nur alle Pflichten ihm gegenüber erfüllen, auch an allen Rechten und an allen Vorteilen, die dieser Staat gewährt, Anteil haben müssen, und daß für die Übertreter des Gesetzes, für die schädlichen Mitglieder der Gesellschaft ein und dasselbe Gesetz gelten muß? ... Warum müssen alle Israeliten in den Rechten beschränkt werden, und warum werden sie nach besonderen Strafgesetzen verurteilt? Wodurch ist die Ausbeutung durch die Ausländer – die Juden sind doch immerhin russische Untertanen –: durch die Deutschen, Engländer, Griechen, deren es in Rußland so unzählige gibt, wodurch ist die besser als die jüdische Ausbeutung? Wodurch sind die russischen rechtgläubigen Aufkäufer, Blutsauger, Schmarotzer, Branntweinverkäufer, die betrügerischen Prozeßführer für die Bauern, wie wir sie jetzt überall in Rußland finden können, besser als dasselbe Handwerk betreibende Juden, die doch immer nur ein begrenztes Feld der Tätigkeit haben? Warum ist dieser schlechter als jener?

Es folgt ein Vergleich zwischen bekannten berüchtigten Juden mit ähnlich berüchtigten Russen, natürlich solchen, die ersteren in nichts nachstehen. Was beweist das aber? Wir sind doch nicht stolz auf sie, heben sie doch nicht als nachahmenswerte Beispiele hervor; im Gegenteil, wir wissen ja alle, daß diese, wie jene, nicht ehrenwert sind.

... Solche Fragen könnte ich Ihnen zu Tausenden stellen. Währenddessen verstehen Sie, wenn Sie vom „Juden" sprechen, unter diesem Begriff die ganze bettelarme Masse der drei Millionen Israeliten Rußlands, von denen wenigstens zwei Millionen neunhunderttausend einen verzweifelten Kampf um ihre elende Existenz führen und doch sittlicher sind, ja, nicht nur sittlicher als die anderen Völker, sondern auch sittlicher als das von Ihnen vergötterte russische Volk. Ferner verstehen Sie unter diesem Namen die ansehnliche Zahl derjenigen Israeliten, die eine höhere Bildung genossen haben, die sich auf allen Gebieten des Staatswesens auszeichnen, wie z.B. ...

Hier folgen abermals mehrere Namen, die zu veröffentlichen ich nicht das Recht zu haben glaube; denn mehreren von ihnen, außer Goldstein, könnte es vielleicht unangenehm sein, zu erfahren, daß sie israelitischer Herkunft sind. Dann fährt er fort:

... und Goldstein, der in Serbien für die slawische Idee den Heldentod gefunden hat, und alle die anderen, die fürs Wohl der Gesellschaft und der Menschheit arbeiten? Ihr Haß auf den „Juden" erstreckt sich sogar auf Disraeli, der wahrscheinlich selbst nicht einmal weiß, daß er von spanischen Israeliten abstammt, und der die englische konservative Politik selbstverständlich nicht vom Standpunkt des „Juden" leitet ...(?)

Bedauerlicherweise kennen Sie nicht unser Volk, weder sein Leben, noch seinen Geist, noch endlich seine vierzig Jahrhunderte alte Geschichte. Bedauerlicherweise, sage ich, weil Sie jedenfalls ein aufrichtiger, unbedingt ehrlicher Mensch sind, doch unbewußt der riesigen Masse eines bettelarmen Volkes Schaden zufügen. Die mächtigen „Juden" jedoch, die die Mächtigen dieser Welt in ihren Salons empfangen, fürchten natürlich weder die Presse noch selbst die ohnmächtige Wut der Ausgebeuteten. Doch nun genug über dieses Thema! Schwerlich werde ich Sie überzeugen können – wohl aber wünschte ich sehr, daß Sie mich überzeugten ...

Dieser Auszug dürfte genügen. Bevor ich jedoch etwas zu meiner Verteidigung sage – denn solche Anschuldigungen kann ich nicht ruhig hinnehmen – möchte ich noch auf die Wut des Angriffes und den Grad der Empfindlichkeit hinweisen. Erstens, so lange wie mein „Tagebuch" erscheint, hat in ihm noch kein einziger Satz gegen den „Juden" gestanden, der einen so erbitterten Angriff rechtfertigen könnte. Zweitens fällt es einem unwillkürlich auf, daß der verehrte Schreiber, wenn er auf das russische Volk zu sprechen kommt, sich in seinen Gefühlen nicht bezwingen kann und das arme russische Volk denn doch etwas zu sehr von oben herab behandelt. Jedenfalls zeigt dieser Ingrimm nur zu deutlich, mit welchen Augen die Juden selbst auf uns Russen sehen. Der Schreiber dieses Briefes ist gewiß ein gebildeter und begabter Mensch – nur glaube ich nicht, daß er auch ohne Vorurteile sei –; was für Gefühle aber soll man nun noch von den zahllosen ungebildeten Juden erwarten? Ich sage das nicht etwa als Beschuldigung: diese Gefühle sind ja ganz natürlich. Ich will nur darauf hinweisen, daß an unserer Unverschmelzbarkeit vielleicht nicht nur wir Russen die Schuld tragen, sondern, daß es auf beiden Seiten Gründe gibt, die eine Vereinigung ausschließen, – und noch fragt es sich, auf welcher Seite es solcher Gründe m e h r gibt?

Doch jetzt will ich einige Worte zu meiner Rechtfertigung sagen und überhaupt klarlegen, wie ich mich zu diesem Problem stelle; natürlich – es zu lösen, steht nicht in meiner Kraft, doch irgend etwas ausdrücken werde auch ich vielleicht können.

Pro und contra

Es mag vielleicht sehr schwer sein, hinter die vierzig Jahrhunderte alte Geschichte eines Volkes, wie das der Juden, zu kommen – ich weiß es nicht. Eines aber weiß ich bestimmt, nämlich, daß es in der ganzen Welt kein zweites Volk gibt, das so über sein Schicksal klagt, so ununterbrochen, bei jedem Schritt und jedem Wort, über seine Erniedrigung, über sein Leiden, über sein Märtyrertum jammert, wie die Juden. Man könnte ja wirklich denken, daß nicht sie in Europa herrschen. Wenn sie es auch meinetwegen nur auf der Börse tun, so heißt das doch, die Politik, die inneren Angelegenheiten, die Moral der Staaten regieren. Mag auch der edle Goldstein für die slawische Idee gestorben sein, – aber diese selbe „slawische" Frage würde doch schon längst zugunsten der Slawen und nicht zugunsten der Türken entschieden sein, wenn die jüdische Idee in der Welt nicht so stark wäre. Ich bin bereit, zu glauben, daß Lord Beaconsfield vielleicht selbst seine Herkunft von einstmals spanischen Juden vergessen hat (oh, er wird sie bestimmt nicht vergessen haben!); daß er aber im letzten Jahre die englische „konservative" Politik teilweise vom Standpunkt des Juden aus geleitet hat, glaube ich, kann man nicht mehr zweifeln.

Doch nehmen wir an, daß alles bisher von mir über die Juden Gesagte noch kein schwerwiegender Einwand ist – ich gebe es selbst zu. Trotzdem aber kann ich dem Geschrei der Juden, daß sie so furchtbar erniedrigt und gequält und verprügelt wären, doch nicht ganz widerspruchslos glauben. Meiner Ansicht nach trägt der russische Bauer oder überhaupt das niedrigere russische Volk noch viel größere Lasten, als die Juden sie zu tragen haben. Im zweiten Brief schreibt mir derselbe Herr, aus dessen erstem Schreiben ich vorhin schon einiges angeführt habe:

> ... Vor allen Dingen ist es unbedingt notwendig, uns Israeliten alle Bürgerrechte zu gewähren (bedenken Sie doch bloß, daß uns jetzt noch das allererste Recht verwehrt ist: die freie Wahl des Aufenthaltsortes, woraus sich eine Menge furchtbarer Konsequenzen für die große Masse der Israeliten ergeben), Bürgerrechte, wie sie alle anderen fremden Völkerschaften in Rußland genießen, und dann erst von uns die Erfüllung aller Pflichten dem Staate wie dem russischen Volke gegenüber zu verlangen ...

Doch nun bitte auch ich Sie, mein Herr, bloß zu bedenken, da Sie auf der zweiten Seite dieses Briefes selbst schreiben, daß Sie „das schwer arbeitende russische Volk unvergleichlich mehr lieben und bedauern als das israelitische" (was für einen Israeliten wohl etwas zuviel gesagt ist), bedenken auch Sie doch, bitte, daß zur Zeit, da der Israelit lediglich nicht das Recht hatte, sich seinen Aufenthaltsort frei zu wählen, dreiundzwanzig Millionen des „schwer arbeitenden russischen Volkes" in der Leibeigenschaft zu leben und zu leiden hatten, was, wie ich glaube, etwas schwerer war. Und wurden sie damals von den Israeliten etwa bedauert? Ich glaube nicht: im Westen und Süden Rußlands wird man Ihnen ausführlichst darauf Antwort geben. Auch damals schrien die Juden ganz ebenso nach Rechten, die das russische Volk nicht einmal selbst hatte, schrien und klagten, daß sie Märtyrer seien, und daß man erst dann, wenn sie größere

Rechte bekommen haben würden, von ihnen auch „die Erfüllung aller Pflichten dem Staate wie dem russischen Volke gegenüber verlangen" könnte. Da kam nun der Befreier und befreite den russischen Bauern, und – wer war der erste, der sich auf ihn wie auf sein Opfer stürzte? – wer benutzte so vorzugsweise seine Schwächen und Fehler zu eigenem Vorteil? – wer umspann ihn sofort mit seinem ewigen goldenen Netz? – wer ersetzte im Augenblick, wo er nur konnte, die früheren Herren, – nur mit dem Unterschied, daß die Gutsbesitzer, wenn sie die Bauern auch stark ausbeuteten, doch darauf bedacht waren, ihre Leibeigenen nicht, wie es der Jude tut, zugrunde zu richten, meinetwegen aus Eigennutz, um ihre Arbeitskraft nicht zu erschöpfen! Was aber liegt dem Juden an der Erschöpfung der russischen Kraft? Hat er das Seine, so zieht er weiter. Ich weiß schon, die Juden werden, wenn sie dies lesen, sofort losschreien, daß es nicht wahr, daß es eine Verleumdung sei, daß ich löge, daß ich all diesen Klatschereien nur glaubte, weil ich ihre „vierzig Jahrhunderte alte Geschichte" nicht kenne, die Geschichte dieser reinen Engel, die unvergleichlich „sittlicher sind, nicht nur als die anderen Völker, sondern auch sittlicher als das von mir vergötterte russische Volk" – Zitat aus dem mir gesandten Briefe, siehe oben. Nun schön, mögen sie hundertmal sittlicher sein als alle Völker der Erde, vom russischen schon gar nicht zu reden, so habe ich doch vor kurzem erst in der Märznummer des „Europäischen Boten" die Nachricht gelesen, daß in Nord-Amerika (in den südlichen Staaten) die Juden sich sofort auf die befreiten Neger gestürzt haben und sie jetzt bereits ganz anders beherrschen, als es die Plantagenbesitzer taten. Natürlich tun sie es wieder auf ihre bekannte Art und Weise mit dem ewigen „goldenen Netz" – wobei sie sich wieder so trefflich der Unwissenheit und Laster des auszubeutenden Volkes zu bedienen verstehen! Als ich das las, fiel mir sogleich ein, daß ich diese Nachricht schon vor fünf Jahren erwartet hatte: „Jetzt sind die Neger wohl von den Plantagenbesitzern befreit, wie aber sollen sie in Zukunft unversehrt bleiben, denn dieses junge Opferlamm werden doch die Juden, deren es ja so viele in der Welt gibt, ganz zweifellos überfallen." Das dachte ich vor fünf Jahren, und ich versichere Sie, ich habe mich nachher noch des öfteren gefragt: „Wie kommt es nur, daß man aus Amerika nichts von den Juden hört, daß die Zeitungen von den Negern nichts zu berichten haben? Diese Sklaven sind doch ein wahrer Schatz für die Juden, sollten sie ihn wirklich ungehoben lassen?" Nun, er ist ihnen also glücklich nicht entgangen. Und vor zehn Tagen las ich in der „Neuen Zeit" einen Bericht aus Kowno, der auch ungemein charakteristisch ist: „Die Juden," heißt es, „haben dort fast die ganze litauische Bevölkerung durch den Branntwein zugrunde gerichtet, und nur den katholischen Priestern ist es noch gelungen, die Armen durch Hinweisung auf die Höllenqualen und durch Bildung von Mäßigkeitsvereinen vor größerem Unglück zu bewahren." Der gebildete Berichterstatter errötet zwar für sein Volk, das noch Priestern und an Höllenqualen glaubt, und so fügt er denn hinzu, daß gleich nach den Priestern sich auch die Reicheren zusammengetan haben, um Landbanken zu gründen – um das Volk vom jüdischen Wucherer zu befreien –, und Landmärkte, damit der „arme, schwerarbeitende Bauer" die notwendigsten Gegenstände zu angemessenem Preise kaufen könne, und nicht zu dem, den der Jude bestimmt. Ich zitiere nur, was ich gelesen habe; doch weiß ich schon im voraus, was man mir sofort zuschreiben wird: „Alles das beweist noch nichts und kommt nur daher, daß die Israeliten selbst arm und unterdrückt sind; alles das ist bloß „Kampf ums Dasein" – was nur ein beschränkter Zeitungsleser nicht einsehen kann – und die Israeliten würden sich, wenn sie nicht selbst so arm, sondern im Gegenteil reich wären, sofort von der humanen Seite zeigen, und zwar in solchem Maße, daß die ganze Welt darüber in Erstaunen geriete." Aber, erstens, diese Neger und Litauer sind doch noch ärmer als die Juden, von denen ihnen das Letzte herausgepreßt wird, und doch verabscheuen sie – bitte, die Zeitungskorrespondenz zu lesen – diese Art Handel, auf die der Jude so erpicht ist. Zweitens ist es nicht schwer, human und moralisch zu sein, wenn man selbst satt ist und im Warmen sitzt; zeigt sich aber ein wenig „Kampf ums Dasein", so „komm dem Juden nicht zu nah"! Meiner Meinung nach ist das gerade kein Zug, der „wahren Engeln" zusteht. Und drittens, ich stelle ja diese beiden Nachrichten aus dem „Europäischen Boten" und der „Neuen Zeit" keineswegs als kapitale und alles entscheidende Tatsachen hin. Wollte man anfangen die Geschichte dieses Weltvolkes zu schreiben, so konnte man sofort hunderttausend solcher und noch wichtigerer Tatsachen finden, so daß zwei mehr oder weniger nichts zu bedeuten hätten. Doch bei alledem ist eines auffallend: braucht jemand, sei es im Streit oder sonst aus irgendeinem Grunde, eine Auskunft über die Juden und ihre Taten, so gehe er nicht in die Bibliotheken, suche er nicht in alten Büchern oder eigenen Notizen; nein, er strecke nur, ohne sich vom Stuhl zu erheben, die Hand nach irgendeiner ersten besten Zeitung, die neben ihm liegt, aus, und dann suche er auf der zweiten oder dritten Seite: unbedingt wird er etwas finden, das von Juden handelt, unbedingt gerade das, was ihn interessiert, unbedingt das Allercharakteristischste und unbedingt immer dasselbe – d. h. immer die gleichen Heldentaten! Man wird mir wohl zugeben: das hat doch irgend etwas zu bedeuten, das weist doch auf etwas Bestimmtes hin, eröffnet einem doch ein gewisses Etwas über dieses Volk, selbst wenn man ein vollkommener Laie in der vierzig Jahrhunderte alten Geschichte dieses Volkes ist!? Selbstverständlich wird man mir hierauf antworten, daß alle vom Haß verblendet seien und infolgedessen lögen. Natürlich ist es sehr leicht möglich, daß alle, bis auf den Letzten, lügen, doch erhebt sich dann sofort eine andere Frage: wenn alle bis auf den Letzten von so einem Haß beseelt sind, daß sie sogar lügen, so muß doch dieser Haß auch einen Grund, eine Ursache haben, und irgend etwas muß doch dieser allgemeine Haß bedeuten – „irgend etwas bedeutet doch das Wort ‚Alle'!, wie einstmals Belinski ausrief.

„Freie Wahl des Aufenthaltsortes". Können sich denn die unbemittelten Russen so vollkommen frei ihren Aufenthaltsort wählen? Leidet denn der russische Bauer nicht heute noch unter den früheren, aus der Zeit der Leibeigenschaft gebliebenen unerwünschten Freiheitsbeschränkungen in der Wahl seines Aufenthaltsortes, so daß selbst die Regierung dem schon längst ihre Aufmerksamkeit zugewendet hat? Und was die Juden betrifft, so kann sich ein jeder davon überzeugen, daß ihre Rechte in dieser Beziehung im Laufe der letzten zwanzig Jahre bedeutend vergrößert worden sind. Wenigstens sieht man sie jetzt in Rußland in Gouvernements, wo man sie früher nie gesehen hat. Aber die Juden klagen ja immer über Haß und Verfolgungen. Wenn ich auch die jüdische Lebensweise nicht kenne, eines jedoch weiß ich bestimmt und werde es daher allen gegenüber bezeugen: daß in unserem einfachen Russen ein apriorischer, stumpfer, religiöser Haß, in dem Sinne wie: „Judas hat Christus verkauft", nicht vorhanden ist. Hört man dies auch einmal vielleicht von Kindern oder Betrunkenen, so sieht doch unser ganzes Volk, ich wiederhole es, ohne jeglichen voreingenommenen Haß auf die Juden. Davon habe ich mich fünfzig Jahre lang selbst überzeugen können. Ich habe mit dem Volk in ein und denselben Kasernen gelebt, auf denselben Pritschen geschlafen. Es waren dort auch einige Juden: niemand hat sie verachtet, niemand sie ausgestoßen oder verfolgt. Wenn sie beteten – und die Juden beten mit großem Geschrei und ziehen sich dazu besondere Kleider an – so hat niemand das sonderbar gefunden, noch sie gestört oder über sie gelacht, was man doch gerade von einem, nach unserer Meinung so „ungebildeten" Volke, wie dem russischen, erwarten könnte. Im Gegenteil, sie sagten, wenn sie die Juden beten sahen: „Sie beten so, weil sie so einen Glauben haben" und ruhig, ja fast billigend gingen sie an ihnen vorüber. Und diese selben Juden taten diesen selben Christen gegenüber fremd, wollten nicht mit ihnen zusammen essen und sahen auf sie fast von oben herab; und das an welch einem Ort? – im sibirischen Gefängnis! – Überhaupt zeigten sie überall Widerwillen und Ekel vor dem russischen, dem „eingeborenen" Volke. Dasselbe geschieht auch in den Soldatenkasernen und überall in ganz Rußland. Man erkundige sich doch, ob der Jude in der Kaserne als „Jude", seines Glaubens, seiner Sitten wegen beleidigt wird? Ich kann versichern: in den Kasernen wie überhaupt im Leben sieht und begreift der einfache Russe nur zu gut, daß der Jude mit ihm nicht essen will, daß er ihn verabscheut und ihn meidet, soviel er nur kann (das geben ja die Juden sogar selbst zu). Nun, und? – Anstatt sich durch solches Benehmen gekränkt zu fühlen, sagt der einfache Russe ruhig und vernünftig: „Das tut er, weil er solch einen Glauben hat" – d. h. nicht etwa, weil er böse ist. Und nachdem er diesen tieferen Grund eingesehen, entschuldigt er ihn von ganzem Herzen. Nun habe ich mich aber zuweilen gefragt: was würde wohl geschehen, wenn in Rußland 3 Millionen Russen und, umgekehrt, 80 Millionen Juden wären, was würden dann die Letzteren aus den Russen machen, wie würden sie dann diese behandeln? Würden sie ihnen auch nur annähernd die gleichen Rechte geben? Würden sie ihnen erlauben, so zu beten, wie sie wollen? Würden sie sie nicht einfach zu Sklaven machen? Oder, noch schlimmer: würden sie ihnen dann nicht das Fell mitsamt der Haut abziehen? Würden sie sie nicht vollständig ausrotten, nicht ebenso vernichten, wie sie es früher in ihrer alten Geschichte mit anderen Völkerschaften getan? Nein, ich versichere Sie, im russischen Volk ist kein vorurteilsvoller Haß auf den Juden. Es ist aber vielleicht eine Antipathie gegen ihn vorhanden, besonders in gewissen Gegenden, und dort ist sie vielleicht sogar sehr stark. Ohne sie scheint es nun einmal nicht zu gehen, doch beruht diese Abneigung durchaus nicht auf irgendeinem Rassen- oder Religionshaß, sondern auf gewissen Tatsachen, an denen aber nicht das russische Volk schuld ist, sondern der Jude selbst.

Status in statu.
Vierzig Jahrhunderte geschichtliches Dasein

Die Juden beschuldigen uns des Hasses gegen sie und dazu noch eines Hasses aus Vorurteilen. Da also von Vorurteilen die Rede ist, will ich zuerst fragen: hat der Jude gegen den Russen etwa weniger Vorurteile als der Russe gegen den Juden? – oder sollte er ihrer nicht doch noch mehr haben? Ich habe Briefe von Juden erhalten, und zwar nicht von einfachen, sondern von gebildeten Juden – und wieviel Haß gegen die „autochthone Bevölkerung" ist doch in diesen Briefen! Das auffallendste aber – sie bemerken es selbst nicht einmal, daß sie gehässig schreiben.

Ein Volk, das vierzig Jahrhunderte auf der Erde existiert, also fast seit dem Anfang der historischen Zeitordnung, und noch dazu in einem so festen und unzerstörbaren Zusammenhang, ein Volk, das so oft sein Land, seine politische Unabhängigkeit, seine Gesetze, wenn nicht gar seinen Glauben verloren hat, – und sich noch jedesmal wieder vereinigen, sich in der früheren Idee wiedergebären, sich Gesetze und fast auch den Glauben von neuem hat schaffen können, – nein, ein so zähes Volk, ein so ungewöhnlich starkes, energisches, solch ein in der ganzen Welt beispielloses Volk hat nicht ohne *Status in statu* leben können. Und diesen Status hat es überall und während der schrecklichsten tausendjährigen Verfolgungen aufrechterhalten. Doch ich will hier keineswegs, indem ich vom Status in statu rede, eine Anklage gegen die Juden erheben. Ich frage nur: worin besteht denn dieser Status in statu, worin seine ewige, unveränderliche Idee, und worin das Wesen dieser Idee? Allerdings lassen sich Fragen von solcher Größe nicht in einem kurzen Artikel genügend auseinandersetzen, abgesehen davon, daß dies auch aus einem anderen Grunde ganz unmöglich wäre: noch ist die Z e i t für das endgültige Urteil über dieses Volk nicht gekommen, trotz der verflossenen vierzig Jahrhunderte; noch steht das letzte Wort aus, das die Menschheit über dieses mächtige Volk zu sagen hat. Aber auch ohne in das Wesen der Sache einzudringen, kann man doch wenigstens einige, wenn auch nur äußerliche Kennzeichen dieses Status in statu angeben. Diese Kennzeichen sind: die bis zum religiösen Dogma erhobene Absonderung und Abgeschlossenheit von allem, was nicht Judentum ist, und die Unverschmelzbarkeit mit anderen Völkern, der Glaube, daß es in der ganzen Welt nur ein einziges persönliches Volk gibt – die Juden –, und die Überzeugung, die anderen Völker, wenn sie auch vorhanden sind, doch so behandeln zu müssen, als ob sie nicht vorhanden wären. „Scheide dich aus von den Völkern und bilde deine Besonderheit und wisse, daß du von nun an allein bei Gott bist. Die anderen vernichte oder mache sie zu deinen Sklaven oder beute sie aus. Glaube an deinen Sieg über die ganze Welt, glaube, daß alles dir untertan sein wird. Alle anderen Völker sollst du verabscheuen und mit keinem von ihnen Umgang pflegen. Und selbst wenn du dein Land und deine politische Persönlichkeit verlierst, selbst wenn du über die ganze Erde hin unter alle Völker verstreut sein wirst – gleichviel: glaube an all das, was dir verheißen ist, ein für allemal, glaube, daß es also geschehen werde, – inzwischen aber lebe, verachte, beute aus und – erwarte, erwarte, erwarte ..." Das ist die Quintessenz dieses Status in statu. Außerdem gibt es natürlich noch innere und geheime Gesetze, die diese Idee lebendig erhalten.

Sie sagen, meine gebildeten Herren Israeliten und Gegner, daß dieses nichts als Unsinn sei, und: „... Wenn es auch einen Status in statu gibt, – das heißt, selbstverständlich: früher einmal einen gegeben hat, von dem jetzt vielleicht noch schwache Spuren vorhanden sein mögen, – so haben einzig die Verfolgungen aller Zeiten und besonders des Mittelalters zu ihm geführt; folglich ist dieser Status in statu ausschließlich aus dem Trieb der Selbsterhaltung entstanden; setzt er sich auch heute noch fort, besonders in Rußland, so geschieht das nur, weil der Israelit hier noch nicht dieselben Rechte genießt wie der Russe." Ich aber glaube, daß er, selbst wenn er die gleichen Rechte hätte, doch auf keinen Fall seinem Status in statu entsagen würde. Den status in statu nur den Verfolgungen und dem Selbsterhaltungstrieb zuzuschreiben, geht meiner Meinung nach nicht an. Die Widerstandskraft zur Selbsterhaltung würde dann doch nie und nimmer für ganze vierzig Jahrhunderte ausgereicht haben. Selbst die größten und stärksten Kulturen haben sich nicht einmal durch die Hälfte von vierzig Jahrhunderten erhalten können und haben ihre politische Kraft und selbständiges Volkstum in noch kürzerer Zeit eingebüßt. Hier ist nicht die Selbsterhaltung die erste Ursache, sondern eine Idee, die mit sich fortreißt, die leitet und erhält;

hier handelt es sich um etwas Weltbeherrschendes und Ewiges, worüber das „letzte Wort" zu sagen die Menschheit vielleicht noch gar nicht fähig ist. Daß der religiöse Charakter in dieser Idee das Übergewicht hat – darüber kann kein Zweifel bestehen. Es ist doch klar, daß der Fürsorger dieses Volkes unter dem Namen des früheren alten Jehova fortfährt, mit seinem Ideal und seiner Verheißung sein Volk zum festen Ziele zu führen. Es ist ja ganz unmöglich, wiederhole ich, sich einen Juden ohne Gott vorzustellen, oh, und ich glaube auch nicht an gebildete jüdische Atheisten: alle sind sie eines Wesens, und Gott weiß, was der Welt von der jüdischen Intelligenz noch bevorsteht! Als Kind habe ich oft von den Juden sagen hören, daß sie auch jetzt noch unverzagt ihren Messias erwarten, alle, wie der niedrigste so der höchste von ihnen, der gelehrteste Philosoph wie der kabbalistische Rabbiner; daß sie alle glauben, ihr Messias werde sie wieder in Jerusalem versammeln und alle Völker mit seinem Schwerte zu ihren Füßen legen; daß nur aus diesem Grunde die Juden – wenigstens in ihrer übergroßen Mehrzahl – bloß eine einzige Arbeit allen anderen vorzögen: den Handel mit Gold und mit allem, was sich schnell in Gold verwandeln läßt –, und daß sie dies nur deshalb täten, hieß es, um dereinst, wenn der Messias kommt, kein neues Vaterland zu haben, nicht durch Besitz an das Land Fremder gebunden zu sein, sondern ihr Hab und Gut in Gold und Wertsachen mit sich führen zu können –

> „Wenn erglänzt das Licht der Morgenröte
> Und Cinellen, Cymbeln, Pauken und Schalmeien tönen –
> Dann bringen wir nach Palästina
> In den alten Tempel unsres Gottes
> Alle Schätze, die wir haben:
> Edelsteine, Gold und Silber"...

Ich habe das als Legende gehört, doch bin ich fest überzeugt, daß dieser Glaube unbedingt vorhanden ist, vielleicht nicht bewußt im einzelnen, wohl aber in Gestalt eines instinktiven, unbezwingbaren Triebes in der ganzen Masse der Juden. Damit aber ein solcher Glaube lebendig bleibe, ist es natürlich erforderlich, daß der status in statu aufs strengste erhalten werde. Und so wird er denn erhalten. Folglich ist und war nicht nur die Verfolgung die Ursache des status in statu, sondern – die I d e e ...

Haben aber die Juden wirklich solch ein besonderes inneres, strenges Gesetz, das sie zu etwas Ganzem und Besonderem zusammenbindet, so kann man ja noch über die Frage, ob man ihnen die volle Gleichberechtigung mit dem eigenen Volke geben soll, nachdenken. Selbstverständlich muß alles, was Menschlichkeit und Gerechtigkeit verlangen, für die Juden getan werden. Doch wenn sie in ihrer vollen Rüstung und Eigenart, in ihrer nationalen und religiösen Absonderung, im Schutze ihrer Regeln und Prinzipien, die den Grundsätzen, nach denen sich bis jetzt die ganze europäische Welt entwickelt hat, so durchaus entgegengesetzt sind, – wenn sie bei alledem noch die vollständige Gleichberechtigung mit der autochthonen Bevölkerung in allen möglichen Rechten verlangen: bekämen sie dann nicht, wenn man sie ihnen gewähren würde, bereits mehr als das, was das autochthone Volk selbst hat, etwas, was sie über letzteres stellen würde? Hierauf wird man natürlich auf die anderen Fremdvölker in Rußland hinweisen: „Die sind gleichberechtigt oder doch so gut wie gleichberechtigt, wir Israeliten aber haben von allen Fremdvölkern die geringsten Rechte, und das nur, weil man uns fürchtet, weil wir Juden, wie es heißt, schädlicher als alle anderen Fremdvölker sein sollen. Doch wodurch sind denn gerade wir Israeliten schädlich? Wenn unser Volk auch einige schlechte Eigenschaften haben mag, so hat es sie doch nur, weil das russische Volk selbst zur Entwicklung dieser Eigenschaften beiträgt, und zwar einfach durch seine eigene Unwissenheit, durch seine Unbildung, durch seine Unfähigkeit, selbständig zu sein, durch seine geringe ökonomische Begabung. Das russische Volk verlangt ja selbst nach einem Vermittler, einem Leiter, einem Vormund in den Geschäften, einem Gläubiger, ruft ihn selbst und verkauft sich ihm freiwillig! Seht doch, wie es in Europa ist: dort haben die Völker einen festen und selbständigen Willen, eine starke nationale Entwicklung und Verständnis für die Arbeit, an die sie von jeher gewöhnt sind –

dort fürchtet man sich auch nicht, den Israeliten dieselben Rechte zu geben! Hört man etwa in Frankreich von einem Schaden, den der Status in statu der dortigen Israeliten der französischen Nation verursachte?"

Allem Anschein nach ein starker Einwand; aber geht aus ihm nicht hervor, daß die Juden es gerade dort gut haben, wo das Volk noch unwissend ist oder unfrei oder wirtschaftlich wenig entwickelt, – daß es für sie also gerade dort vorteilhaft ist, zu leben? Anstatt nun durch ihren Einfluß das Niveau der Bildung zu heben, das Wissen zu verbreiten, die wirtschaftlichen Fähigkeiten in der eingeborenen Bevölkerung zu entwickeln, wie es die anderen Fremdvölker tun, haben die Juden überall, wo sie sich niedergelassen, das Volk noch mehr erniedrigt und verdorben, überall dort ist die Menschheit noch niedergebeugter, und ist das Niveau der Bildung noch tiefer gesunken, hat sich noch schrecklicher aussichtslose, unmenschliche Armut verbreitet, und mit ihr die Verzweiflung. Man frage doch in unseren Grenzgebieten die eingeborene Bevölkerung, was die Juden treibt, und was sie so viele Jahrhunderte hindurch getrieben hat? Man wird nur eine einzige Antwort erhalten: „Die Unbarmherzigkeit! ... Getrieben hat sie so viele Jahrhunderte bloß ihre Gier, sich an unserem Schweiß und Blut zu sättigen." Die ganze Tätigkeit der Juden in unseren Grenzgebieten hat bloß darin bestanden, daß sie die eingeborene Bevölkerung in eine rettungslose Abhängigkeit von sich gebracht haben, und zwar unter einer wirklich bewunderungswürdigen Ausnutzung der Verhältnisse. Oh, in solchen Angelegenheiten haben sie es immer verstanden, die Möglichkeit zu finden, über Rechte zu verfügen. Sie haben es immer verstanden, gut Freund mit denen zu sein, von denen das Volk abhängt; in dieser Beziehung wenigstens sollten sie doch über ihre geringen Rechte im Verhältnis zum russischen Volke nicht klagen. Sie haben ihrer bei uns schon übergenug –, dieser Rechte über das russische Volk! Was in den Jahrzehnten und Jahrhunderten aus dem russischen Volke dort geworden ist, wo die Juden sich niedergelassen haben – davon zeugt die Geschichte unserer russischen Grenzgebiete. Bitte jetzt irgendein anderes Volk von den Fremdvölkern Rußlands zu nennen, das sich in dieser Beziehung mit den Juden messen könnte? Man wird keines finden. In dieser Beziehung behaupten die Juden ihre ganze Originalität, im Vergleich zu den anderen Fremdvölkern Rußlands, und die Erklärung dieser Tatsache ist natürlich in diesem ihrem Status in statu zu suchen, dessen Wesen gerade diese Unbarmherzigkeit allem gegenüber, was nicht Jude ist, gerade diese Verachtung jedes Volkes und jeder Rasse und jedes menschlichen Wesens, das nicht Jude ist, ausmacht. Und was ist denn das für eine Rechtfertigung, daß im Westen Europas die Völker sich nicht haben besiegen lassen, und daß somit das russische Volk selbst die Schuld daran trägt, wenn der Jude es knechtet? Weil das russische Volk in den Grenzgebieten sich schwächer als die europäischen Völker erwiesen hat – infolge seiner schrecklichen, viele Jahrhunderte langen politischen Darniederlage –, nur deswegen soll man es also endgültig durch Ausbeutung erwürgen, anstatt ihm zu helfen?

Und im übrigen – da sie auf Europa, auf Frankreich z. B., hinweisen: auch dort ist dieser Status in statu wohl kaum so unschädlich gewesen, wie es anfänglich scheinen mag. Das Christentum und seine Idee sinken dort natürlich nicht durch die Schuld der Juden, sondern durch jener Völker eigene Schuld, doch nichtsdestoweniger kann man auch in Europa aus einen großen Sieg des Judentums, das viele früheren Ideen schon durch seine Idee verdrängt hat, hinweisen. Oh, selbstverständlich hat der Mensch zu allen Zeiten den Materialismus vergöttert und ist immer geneigt gewesen, die Freiheit bloß in der Sicherstellung seiner selbst durch „aus allen Kräften angesammeltes und mit allen Mitteln erhaltenes Geld" zu sehen und zu verstehen. Doch noch niemals sind diese Bestrebungen so offen und so dogmatisch zum höchsten Prinzip erhoben worden, wie in unserem neunzehnten Jahrhundert. „Jeder für sich und nur für sich und alle Gemeinschaft zwischen den Menschen einzig für mich" – das ist das moralische Prinzip der Mehrzahl der heutigen Menschen* und nicht einmal schlechter, sondern arbeitender Menschen, die weder morden noch stehlen. Und die Unbarmherzigkeit zu den niedrigeren Massen, der Verfall der Brüderlichkeit, die Ausnutzung des Armen durch den Reichen – oh, natürlich ist das auch früher schon und überhaupt immer gewesen, aber – aber es ward doch nicht zu einer Wahrheit und Weltanschauung, sondern ist vom Christentum stets bekämpft worden! Jetzt aber wird es im Gegenteil zur Tugend erhoben! So darf man wohl annehmen, es sei nicht einflußlos geblieben, daß an den Börsen dort allenthalben Juden herrschen, daß nicht umsonst sie die Kapitale lenken, nicht umsonst sie die Kreditgeber, und nicht umsonst, ich wiederhole es, sie die Beherrscher der ganzen internationalen Politik sind!

Und das Ergebnis: ihr Reich nähert sich, ihr volles Reich! Es beginnt der Triumph der Ideen, vor denen die Gefühle der Menschenliebe, der Wahrheitsdurst, die christlichen und die nationalen Gefühle, und sogar der Rassenstolz der europäischen Völker sich beugen. Der Materialismus triumphiert, die blinde, gefräßige Begierde nach persönlicher materieller Versorgung, die Gier nach persönlichem Zusammenscharren des Geldes, und – der Zweck heiligt das Mittel –: all das wird als höchstes Ziel anerkannt, als das Vernünftige, als Freiheit, an Stelle der christlichen Idee der Rettung einzig durch engste ethische und brüderliche Vereinigung der Menschen. Man wird hierauf vielleicht lachend erwidern, daß das keineswegs durch die Juden so gekommen sei. Natürlich nicht durch die Juden allein; doch wenn die Juden in Europa gerade seit der Zeit – da diese neuen Grundsätze dort den Sieg davongetragen – die Oberhand gewinnen und gedeihen, sogar in dem Maße, daß ihre Grundsätze zum moralischen Prinzip erhoben werden, so kann man doch wohl sagen, daß das Judentum einen großen Einfluß gehabt hat. Meine Gegner weisen immer darauf hin,

---

* Die Grundidee der Bourgeoisie, die am Ende des vorigen Jahrhunderts die frühere Weltanschauung ersetzt hat und jetzt zur Hauptidee unseres Jahrhunderts in der ganzen europäischen Welt geworden ist. (Anmerkung von Dostojewski)

daß die Juden im Gegenteil arm sind, und zwar überall, in Rußland nur noch ganz besonders; daß nur der kleine Wipfel dieses Volksbaumes reich ist, die Bankiers und die Könige der Börsen, von den übrigen aber fast neun Zehntel buchstäblich Bettler sind, die sich für ein Stück Brot zerreißen und Maklerdienste tun, um eine Kopeke zu erhaschen. Ja, das ist wahr, doch was sagt das schließlich? Sagt das nicht gerade, daß sogar in der Arbeit der Juden, daß sogar in ihrer ausbeutenden Tätigkeit selbst etwas Unrechtes, Unnormales, etwas Unnatürliches ist, das seine Strafe bereits in sich trägt? Der Jude verdient durch Vermittlergeschäfte, er – handelt mit fremder Arbeit. Ein Kapital ist angesammelte Arbeit; der Jude schlägt sein Kapital aus fremder Arbeit! Doch all das ändert bis jetzt noch nichts an dem Gesagten: dafür erobern die reichen Juden immer mehr die Herrschaft über die Menschheit und streben immer eifriger darnach, der Welt ihr jüdisches Antlitz aufzudrücken und ihr jüdisches Wesen zu verleihen. Spricht man über diese Eigenschaft der Juden, so sagen sie immer, auch unter ihnen gäbe es gute Menschen. Herrgott! Handelt es sich denn hier etwa darum? Ich spreche doch in diesem Fall nicht von guten oder schlechten Menschen. Und gibt es unter den Juden nicht gleichfalls gute? War denn der verstorbene James Rothschild etwa ein schlechter Mensch? Ich spreche doch nur im allgemeinen vom Judentum und von der jüdischen Idee, die die ganze Welt ergreift, an Stelle des „mißlungenen" Christentums.

Doch es lebe die Brüderlichkeit!

Aber – was rede ich eigentlich, und wozu? Oder bin ich vielleicht wirklich ein Judenhasser? Sollte es doch wahr sein, was mir eine zweifellos gebildete und edle junge Israelitin schreibt – bin ich wirklich, wie sie sagt, ein Feind dieses „unglücklichen" Volkes, das ich „bei jeder Gelegenheit grausam angreife"? „Ihre Verachtung für das jüdische Volk, das an nichts anderes als an sich selbst denkt, wie Sie sagen," schreibt sie mir, „ist nur zu augenscheinlich". – Nein, gegen

WIR FREUEN UNS ÜBER IHR INTERESSE AN UNSERER VERLAGSARBEIT UND BITTEN SIE, DIESE KARTE AUSGEFÜLLT AN UNS EINZUSENDEN. WIR WERDEN IHNEN LAUFEND PROSPEKTE ZUGEHEN LASSEN.

IHR
KAROLINGER VERLAG

KAROLINGER VERLAG
ORTLIEBGASSE 2/22
A-1170 WIEN

NAME _____ VORNAME _____

BERUF _____

WOHNORT (POSTLEITZAHL) _____

STRASSE _____

@ e-POST _____

DIESE KARTE ENTNAHM ICH DEM BUCH _____

DATUM _____

diese Augenscheinlichkeit lehne ich mich auf und bestreite sie. Im Gegenteil, ich sage und schreibe gerade, daß „alles, was Menschlichkeit und Gerechtigkeit verlangen, alles, was die Gebote Christi von uns fordern, für die Juden getan werden muß". Diese Worte habe ich schon einmal geschrieben und jetzt füge ich nur noch hinzu: ja, trotz aller Bedenken, die von mir ausgesprochen worden sind, bin ich doch für die größte Erweiterung der Rechte unserer Juden in der russischen Gesetzgebung und, wenn es nur durchführbar ist, auch für die vollste Gleichheit der Rechte mit denen der eingeborenen Bevölkerung – obgleich sie schon jetzt vielleicht mehr Rechte haben, oder richtiger, mehr Möglichkeiten, sich ihrer zu bedienen, als das eingeborene Volk selbst. Hier geht mir nun wieder etwas anderes durch den Sinn: wenn unsere Dorfgemeinde, die unseren armen Bauern vor so viel Bösem bewahrt*, aus irgendeinem Grunde ins Wanken und Zerbröckeln käme – wie, wenn dann dieser befreite Bauer, der so unerfahren ist und so wenig der Verführung zu widerstehen weiß, und den bis jetzt gerade die Dorfgemeinde bevormundet hat, die Juden überfielen – was dann? Dann würde es ja mit ihm einfach zu Ende sein, dann hätte er im Augenblick alles verloren: sein ganzes Eigentum, seine ganze Kraft würde dann schon am nächsten Tage in die Hände der Juden übergehen – und dann käme eine Zeit, die man nicht nur mit der Zeit der Leibeigenschaft vergleichen könnte, sondern eher mit der des Tatarenjoches.

Doch abgesehen von allem, was mir in den Sinn kommt und was ich geschrieben habe, bin ich für ihre vollständige Gleichstellung in den Rechten, – denn also will es das Gebot Christi. Wozu aber habe ich dann so viele Seiten geschrieben, was habe ich sagen wollen, wenn ich mir so widerspreche? Gerade das habe ich sagen wollen, daß ich mir nicht widerspreche, daß ich russischerseits kein Hindernis für die Erweiterung der jüdischen Rechte sehe. Nur behaupte ich, daß es solcher Hindernisse weit mehr auf der Seite der Ju-

---

* In Rußland wurde das zu einem Dorf gehörige Land von der Dorfbewohnerschaft gemeinsam zu gemeinsamem Nutzen bearbeitet.

den selbst gibt; und wenn sie bis jetzt noch nicht gleichberechtigt sind, so trägt der Russe weniger Schuld daran als der Jude selbst. Denn gleichwie der einfache Jude mit Russen weder zusammen essen noch mit ihnen verkehren will, und diese sich darüber nicht nur nicht ärgern, sondern es sofort begreifen und verzeihen („das tut er bloß, weil er solch einen Glauben hat"), ebenso sehen wir auch im intelligenten, gebildeten Juden ungemein häufig dasselbe maßlose und hochmütige Vorurteil gegen uns Russen. Oh, man höre nur, wie sie schreien, daß sie die Russen liebten! Einer von ihnen schrieb mir sogar, es bereite ihm großen Kummer, daß das russische Volk „keine Religion hat und sich unter seinem Christentum nichts denkt"! Das ist wohl etwas zu weit gegangen für einen Juden, und es erhebt sich da nur die Frage: was versteht denn dieser hochgebildete Israelit selber vom Christentum? Dieser Eigendünkel und Hochmut ist für uns Russen eine der am schwersten zu ertragenden Eigenschaften des jüdischen Charakters. Wer ist von uns unfähiger, den anderen zu verstehen: der Jude oder der Russe? Ich rechtfertige eher den Russen: der Russe hat wenigstens keinen religiösen Haß auf den Juden – entschieden nicht! Die anderen Vorurteile aber – wer hat davon mehr? Da schreien nun die Juden, daß sie so viele Jahrhunderte lang verfolgt und unterdrückt worden seien, es sogar jetzt noch seien, und daß der Russe dies zum mindesten in Betracht ziehen müsse, wenn er den jüdischen Charakter beurteilt. Gut, wir ziehen es auch in Betracht, was wir sofort beweisen können: in der intelligenten Schicht des russischen Volkes haben sich mehr als einmal Männer erhoben, die für die Rechte der Juden eingetreten sind. Was aber tun die Juden? Ziehen sie etwa die langen Jahrhunderte der Unterdrückung und Verfolgung, die das russische Volk ertragen hat, in Betracht, wenn sie die Russen anklagen? Wäre es möglich, zu behaupten, daß unser Volk weniger Leid und Elend erfahren hätte als die Juden, gleichviel wann und wo? Und wäre es möglich, gleichfalls zu behaupten, daß es nicht der Jude gewesen ist, der sich mehr als einmal mit den Unterdrückern des russischen Volkes vereinigte – daß nicht er zur

Zeit der Leibeigenschaft den russischen Bauern aufkaufte und somit sein unmittelbarer Beherrscher war? Das ist doch wahr, ist doch Geschichte, unbestreitbare Tatsache! Doch noch nie haben wir gehört, daß das jüdische Volk darüber Reue empfände; es klagt immer nur den russischen Bauern an und wirft ihm vor, daß er den Juden wenig liebe.

Einmal wird volle und geistige Einheit unter den Menschen herrschen, und es wird kein Unterschied in den Rechten mehr bestehen. Darum bitte ich meine Herren Israeliten-Gegner und -Korrespondenten vor allem, doch auch uns Russen gegenüber nachsichtiger und gerechter zu sein. Ist der Hochmut der Juden, ihr ewiger „mäkelnder Widerwille" der russischen Rasse gegenüber nur ein Vorurteil, ein „historischer Auswuchs, und **verbirgt sich darunter nicht irgendein viel tieferes Geheimnis ihrer Gesetze oder ihres Wesens** – so wird sich all das nur um so früher zerstreuen, und wir werden uns einmütig in guter Brüderlichkeit zusammentun zu gegenseitigem Beistand und für die große Sache: unserer Erde, unserem Staate und unserem Vaterlande zu dienen! Die gegenseitigen Anklagen werden allmählich aufhören, und damit wird auch die Ausnutzung dieser Anklagen, die das klare Verständnis der Dinge verhindern, verschwinden. Für das russische Volk kann man bürgen: oh, es wird dem Juden die größte Freundschaft entgegenbringen, trotz des Glaubensunterschiedes, und doch wird es volle Achtung für die historische Tatsache dieses Unterschiedes bewahren. Trotzdem aber ist zu einer vollständigen Brüderlichkeit – **Brüderlichkeit beiderseits erforderlich**. Also möge doch der Jude wenigstens ein wenig brüderliche Gefühle zeigen, um den Russen zu ermutigen. Ich weiß, daß es unter den Juden auch jetzt schon viele gibt, die sich nach der Beseitigung der Mißverständnisse sehnen und wirklich äußerst menschenfreundlich sind – ich will die Wahrheit nicht verschweigen. Und eben damit diese nützlichen und menschenfreundlichen Leute nicht den Mut verlieren, ihre Vorurteile ein wenig abzuschwächen und damit den Anfang der Sache zu erleichtern, wünschte ich die Erweiterung der Rechte des jüdischen Volkes, wenigstens soweit sie möglich ist: eben soweit das jüdische Volk die Fähigkeit beweist, sich dieser Rechte zu bedienen, ohne daß die eingeborene Bevölkerung darunter zu leiden hat. Nur eines fragt sich noch: werden diese tapferen und guten Israeliten auch viel erreichen, und inwieweit sind sie selbst befähigt zu der neuen schönen Aufgabe der wirklichen brüderlichen Vereinigung mit Menschen, die ihnen dem Glauben und dem Blute nach fremd sind?

Geständnisse eines Slawophilen
(1877)

Ja, ich hätte etwas ganz anderes erwartet. An dieser Stelle muß ich einige meiner Gefühle aussprechen, obwohl ich mir, als ich im vorigen Jahre mein „Tagebuch" herauszugeben begann, vorgenommen hatte, keinerlei literarische Kritik zu bringen. Es sind aber nicht die Gefühle eines Kritikers, selbst wenn ich sie anläßlich eines literarischen Werkes ausspreche. Und in der Tat: ich schreibe mein „Tagebuch", d. h. ich notiere meine Eindrücke über alle Dinge, die mir in den laufenden Ereignissen am meisten auffallen, lege mir aber aus irgendeinem Grunde die von mir selbst erfundene Pflicht auf, unbedingt auch die stärksten der von mir empfangenen Eindrücke zu verschweigen, nur weil sie die russische Literatur betreffen. Diesem Entschluß lag natürlich ein an sich richtiger Gedanke zugrunde, aber die buchstäbliche Erfüllung dieses Entschlusses ist nicht richtig, ich sehe es selbst ein, schon aus dem Grunde, weil er ein toter Buchstabe ist. Auch ist das Werk, von dem ich bisher geschwiegen habe, für mich kein einfaches Werk der Literatur mehr, sondern eine ganze Tatsache von eigener Bedeutung. Vielleicht drücke ich mich allzu naiv aus, aber ich entschließe mich doch folgendes auszusprechen: diese Tatsache des Eindruckes, den auf mich der Roman, die Erfindung, die Dichtung gemacht hat, ist in meiner Seele in diesem Frühjahr mit der gewaltigen Tatsache des Ausbruches des jetzt geführten Krieges zusammengefallen, und die beiden Tatsachen, die beiden Eindrücke haben in meinem Geiste einen wirklichen Zusammenhang miteinander und einen für mich erstaunlichen Berührungspunkt gefunden. Statt über mich zu lachen, höre man mich lieber aufmerksam an.

Ich habe in vielen Beziehungen rein slawophile Überzeugungen, obwohl ich vielleicht nicht ganz Slawophile bin. Das

Slawophilentum wird noch immer verschieden aufgefaßt. Für viele bedeutet es sogar noch jetzt wie in alten Zeiten, z. B. für Belinski, nur eine Vorliebe für volkstümlich grobe Speisen und Getränke. Belinski war in seiner Auffassung des Slawophilentums wirklich nicht weiter gegangen. Für andere (nebenbei bemerkt, für sehr viele, sogar fast für die meisten Slawophilen selbst) bedeutet das Slawophilentum das Streben nach der Befreiung und Vereinigung aller Slawen unter der Führung Rußlands, wobei diese Führung auch nicht streng politisch zu sein braucht. Für die Dritten schließlich bedeutet das Slawophilentum außer der Vereinigung aller Slawen unter der Führung Rußlands auch noch einen geistigen Zusammenschluß derjenigen, die daran glauben, daß unser großes Rußland an der Spitze der vereinigten Slawen der ganzen Welt, der ganzen europäischen Menschheit und ihrer Zivilisation sein neues, gesundes und von der Welt noch nicht gehörtes Wort verkünden wird. Dieses Wort wird verkündet werden zum Wohle und zur Vereinigung der ganzen Menschheit in einem neuen, brüderlichen, allweltlichen Bunde, dessen Prinzipien im Genius der Slawen und vorwiegend im Geiste des großen russischen Volkes liegen, das so lange gelitten hat und so viele Jahrhunderte zum Schweigen verurteilt war, das aber immer große Kräfte für die künftige Klärung und Lösung vieler bitterer und verhängnisvoller Mißverständnisse der westeuropäischen Zivilisation in sich trug. Zu dieser Gruppe der Überzeugten und Gläubigen gehöre ich.

Man braucht hier über mich wiederum nicht zu lachen und zu spotten: diese Worte sind alt, dieser Glaube ist alt, und schon der Umstand allein, daß dieser Glaube nicht stirbt und diese Worte nicht verstummen, sondern immer mehr erstarken, ihren Wirkungskreis erweitern und neue Adepten und neue überzeugte Verfechter erwerben, schon diese Tatsache allein könnte doch schließlich die Gegner und Verspotter dieser Lehre veranlassen, sie etwas ernsthafter anzuschauen und die starre Feindseligkeit gegen sie aufzugeben. Vorläufig aber genug davon. Im Frühjahr wurde ja unser großer Krieg wegen der großen Tat begonnen, die früher oder später, trotz aller vorübergehenden Mißerfolge, die die Entscheidung der Sache nur hinausschieben, zu Ende geführt werden wird, selbst wenn das erstrebte Ziel im gegenwärtigen Krieg nicht voll erreicht werden sollte. Diese Tat ist so groß, das Ziel des Krieges ist für Europa so unwahrscheinlich, daß Europa natürlich nicht anders konnte, als sich über unsere „Tücke" zu entrüsten, an kein Wort von dem, was wir bei der Kriegserklärung erklärt hatten, zu glauben, uns mit allen Kräften zu schaden und uns, mit unserem Feind vereinigt, wenn auch nicht in einem offenen politischen Bunde, so doch heimlich, in Erwartung eines offenen Krieges, zu bekriegen. Das alles kommt natürlich nur daher, daß wir unsere Absichten und Ziele enthüllt haben. „Der große östliche Adler hat sich, mit zwei Flügeln leuchtend, auf den Bergen der Christenheit erhoben";* er will weder etwas erobern, noch seine Grenzen erweitern, sondern nur die Unterdrückten und Verfolgten befreien und aufrichten und ihnen ein neues Leben zu ihrem eigenen Wohle und zum Wohle der Menschheit geben. Wie skeptisch man die Sache auch betrachten mag, das Ziel des Krieges ist doch nur dieses, und das ist es, was Europa unmöglich glauben will! Dabei macht ihm weniger die von ihm befürchtete Erstarkung Rußlands Angst, als der Umstand, daß Rußland imstande ist, derartige Aufgaben und Ziele anzustreben. Dies merke man sich ganz besonders. Etwas nicht seines direkten Vorteiles wegen zu unternehmen, erscheint Europa dermaßen ungewohnt und den internationalen Gepflogenheiten widersprechend, daß die Tat Rußlands von Europa nicht nur als die Barbarei einer „zurückgebliebenen, tierischen und ungebildeten" Nation aufgefaßt wird, welche der Gemeinheit und Dummheit, in unserer Zeit etwas in der Art der im finsteren Mittelalter üblichen Kreuzzüge zu unternehmen fähig ist, sondern sogar als eine unmoralische Tatsache, die für Europa gefährlich sei und angeblich seine große Zivilisation bedrohe. Man sehe sich um: wer in Europa liebt uns jetzt? Sogar unsere Freunde, sogar unsere

---

* Bezug auf den Krimkrieg 1855

erklärten, offiziellen Freunde sagen, daß sie sich über unsere Mißerfolge freuen. Eine Niederlage der Russen ist ihnen lieber als ihre eigenen Siege, sie erfreut sie und schmeichelt ihnen. Diese Freunde haben untereinander schon längst beschlossen, im Falle unseres Erfolges alle Kräfte aufzuwenden, um aus den Erfolgen Rußlands mehr Vorteile für sich herauszuschlagen, als Rußland für sich selbst herausschlagen wird ...

Aber davon später. Ich wollte vor allem von dem Eindrukke sprechen, den alle, die an die große Zukunft und allmenschliche Bedeutung Rußlands glauben, in diesem Frühjahr nach der Erklärung dieses Krieges gewinnen mußten. Dieser unerhörte Krieg für die Schwachen und Unterdrückten, mit der Absicht, andern Völkern Leben und Freiheit zu geben und nicht zu nehmen, dieses schon seit langem in der Welt nicht dagewesene Kriegsziel erschien allen unseren Gläubigen plötzlich als eine Tatsache, die ihren Glauben feierlich und bedeutungsvoll bestätigte. Es war kein Traum mehr und keine Vermutung, sondern eine Wirklichkeit, die zur Tatsache zu werden anfing. „Wenn es schon einmal begonnen hat, so wird es auch zu Ende kommen, bis jenes neue Wort erklingt, das Rußland an der Spitze des Slawenbundes Europa verkünden wird. Auch dieses Wort selbst wird schon hörbar, obwohl Europa es noch lange nicht versteht und lange daran nicht glauben wird." So dachten die „Gläubigen". Ja, der Eindruck war feierlich und bedeutungsvoll, und der Glaube der Gläubigen mußte noch mehr erstarken. Es begann aber eine so große Sache, daß auch sie sich voller Unruhe fragten: „Rußland und Europa! Rußland zieht sein Schwert gegen die Türken, und wer weiß, vielleicht wird es auch mit Europa zusammenstoßen, wäre das aber nicht zu früh? Ein Zusammenstoß mit Europa ist doch etwas ganz anderes als einer mit den Türken und darf nicht mit dem Schwerte allein ausgefochten werden; so haben es die Gläubigen immer aufgefaßt. Sind wir aber zu einem solchen Zusammenstoß vorbereitet? Das Wort hat zwar schon zu tönen begonnen, wird es aber bei uns, geschweige denn in Europa, von allen verstanden werden? Wir Gläubigen prophezeien z. B., daß nur Rußland allein die Kraft in sich trägt, um die verhängnisvolle alleuropäische Frage von den geringen Brüdern ohne Kampf und ohne Blut, ohne Haß und ohne Bosheit zu lösen, daß es aber dieses Wort erst dann verkünden wird, wenn Europa schon von seinem eigenen Blute überschwemmt sein wird, da vorher kein Mensch in Europa unser Wort zu hören vermag, und selbst wenn er es hörte, es doch nicht verstehen kann. Ja, wir Gläubigen glauben daran, was antworten uns aber darauf unsere eigenen Landsleute? Sie sagen uns, daß es nur verrückte Vermutungen, hysterische Visionen, wahnsinnige Träume und Anfälle seien und fordern von uns Beweise, bestimmte Hinweise auf wirkliche Tatsachen. Worauf können wir aber vorerst zur Bekräftigung unserer Prophezeiungen hinweisen? Auf die Befreiung der Leibeigenen, eine Tatsache, die bei uns als eine Manifestation der russischen Geisteskraft noch so wenig verstanden wird? Die Angeborenheit und Natürlichkeit unseres Gefühls für die Brüderlichkeit, das heute immer deutlicher unter der Last, die sie jahrhundertelang erdrückt hat, zum Vorschein kommt, trotz des ganzen Schmutzes, der sie jetzt empfängt und ihre Züge bis zur Unkenntlichkeit besudelt und verunstaltet? Wenn wir aber darauf hinweisen, wird man uns wiederum antworten, daß alle diese Tatsachen wahnsinnige Träume und Hysterie, aber keine Tatsachen seien, daß sie vorläufig auf verschiedene und widersprechende Weise gedeutet werden und zunächst nichts zu beweisen vermögen. Das werden uns fast alle antworten; dabei wollen wir aber, die wir uns selbst so wenig verstehen und so wenig an uns selbst glauben, mit Europa zusammenstoßen! Europa ist ja eine schreckliche und heilige Sache! Wißt ihr auch, meine Herren, wie teuer uns, den slawophilen Träumern, den Hassern Europas, für die ihr uns haltet, dieses selbe Europa, dieses Land der heiligen Wunder ist? Wißt ihr auch, wie teuer uns diese Wunder sind, wie sehr wir die großen Völker, die es bewohnen, und alles Große und Schöne, das sie geschaffen, lieben und verehren, mehr als brüderlich lieben und verehren? Wißt ihr auch, mit welchen Tränen und welchem Herzweh wir an die Schicksale dieses uns teuren und ver wandten Landes denken, wie uns diese düsteren Wolken, die seinen Horizont immer mehr verdunkeln, erschrecken? Ihr Herren Europäer und Westler habt Europa nie so geliebt wie wir slawophilen Träumer, seine Erbfeinde, eurer Ansicht nach! Nein, teuer ist uns dieses Land und der künftige friedliche Sieg des großen christlichen Geistes, der sich noch im Osten erhalten hat ... Wenn wir befürchten, mit Europa im Laufe dieses Krieges zusammenzustoßen, fürchten wir am meisten, daß es uns nicht verstehen und wie früher mit Hochmut, Verachtung und seinem Schwert empfangen wird, noch immer wie wilde Barbaren, die unwürdig sind, vor ihnen zu sprechen. Haben wir uns auch je selbst gefragt, was wir ihm sagen oder zeigen werden, damit es uns verstehe? Besitzen wir noch so wenig, was ihm ver ständ lich sein und weswegen es uns achten könnte? Unsere grundlegende, wichtigste Idee, unser beginnendes ‚neues Wort' wird es noch lange, allzulange nicht verstehen. Es braucht Tatsachen, die ihm jetzt, für seinen jetzigen Blick verständlich wären. Es wird uns fragen: ‚Wo ist eure Zivilisation? Ist die Ordnung eurer wirtschaftlichen Kräfte in dem Chaos zu erblicken, das wir bei euch überall sehen? Wo ist eure Wissenschaft, wo eure Kunst, eure Literatur?'"

Auf welchem Punkte jetzt die Sache steht
(1873)

Das Jahr ist zu Ende, und mit diesem zwölften Hefte endet auch der erste Jahrgang des „Tagebuches eines Schriftstellers". Bei meinen Lesern fand ich eine für mich sehr schmeichelhafte Sympathie, obwohl ich auch nicht den hundertsten Teil von dem ausgesprochen habe, was ich auszusprechen beabsichtigte; und was das Ausgesprochene betrifft, so sehe ich jetzt, daß ich Vieles nicht gleich beim ersten Versuch klar auszusprechen vermochte und sogar einige Mal falsch verstanden worden bin, wofür ich natürlich am meisten mich selbst verantwortlich mache. Ich habe zwar noch wenig gesagt, hoffe aber, daß meine Leser schon aus dem, was ich in diesem Jahre ausgesprochen, ersehen werden, welchen Charakter und welche Richtung das „Tagebuch" im nächsten Jahre haben wird. Mit dem „Tagebuch" verfolgte ich bisher vor allen Dingen den Zweck, die Idee unserer nationalen geistigen Selbständigkeit aufzuklären und sie in den laufenden Tagesereignissen nach Möglichkeit aufzudecken. In diesem Sinne behandelte das „Tagebuch" recht ausführlich unsere plötzliche nationale Volksbewegung, die sich in diesem Jahre in der sogenannten „Slawischen Sache" gezeigt hat. Wir wollen es gleich sagen: das „Tagebuch" hat nicht die Absicht, jeden Monat politische Aufsätze zu liefern; es wird aber immer bemüht sein, in der aktuellen politischen Ereignissen nach Möglichkeit unser nationalen und völkischen Standpunkt zu finden und festzustellen. So haben die Leser vielleicht aus unseren Artikeln über die „Slawische Bewegung" in diesem Jahre schon ersehen, daß das „Tagebuch" das Wesen und die Bedeutung dieser Bewegung hauptsächlich in Bezug auf uns Russen hat aufklären wollen; daß es hat hinweisen wollen, daß es sich hier für uns nicht nur um den Slawismus allein und nicht nur um die politische Stellung dieser Frage im modernen Sinne handelt. Der Slawismus, d. h. die Vereinigung aller Slawen mit dem russischen Volke und untereinander, und die politische Seite der Frage, d. h. die Frage von den Grenzen, den Randstaaten, den Meeren und Meerengen, von Konstantinopel usw. — alle diese Fragen sind zwar für Rußland und seine künftigen Schicksale von außerordentlicher Bedeutung, aber sie allein erschöpfen noch nicht das Wesen der Orientfrage für uns, d. h. im Sinne ihrer Lösung im Geiste unseres Volkes. In dieser Beziehung treten diese außerordentlich wichtigen Fragen in den Hintergrund zurück. Denn der Kern der ganzen Sache liegt nach der Auffassung unseres Volkes einzig und ausschließlich in den Schicksalen des östlichen Christentums, d. h. der Orthodoxie. Unser Volk kennt weder die Serben, noch die Bulgaren; es unterstützt sie mit seinen Sparpfennigen und seinen Freiwilligen nicht als Slawen und nicht des Slawismus wegen, sondern nur, weil es gehört hat, daß orthodoxe Christen, unsere Brüder, um ihres Christenglaubens wegen von den „gottlosen Heiden", den Türken, unterdrückt werden; das ist der einzige Grund der ganzen Volksbewegung von diesem Jahre. In den jetzigen und künftigen Schicksalen des orthodoxen Christentums liegt die ganze Idee des russischen Volkes, sein Dienst an Christo und sein Lechzen nach Taten zu Ehren Christi. Dieses Lechzen ist wahrhaft und groß und hat in unserem Volke seit den ältesten Zeiten vielleicht niemals aufgehört, — dies ist eine außerordentlich wichtige Tatsache zur Charakteristik unseres Volkes und unseres Staates. Die Altgläubigen von Moskau haben auf eigene Kosten einen ganzen Sanitätszug (und zwar einen vortrefflichen) ausgerüstet und nach Serbien geschickt; dabei wissen sie aber sehr gut, daß die Serben keine Altgläubigen sind, sondern die gleichen Menschen wie wir, mit denen sie in Glaubenssachen nichts zu tun haben. Darin zeigt sich eben die Idee der ferneren, endgültigen Schicksale der orthodoxen Christenheit, wenn auch in den entferntesten Zeiten, und die Hoffnung auf die künftige Einigung aller östlichen Christen zu einer Gemeinschaft; indem sie den Christen gegen die Türken, die Unterdrücker der Christenheit halfen, hielten sie die Serben für die gleichen echten Christen wie sich selbst, trotz der heute bestehenden Verschiedenheiten, und wenn auch bloß in der Zukunft. In diesem Sinne hat diese Spende sogar eine große historische Bedeutung; sie bringt uns auf tröstliche Gedanken und bestätigt zum Teil unseren Hinweis, daß in den Schicksalen des Christentums das ganze Streben des russischen Volkes liege, und wenn es auch vorübergehend durch manche fiktive konfessionelle Unterschiede gespalten ist. Im Volke besteht zweifellos sogar die Vorstellung, daß Rußland nur dazu lebe, um Christo zu dienen und vor den Ungläubigen die ganze Orthodoxie zu schützen. Diesen Gedanken wird zwar nicht jeder Mann aus dem Volke direkt aussprechen, aber ich behaupte, daß ihn sehr viele bewußt aussprechen werden, und diese sehr vielen haben zweifellos einen Einfluß auf das ganze übrige Volk. Man darf also offen sagen, daß dieser Gedanke in unserem Volke schon beinahe bewußt besteht und sich nicht nur im Instinkte des Volkes birgt. Die Orientfrage ist also dem russischen Volke nur in diesem einzigen Sinne zugänglich. Das ist die wichtigste Tatsache.

Wenn dem aber so ist, so muß das Verhältnis zur Orientfrage auch bei uns allen eine unvergleichlich bestimmtere Gestalt annehmen. Rußland ist durch sein Volk und durch dessen Geist stark, und nicht nur etwa durch seine Bildung, seine Reichtümer, seine Aufklärung usw. wie manche andere Staaten Europas, die infolge ihres hohen Alters und des Verlustes der lebendigen nationalen Idee zu künstlichen und ganz unnatürlichen Gebilden geworden sind. Ich glaube, daß es noch lange so bleiben wird. Wenn aber das Volk die slawische Frage und überhaupt die Orientfrage nur im Sinne der Schicksale der Orthodoxie auffaßt, so folgt daraus klar, daß es keine zufällige, keine vorübergehende und keine äußerliche politische Sache ist, sondern eine, die an den tiefsten Kern des russischen Volkes rührt und folglich ewig und unvergänglich ist bis zu ihrer endgültigen Lösung. In diesem Sinne darf Rußland seine Bewegung nach Osten nicht mehr aufgeben und sein Ziel nicht mehr ändern, denn so würde es sich von sich selbst lossagen. Selbst wenn diese Frage zeitweise, den Umständen entsprechend, eine andere Richtung annehmen konnte und sogar zweifellos mußte, selbst wenn wir manchmal den Umständen nachgeben und unsere Bestrebungen zurückhalten wollten und mußten, muß diese Frage dennoch im großen Ganzen als das eigentliche Wesen des Lebens des russischen Volkes einmal uns bedingt ihr Hauptziel erreichen, d. h. die Vereinigung aller orthodoxen Volksstämme in Christo und in Brüderlichkeit, ohne zwischen den Slawen und den anderen orthodoxen Volksstämmen einen Unterschied zu machen. Diese Einigung kann vielleicht auch ganz unpolitisch sein. Die im engeren Sinne slawischen und die im engeren Sinne politischen Fragen (d. h. die von den Meeren, den Meerengen und Konstantinopel) werden sich dabei natürlich ganz von selbst in einem Sinne entscheiden, der der Lösung der wichtigsten und eigentlichen Aufgabe am allerwenigsten widerspricht. So erhält diese ganze Frage, wir wiederholen es, von diesem völkischen Standpunkte aus eine unwankbare und unvergängliche Gestalt.

Europa, das unsere nationalen Ideale nicht ganz versteht, d. h. sie mit seiner eigenen Elle mißt und uns nur die Absicht zuschreibt, die Länder zu erobern und zu vergewaltigen, kennt zugleich sehr gut den eigentlichen Sinn der Sache.

Es handelt sich für Europa jetzt gar nicht darum, daß wir jetzt nichts erobern und sogar versprechen, nichts zu erobern; viel wichtiger ist für Europa der Umstand, daß wir wie früher, wie immer, in unserer Absicht, den Slawen zu helfen, verharren und uns davon niemals lossagen werden. Wenn das jetzt geschieht und wir den Slawen helfen, so fügen wir damit in den Augen Europas einen neuen Stein zu der Festung, die wir im Osten allmählich, wie sie glauben, gegen Europa errichten. Denn indem wir den Slawen helfen, festigen und nähren wir den Glauben der Slawen an Rußland und an seine Macht und lehren sie immer mehr, Rußland als ihre Sonne, als das Zentrum des ganzen Slawentums und sogar des ganzen Ostens anzusehen. Die Befestigung dieser Anschauung wiegt aber in den Augen Europas manche Eroberung auf, sogar trotz aller Konzessionen, die Rußland zur Beruhigung Europas ehrlich und treu zu machen bereit ist. Europa begreift allzugut, daß in dieser Einimpfung der Idee vorläufig das ganze Wesen der Sache besteht, und nicht in den materiellen Erwerbungen auf der Balkan-Halbinsel. Europa weiß auch, daß auch die russische Politik sich vollkommen dieses Wesens ihrer Aufgabe bewußt ist. Wenn dem so ist, warum soll sich dann Europa nicht fürchten? Darum möchte es so gern die Slawen unter seine Obhut bekommen, sie uns sozusagen rauben und womöglich für alle Ewigkeit gegen Rußland und die Russen aufhetzen. Darum möchte es auch, daß der Pariser Traktat so lange als möglich in Kraft bleibe; daher kommen jetzt alle diese Projekte mit den Belgiern, der europäischen Gendarmerie usw. Alles ist recht, wenn nur nicht die Russen kommen, wenn man die Russen nur irgendwie von den Blicken und Gedanken der Slawen fernhalten, wenn man sie sogar aus ihrem Gedächtnis ausmerzen könnte! Auf diesem Punkte steht jetzt eben die Sache.

Einiges über den Krieg
(1876)

Ich habe einen Freund, der sich durch sehr paradoxe Anschauungen auszeichnet. Ich kenne ihn schon lange. Es ist ein ganz unbekannter Mensch und ein höchst sonderbarer Charakter: er ist nämlich ein Denker. Ich werde unbedingt noch ausführlicher von ihm sprechen – doch später einmal. Jetzt ist mir nur zufällig eingefallen, wie er einmal, es ist schon etliche Jahre her, mit mir über den Krieg stritt. Er verteidigte den Krieg als solchen und vielleicht einzig um mit Paradoxen zu spielen. Ich bemerke hier noch, daß er nicht etwa Offizier ist, sondern der friedliebendste und gutmütigste Mensch, den es in der Welt und bei uns in Petersburg überhaupt geben kann.

„Toller Gedanke", sagte er unter anderem, „daß der Krieg eine Geißel für die Menschheit sei! Im Gegenteil, er ist das Nützlichste, was man sich überhaupt denken kann! Nur eine einzige Art Krieg ist verabscheuenswert und wirklich verderblich: das ist der innere, der Bürgerkrieg. Er lähmt und zerreißt den Staat, dauert immer viel zu lang und vertiert das Volk auf ganze Jahrhunderte. Der politische Krieg aber, der zwischen verschiedenen Völkern ausgekämpft wird, bringt einzig und allein Nutzen – in jeder Beziehung. Und dann ist er auch vollkommen unentbehrlich."

„Aber hören Sie mal! Ein Volk geht aufs andere los, Menschen schlagen sich gegenseitig tot – was ist hier unentbehrlich?"

„Alles, und zwar im höchsten Grade. Doch erstens ist es nicht wahr, daß die Menschen in den Krieg gehen, um sich gegenseitig totzuschlagen. Das ist nie der Beweggrund gewesen, sondern sie gehen, um ihr eigenes Leben zu opfern, – das aber ist denn doch etwas ganz anderes. Es gibt keine höhere Idee als die, sein eigenes Leben zu opfern, indem man seine Brüder und sein Vaterland beschützt oder einfach, indem man die Interessen seines Vaterlandes verteidigt. Die Menschheit kann nicht ohne hochherzige Ideen leben, und ich vermute sogar, daß die Menschheit gerade deswegen den Krieg liebt, weil sie sich an einer hochherzigen Idee beteiligen will. Es ist ein Bedürfnis."

„Ja, liebt denn die Menschheit den Krieg?"

„Ja, zweifeln Sie denn daran? Wer ist zurzeit eines Krieges noch kopfhängerisch? Alle sind sofort munter und ermutigt, und von der gewöhnlichen Schlaffheit und Langeweile der Friedenszeiten ist nichts mehr zu sehen und zu hören. Und nachher, wenn der Krieg beendet ist, mit welcher Hingabe denken sie an ihn zurück, selbst wenn sie geschlagen worden sind! Glauben Sie den Leuten nicht, wenn sie sich beim ersten Wiedersehen nach der Kriegserklärung kopfschüttelnd sagen: ‚Ach, welch ein Unglück! Ach, daß wir das noch erleben mußten!' sie tun es ja nur aus Wohlerzogenheit. Glauben Sie mir, jeder hat dann hohen Feiertag im Herzen. Wissen Sie, es ist furchtbar schwer, sich zu gewissen Ideen zu bekennen: gleich ist das Geschrei groß. – Tier! Barbar! schreien sie sofort und sind zum Verurteilen bereit. Das aber fürchtet man, und so zieht man vor, den Krieg lieber nicht zu loben."

„Aber Sie sprechen von hochherzigen Ideen, von Menschlicherwerden. Lassen sich denn hochherzige Ideen nicht auch ohne Krieg finden? Ich glaube vielmehr, daß sie sich in Friedenszeiten noch leichter entwickeln können."

„Ganz im Gegenteil, vollkommen umgekehrt! Die Hochherzigkeit verkommt in der Zeit eines langen Friedens, und an ihre Stelle treten Zynismus, Gleichgültigkeit, Langeweile und viel, viel boshafter Spott, und das noch dazu nur zur leeren Zerstreuung und nicht mal um einer Sache willen. Man kann geradezu behaupten, daß ein langer Friede die Menschen gefühllos macht. Das soziale Übergewicht geht dann immer auf die Seite alles dessen über, was in der Menschheit schlecht und roh ist – hauptsächlich zum Reichtum, zum Kapital. Ehre, Nächstenliebe, Selbstverleugnung werden in der ersten Zeit nach dem Kriege noch geachtet, sie stehen noch hoch im Preis, doch je länger der Friede dauert – desto mehr sieht man diese schönen und großen Tugenden verbleichen, einschlafen, absterben, und den Reichtum, die Sucht nach Erwerb alles ergreifen. Schließlich bleibt nur noch Heuchelei übrig – geheuchelte Ehre, geheuchelte Selbstverleugnung um der Pflicht willen. Und wenn man trotz des ganzen Zynismus auch noch fortfährt, diese großen Begriffe zu achten, so geschieht es dann doch nur in schönen Worten und bloß zum Anschein, aus Form. Die wirkliche Ehre ist nicht mehr, es bleiben nur Formeln übrig. Formeln der Ehre aber – die sind der Tod der Ehre. Ein langer Friede bringt Gleichgültigkeit hervor, niedrige Gedanken, bringt Sittenverderbnis und Abstumpfung der Gefühle. Die Vergnügungen werden nicht feiner, sondern wüster. Der plumpe Reichtum kann sich nicht an Idealen erquicken und verlangt nach anspruchsloseren, mehr „auf die Sache" gehenden Genüssen, d. h. nach unmittelbarster Befriedigung des Fleisches. Die Vergnügungen werden rein sinnlich. Sinnlichkeit ruft Wollust hervor, und Wollust immer Grausamkeit. Alles das werden Sie unmöglich leugnen, denn Sie können die erste Tatsache nicht verneinen: daß das soziale Übergewicht in der Zeit eines langen Friedens sich zum Schluß immer auf die Seite des Reichtums neigt."

„Aber die Wissenschaft, die Kunst – können die sich denn während des Krieges entwickeln? Und das sind doch wirklich große und hochherzige Ideen!"

„Warten Sie, gerade hiermit fange ich Sie! Die Wissenschaft und die Kunst entwickeln sich immer und gerade in der ersten Periode nach dem Kriege. Der Krieg erneut sie, erfrischt sie, ruft sie hervor, stärkt die Gedanken und gibt ihnen gewissermaßen einen Stoß. In einem langen Frieden dagegen verkommt auch die Wissenschaft. Zweifellos fordert die Beschäftigung mit der Wissenschaft Mut und sogar Selbstaufopferung. Doch wie viele Gelehrte widerstehen denn der Pest des Friedens? Die geheuchelte Ehre, Selbstsucht und oberflächliche tierische Vergnügungslust erfassen auch sie. Versuchen Sie es nur einmal, mit solch einer Leidenschaft fertig zu werden, wie es beispielsweise der Neid ist: er ist roh und gemein, aber er wird trotzdem auch in die edelste Gelehrtenseele eindringen. Auch der Gelehrte will schließlich an dem allgemeinen Prunk und Glanz teilhaben. Was bedeutet vor dem Triumph des Reichtums der Triumph irgendeiner wissenschaftlichen Entdeckung, wenn sie nicht gerade so effektvoll ist wie die Entdeckung etwa eines neuen Planeten! Was meinen Sie wohl, ob unter solchen Umständen noch viel wirkliche Arbeitssklaven für das Allgemeinwohl übrigbleiben? Im Gegenteil, man sucht den Ruhm, und so kommt es dann zu Scharlatanerie, zur Jagd nach dem Effekt und, vor allen Dingen, zum Utilitarismus – denn man will doch zu gleicher Zeit auch reich werden! In der Kunst ist es genau so wie in der Wissenschaft: dieselbe Jagd nach dem Effekt, nach irgendeiner Verfeinerung. Einfache, klare, hochherzige und gesunde Ideen sind dann schon viel zu unmodern, man braucht etwas viel Verbotneres, Ungesünderes: die Künstlichkeit der Leidenschaften will man. Allmählich verliert sich dann das Gefühl für das Maß und die Harmonie, und man bekommt dafür die Entstellung der Gefühle und Leidenschaften, die sogenannte „Differenzierung" der Gefühle, die in Wirklichkeit nur ihre Verrohung ist. Sehen Sie, zu all dem entartet die Kunst in einem langen Frieden. Wenn es in der Welt keinen Krieg gäbe, so würde die Kunst einfach verkommen und verderben. Alle guten Ideen der Kunst ja ihre besten, sind vom Kriege, vom Kampf geschaffen worden. Lesen Sie eine Tragödie, sehen Sie sich die Statuen an, da haben Sie Horaz, und da haben Sie den Apollo von Belvedere, der selbst einen Wilden in Erstaunen setzen müßte …"

„Aber die Madonnen, das Christentum?"

„Das Christentum erkennt das Faktum des Krieges vollkommen an und weissagt bekanntlich, daß das Schwert nicht vergehen werde, solange die Welt steht: das ist sehr bemerkenswert und sollte viele stutzig machen. Oh, natürlich im höheren, im moralischen Sinne verwirft es den Krieg und verlangt Nächstenliebe. Ich werde selbst der erste sein, der sich freut, wenn man die Schwerter in Pflugscharen umschmiedet. Doch fragt es sich: wann wird das möglich sein? Und lohnte es sich überhaupt, die Schwerter jetzt in Pflüge zu verwandeln? Der jetzige Friede ist immer und überall schlimmer als der Krieg, so unvergleichlich viel schlimmer, daß es zum Schluß geradezu unmoralisch wird, ihn noch aufrechtzuerhalten. Es gibt nichts mehr, was man schützen möchte, überhaupt nichts mehr, was wert wäre, erhalten zu bleiben, es ist beinahe gewissenlos und eine Schande, irgend etwas noch zu erhalten! Der Reichtum und die Roheit der Vergnügungen gebären Faulheit, und die Faulheit gebiert Sklaven. Um die Sklaven in der Sklaverei zu erhalten, muß man ihnen den freien Willen und die Möglichkeit der Aufklärung nehmen. Wer Sie auch sein mögen, mein Lieber, selbst wenn Sie der humanste Mensch sind: einen Sklaven werden auch Sie immer nur als Sklaven behandeln können – nicht wahr? Ich bemerke noch, daß in der Periode des Friedens Feigheit und Unehrlichkeit gute Wurzeln schlagen. Der Mensch ist naturgemäß stark zu Feigheit und Unehrlichkeit geneigt, und das weiß er selbst ganz genau. Deshalb vielleicht sehnt er sich auch so nach dem Kriege, und dann liebt er ihn so sehr: er ahnt in ihm das Heilmittel.

Der Krieg entwickelt in ihm die Nächstenliebe und nähert und befreundet die Völker."

„Wieso, befreundet?"

„Indem er sie lehrt, einander zu achten. Der Krieg erfrischt die Menschen. Die Menschenliebe entwickelt sich am meisten und fast ausschließlich auf dem Schlachtfelde. Es ist eine scheinbar sonderbare Tatsache, daß der Krieg weniger erbittert und aufreizt als der Friede. Irgendeine politische Beleidigung in der Friedenszeit, irgendeine herausfordernde Konvention, ein politischer Druck, anmaßende Forderungen – in der Art etwa, wie Europa sie uns 1863 stellte – erbittern viel mehr als ein offener Kampf. Erinnern Sie sich: haßten Sie etwa die Franzosen oder Engländer zur Zeit des Krimkrieges? Im Gegenteil, man kam sich näher, trat geradezu in Freundschaft miteinander. Wir interessierten uns für unsere Feinde und pflegten unsere Gefangenen. Unsere Soldaten und Offiziere gingen während des Waffenstillstands zu den feindlichen Vorposten, verbrüderten sich fast mit ihnen, tranken Wodka zusammen, und ganz Rußland las es schmunzelnd in den Zeitungen – was jedoch nicht hinderte, daß man sich prächtig schlug. Es entwickelte sich der Geist der Ritterlichkeit... Und über die materiellen Schäden des Krieges lohnt es sich nicht einmal zu sprechen: wer kennt nicht die alte Erfahrung, daß nach einem Kriege alles wie mit neuen Kräften aufersteht? Die ökonomischen Kräfte des Landes treten zehnmal mehr hervor, ganz als ob eine Gewitterwolke Regen auf trockenen Boden niedergesandt hätte. Denen, die durch den Krieg gelitten haben, wird sofort und von allen Seiten geholfen, während in Friedenszeiten ganze Distrikte eher Hungers sterben können, bevor wir uns zur Hilfe rühren oder drei Rubel spenden."

„Ja, leidet denn das Volk nicht am meisten unter dem Kriege, muß es nicht Verheerungen und Bürden ertragen, die unvergleichlich größer sind als die der höheren Gesellschaftsschichten?"

„Vielleicht; – doch immer nur zeitweilig, dafür aber gewinnt das Volk weit mehr, als es verliert. Gerade für das Volk hat der Krieg die besten und schönsten Folgen. Selbst wenn Sie der humanste Mensch sind, werden Sie sich doch für mehr als den Bauer halten. Wer mißt in unserer Zeit noch Seele mit Seele – mit dem christlichen Maß? Man mißt mit dem Geldbeutel, der Macht, der Kraft, – und der einfache Mann, der weiß das nur zu genau. Nicht daß hierbei Neid wäre, – aber es entsteht das unerträgliche Gefühl einer moralischen Ungleichheit, die viel verletzender für ihn ist, als wir es ahnen. Wie Sie die Menschen auch befreien oder welche Gesetze Sie ihnen auch geben mögen, diese Ungleichheit der Menschen wird in der jetzigen Gesellschaft doch nicht aufgehoben werden. Das einzige Heilmittel dagegen ist – der Krieg. Ein Palliativmittel vielleicht, doch ein tröstendes für das Volk. Der Krieg hebt den Geist des Volkes und die Erkenntnis des eigenen Wertes. Der Krieg macht in der Stunde des Kampfes alle gleich und versöhnt den Herrn mit dem Knecht in der allerhöchsten Erscheinung der menschlichen Würde, – im Opfer des Lebens für die gemeinsame Sache, für alle, für das Vaterland! Glauben Sie denn wirklich, daß die Masse, selbst die ganz unwissende Masse der Bauern und Bettler, nicht auch der aktiven Offenbarung hochherziger Gefühle bedarf? Worin kann nun die Masse im Frieden ihre Hochherzigkeit und ihre menschliche Würde beweisen? Auf die einzelnen Durchbrüche derselben sehen wir, wenn wir sie überhaupt zu beachten geruhen, mit verwundertem Lächeln, ja selbst mit ungläubigem Lachen, und zuweilen sogar mit unverhülltem Mißtrauen. Glauben wir aber einmal dem Heroismus eines einzelnen, so schlagen wir darob solch einen Lärm, als ob es etwas schier Unmögliches wäre; und was kommt dabei heraus? Unsere Verwunderung und unser Lob gleichen beinahe der Verachtung. In Kriegszeiten verschwindet all das ganz von selbst und die volle Gleichheit des Heroismus tritt an seine Stelle. Vergossenes Blut ist eine wichtige Sache. Die gemeinsame Heldentat erzeugt die stärkste Verbindung zwischen den verschiedenen Ständen. Der Gutsbesitzer und der Muschik standen sich im Jahre 1812, als sie gemeinsam fürs Vaterland kämpften, näher als in Friedenszeiten zu Haus auf dem Gute. Der Krieg ist der Masse ein Anlaß, sich zu achten, und darum liebt das Volk den Krieg: es dichtet über ihn Lieder und kann sich nicht satt hören an den Geschichten und Erzählungen aus dem Kriege ... Noch einmal: Vergossenes Blut ist eine wichtige Sache! Nein, der Krieg ist in unserer Zeit unentbehrlich; ohne Krieg würde die Welt untergehen oder wenigstens sich in einen schmutzigen Schlamm verwandeln, in irgendeinen gemeinen Schmutz mit faulenden Wunden ..."

Ich widersprach ihm natürlich nicht weiter. Mit Denkern kann man nicht streiten. Aber es ist doch eine höchst sonderbare Tatsache: man fängt jetzt an über Dinge nachzudenken und zu streiten, die, wie man doch meinen sollte, schon längst allen klar und ins allgemeine Archiv des Abgetanen gestapelt worden sind. Jetzt wird das alles wieder ausgegraben ... Das auffallendste aber ist, wie mir scheint, daß dieses heutzutage überall geschieht.

Eine ganz private Meinung
über die Slawen, die ich schon längst habe aussprechen wollen
(1877)

Bei dieser Gelegenheit will ich eine ganz private Meinung über die Slawen und die Slawenfrage aussprechen. Ich habe sie schon längst aussprechen wollen. Jetzt haben aber alle bei uns plötzlich angefangen, über die Möglichkeit eines baldigen Friedensschlusses zu sprechen, folglich auch über die baldige Möglichkeit, die Slawenfrage irgendwie zu lösen. Geben wir nun unserer Phantasie volle Freiheit und stellen wir uns vor, daß die ganze Sache erledigt sei, daß die Slawen durch die Bemühungen und das Blut Rußlands schon befreit seien, und noch mehr als das: daß das Türkische Reich nicht mehr bestehe und daß die Balkanhalbinsel befreit sei und ein eigenes Leben lebe. Man kann natürlich schwer voraussagen, in welcher Form die Lösung der Slawenfrage den Slawen zuerst aufleuchten wird, d. h. ob es zu irgendeiner Föderation der befreiten kleinen Stämme kommen wird (z. B. zu einer Föderation wird es wohl noch sehr lange nicht kommen), oder ob sich kleine Einzelstaaten mit aus verschiedenen regierenden Häusern berufenen Fürsten bilden werden. Man kann sich auch nicht vorstellen, ob Serbien seine Grenzen erweitern oder Österreich dies verhindern wird, welchen Umfang Bulgarien haben wird, was mit Bosnien und Herzegowina geschieht und in was für Beziehungen zu den neubefreiten slawischen Völkern, z. B. die Rumänen oder die Griechen, die in Konstantinopel wie auch die in Athen, treten werden. Ob alle diese Länder und Ländchen völlig unabhängig oder unter dem Protektorat und der Aufsicht eines „europäischen Konzerts der Mächte", darunter auch Rußlands, stehen werden, (ich glaube, daß alle diese Völker sich selbst so ein europäisches Konzert ausbitten werden, wenn auch mit Beteiligung Rußlands, doch einzig zum Schutze gegen die russischen Machtgelüste), – dies alles läßt sich unmöglich voraussehen, und ich will es auch gar nicht vorauszusagen versuchen. Aber zwei Dinge kann man schon jetzt bestimmt wissen: 1. daß alle slawischen Völker der Balkanhalbinsel sich früher oder später vom türkischen Joche befreien und ein neues, vielleicht unabhängiges Leben führen werden; und 2. ... Über dieses Zweite, das ganz sicher eintreffen und sich erfüllen wird, will ich schon lange meine Ansicht äußern.

Dieses Zweite besteht nämlich nach meiner tiefsten und unerschütterlichsten Überzeugung darin, daß Rußland noch nie solche Neider, Hasser, Verleumder und sogar Feinde gehabt hat, wie es alle diese Slawen sein werden, sobald Rußland sie einmal befreit hat und Europa sie als befreit anerkennt! Man wende mir dagegen nichts ein, man sage mir nicht, daß ich übertreibe und daß ich ein Hasser der Slawen sei! Im Gegenteil, ich liebe die Slawen sehr, aber ich werde mich gar nicht rechtfertigen, weil ich weiß, daß es gerade so kommen wird, wie ich sage, und zwar nicht infolge eines angeblich gemeinen und undankbaren Charakters der Slawen, durchaus nicht, – sie haben ja in diesem Sinne den gleichen Charakter wie alle anderen Völker, – sondern weil s o l c h e D i n g e sich auf der Welt gar nicht anders abspielen können. Ich werde mich darüber nicht verbreiten, aber ich weiß, daß wir von den Slawen keine Dankbarkeit fordern können und uns schon jetzt darauf gefaßt machen müssen. Sie werden nach ihrer Befreiung ihr neues Leben, ich sage es wieder, damit beginnen, daß sie von Europa, z. B. von England und Deutschland, eine Garantie und ein Protektorat für ihre Freiheit erbitten werden; im Konzert der europäischen Mächte wird sich zwar auch Rußland befinden, aber sie werden das Konzert gerade zum Schutz gegen R u ß l a n d anrufen. Sie werden vor allen Dingen ganz gewiß, wenn nicht öffentlich erklären, so doch sich selbst innerlich einreden, daß sie Rußland nicht den geringsten Dank schulden, daß sie sich vor den Machtgelüsten Rußlands nur durch die Einmischung des europäischen Konzerts beim Friedensschluß mit knapper Not gerettet hätten und daß, wenn sich Europa nicht eingemengt hätte, Rußland sie sofort, nachdem es sie von den Türken befreit, verschlungen haben würde, „um seine eigenen Grenzen zu erweitern und ein Allslawisches Reich zu gründen, in dem alle Slawen dem gierigen, listigen und barbarischen großrussischen Stamme untertan wären." Lange, sehr lange werden sie nicht imstande sein, die Uneigennützigkeit Rußlands und die von Rußland erhobene große, heilige und unerhörte Idee anzuerkennen, eine von den Ideen, von denen die Menschheit lebt und ohne die sie erstarrt, verkrüppelt und in Schwären und Ohnmacht stirbt. Haben die Slawen z. B. den jetzigen, vom ganzen russischen Volke mit dem Zaren an der Spitze gegen die Unmenschen zur Befreiung unglücklicher Völker begonnenen Kriege richtig eingeschätzt, wie glauben Sie? Aber über den gegenwärtigen Moment werde ich nicht sprechen; außerdem brauchen uns die Slawen noch, denn wir befreien sie; aber später, wenn wir sie befreit und sie sich irgendwie eingerichtet haben werden, werden sie da diesen Krieg als eine große, zu ihrer Befreiung unternommene Tat anerkennen? Um nichts in der Welt! Im Gegenteil, sie werden es als eine politische und dann auch als eine wissenschaftliche Wahrheit hinstellen, daß, wenn es in diesen hundert Jahren alle die Befreiungsversuche Rußlands nicht gegeben hätte, sie sich schon längst durch eigene Kraft und mit der Hilfe Europas befreit haben würden; desselben Europas, das, wenn es kein Rußland gäbe, nicht nur nichts gegen ihre Befreiung einzuwenden gehabt hätte, sondern sie auch selbst befreit haben würde. Diese schlaue Ansicht besteht bei ihnen sicher schon jetzt und wird sich in der Zukunft zweifellos zu einem wissenschaftlichen und politischen Axiom entwickeln. Sie werden sogar über die Türken mit mehr Respekt sprechen, als über Rußland. Ein ganzes Jahrhundert oder noch länger werden sie vielleicht ununterbrochen für ihre Freiheit zittern und die Machtgelüste Rußlands fürchten; sie werden sich bei den europäischen Mächten einschmeicheln, werden Rußland verleumden und gegen Rußland intrigieren. Oh, ich spreche nicht von einzelnen Personen; es wird auch solche geben, welche begreifen, was Rußland für sie immer bedeutete, bedeutet und bedeuten wird. Sie werden die ganze Größe und Heiligkeit der Tat Rußlands und der großen Idee begreifen, deren Fahne es in der Menschheit erheben wird. Aber diese Menschen werden anfangs in einer so lächerlichen Minorität sein, daß sie Hohn, Haß und sogar politische Verfolgungen zu erdulden haben werden. Den befreiten Slawen wird es besonders angenehm sein, in der ganzen Welt auszuposaunen, daß sie gebildete, der höchsten europäischen Kultur fähige Völker seien, während Rußland ein barbarisches Land, ein düsterer nordischer Koloß sei, sogar nicht vom reinen slawischen Blut, ein Widersacher und Hasser der europäischen Zivilisation. Sie werden natürlich gleich am Anfang eine konstitutionelle Regierung mit Parlamenten, verantwortlichen Ministern und Rednern haben. Dies alles wird ihnen außerordentliche Freude machen. Sie werden mit Entzücken in den Pariser und Londoner Zeitungen Telegramme lesen, die der ganzen Welt verkünden, daß in Bulgarien nach einem langen Parlamentssturm endlich das Ministerium gestürzt sei und sich ein neues aus der liberalen Mehrheit gebildet habe und daß irgendein Iwan Tschiflik endlich eingewilligt hätte, das Portefeuille des Ministerrats zu übernehmen. Rußland muß sich ernsthaft darauf vorbereiten, daß alle diese befreiten Slawen sich mit Begeisterung nach Europa stürzen, sich bis zum Verlust der eigenen Persönlichkeit an den europäischen politischen und sozialen Formen berauschen und daß sie erst eine ganze lange Periode des Europäismus werden durchmachen müssen, ehe sie etwas von ihrer slawischen Bedeutung und von ihrer eigenen slawischen Bestimmung innerhalb der Menschheit begreifen. Alle diese Ländchen werden sich dauernd in den Haaren liegen, einander ständig beneiden und gegeneinander intrigieren. Im Falle wirklicher Not werden sie sich aber natürlich an Rußland mit der Bitte um Hilfe wenden. Mögen sie uns noch so sehr hassen und in Europa verleumden, mögen sie mit Europa noch so sehr liebäugeln und es ihrer Liebe versichern, sie werden dennoch immer instinktiv fühlen (natürlich nur im Augenblick der Not und nicht früher), daß Europa der natürliche Feind ihrer Einheit ist, es immer gewesen ist und immer bleiben wird und daß sie ihre Existenz auf der Welt nur dem großen Magneten – Rußland zu verdanken haben, der sie ständig anzieht und auf diese Weise ihre Einheit und Unverletzlichkeit erhält. Es wird sogar Augenblicke geben, da sie imstande sein werden, zuzugeben, daß, wenn Rußland, das große östliche Zentrum mit seiner großen Anziehungskraft nicht existierte, ihre Einheit sofort auseinanderfallen und sich auflösen und sogar ihre Nationalität im europäischen Ozean wie ein Tropfen im Meere verschwinden würde. Rußland wird noch lange die Sorge haben, sie miteinander zu versöhnen, ihnen Vernunft beizubringen und sogar bei Gelegenheit das Schwert für sie zu ziehen. Nun drängt sich sofort die Frage auf: was für einen Vorteil hat Rußland davon, warum hat es sich ihretwegen hundert Jahre lang herumgeschlagen und für sie Blut, Kraft und Geld geopfert? Nur um soviel kleinlichen lächerlichen Haß und Undank zu ernten? Oh, Rußland wird natürlich immer wissen, daß es das Zentrum der slawischen Einheit ist und daß die Slawen ein freies nationales Leben nur deshalb haben, weil Rußland es wollte und will, weil Rußland es geschaffen hat. Aber welchen Vorteil bringt uns dieses Bewußtsein außer der Mühe, dem Ärger und den ewigen Sorgen?

Die Antwort darauf ist jetzt schwierig und kann nicht klar sein. Erstens denkt Rußland, wie wir alle wissen, nicht im geringsten daran und wird auch niemals daran denken, sein Territorium auf Kosten der Slawen zu vergrößern, sie politisch zu annektieren und ihre Länder in russische Gouvernements zu verwandeln. Alle Slawen verdächtigen Rußland dieses Bestrebens sogar jetzt noch, ebenso wie ganz Europa, und werden es noch weitere hundert Jahre verdächtigen. Möge aber Gott Rußland vor solchem Bestreben bewahren: je mehr politische Uneigennützigkeit es den Slawen gegenüber zeigt, um so sicherer wird es erreichen, daß sie sich mit Rußland vereinigen, und wenn auch erst in hundert Jahren. Wenn es den Slawen dagegen gleich am Anfang möglichst viel politische Freiheit gewährt, auf jede Bevormundung und Aufsicht über sie verzichtet und ihnen nur erklärt, daß es immer bereit sei, sein Schwert gegen diejenigen zu ziehen, die ihre Freiheit und nationale Selbständigkeit bedrohen, wird sich Rußland von der schrecklichen Sorge und Mühe befreien, diese Bevormundung und politische Beeinflussung, die die Slawen hassen und die den Europäern immer verdächtig erscheint, durch Gewalt zu erhalten. Wenn es aber seine volle Uneigennützigkeit beweist, wird Rußland siegen und die Slawen endlich anziehen; anfangs werden sie sich an uns nur in der Not wenden, später sich aber mit kindlichem Vertrauen an uns schmiegen. Alle werden in das heimatliche Nest zurückkehren. Unter vielen Russen gibt es natürlich allerlei gelehrte und sogar poetische Ansichten. Diese Russen erwarten, daß die neuen befreiten und zum neuen Leben erwachten slawischen Völker sich sofort an Rußland als an ihre leibliche Mutter und Befreierin schmiegen werden; daß sie sehr bald viele neue und noch unerhörte Elemente ins russische Leben bringen, das Slawentum und die Seele Rußlands erweitern, sogar die russische Sprache und Literatur beeinflussen, Rußland geistig bereichern und ihm neue Horizonte zeigen werden. Diese Begeisterung erschien mir, offen gestanden, stets rein theoretisch; etwas in dieser Art wird wohl zweifellos geschehen, doch nicht vor hundert Jahren; vorher wird aber Rußland von den Slawen nichts zu entlehnen haben, weder etwas von ihren Ideen, noch von ihrer Literatur: um uns zu lehren, sind sie noch furchtbar unreif. Rußland wird vielmehr diese ganzen hundert Jahre vielleicht gegen die Beschränktheit und den Trotz der Slawen kämpfen müssen, gegen ihre schlechten Angewohnheiten und gegen ihren zweifellosen und unvermeidlichen Verrat am Slawentum den europäischen politischen und sozialen Lebensformen zuliebe, über die sie sich so gierig stürzen werden. Nach der Lösung der Slawenfrage steht Rußland offenbar die endgültige Lösung der Orientfrage bevor. Die jetzigen Slawen werden noch lange nicht begreifen, was die Orientfrage ist! Auch die slawische Einigung in Eintracht und Brüderlichkeit werden sie sehr lange nicht begreifen. Dies ihnen mit der Tat und dem großen Beispiel zu erklären, wird die ständige zukünftige Aufgabe

Rußlands sein. Man wird mich wiederum fragen: wozu dies alles? warum soll Rußland diese Mühe auf sich nehmen? – Nun, um ein höheres, großes Leben zu leben, um der Welt durch eine große selbstlose und reine Idee zu leuchten und schließlich und endlich um einen großen und mächtigen Organismus einer brüderlichen Vereinigung der Völker zu schaffen, und zwar nicht durch politische Gewalt und nicht mit dem Schwerte, sondern durch Ermahnung, Beispiel, Liebe, Selbstlosigkeit und Licht; um alle diese Geringen zu sich emporzuheben, damit sie die mütterliche Bestimmung Rußlands begreifen – das ist das Ziel Rußlands, und darin liegen auch, wenn man will, seine Vorteile. Wenn die Nationen nicht von höheren, uneigennützigen Ideen und den höchsten Zielen des Dienstes der Menschheit leben, sondern einzig ihren „Interessen" dienen, so müssen sie erstarren, ohnmächtig werden und sterben. Es gibt gar keine höheren Ziele als die, die Rußland verfolgt, wenn es den Slawen uneigennützig dient, ohne von ihnen Dankbarkeit zu verlangen, und ihre moralische (und nicht bloß politische) Vereinigung zu einem großen Ganzen unterstützt. Erst dann wird das Allslawentum sein neues, heilbringendes Wort der Menschheit sagen können … Es gibt in der Welt keine höheren Ziele als diese. Folglich kann für Rußland auch nichts „vorteilhafter" sein, als diese Ziele ständig vor sich zu haben, sie immer tiefer zu erfassen und sich in dieser seiner ewigen, unermüdlichen und herrlichen Arbeit für die Menschheit immer höher zu erheben.

Wenn dieser Krieg günstig abläuft, wird Rußland zweifellos in eine neue und höchste Phase seiner Existenz treten …

Das allerletzte Wort
der Zivilisation
(1876)

Jawohl, in Europa ist etwas scheinbar Unvermeidliches im Anzuge. Die Orientfrage wächst und steigt wie die Wellen der Flut und wird vielleicht schließlich **alles** ergreifen, so daß keine Friedensliebe, keine Vernunft, kein fester Entschluß, einen Krieg nicht zu entfesseln, dem Ansturme der Umstände wird standhalten können. Am wichtigsten ist aber, daß schon jetzt eine schreckliche Tatsache klar zutage getreten ist, und daß diese Tatsache **das letzte Wort der Zivilisation** bedeutet. Dieses letzte Wort ist jetzt bekannt geworden und stellt das Resultat der ganzen achtzehnhundertjährigen Entwicklung, der ganzen Humanisierung der Menschheit dar. Ganz Europa, wenigstens seine hervorragendsten Vertreter, die gleichen Menschen und Nationen, die gegen die Sklaverei geschrieen, den Negerhandel aufgehoben, bei sich den Despotismus abgeschafft, die Menschenrechte verkündet, die Wissenschaft geschaffen und die Welt durch die Macht des Wissens in Erstaunen gesetzt, die Menschenseele durch die Kunst und ihre heiligen Ideale durchgeistigt und entzückt und Begeisterung und Glauben in den Menschenherzen geweckt haben, indem sie ihnen für die nächste Zukunft Gerechtigkeit und Wahrheit versprachen – diese selben Völker und Nationen wenden sich jetzt plötzlich alle (fast alle) von den Millionen unglücklicher Wesen, Christen, Menschen, ihren zugrundegehenden und geschändeten Brüdern ab – und warten mit Spannung und Ungeduld, daß man sie alle wie Ungeziefer, wie Wanzen zerdrücke, daß alle diese verzweifelten Hilfeschreie, die Europa ärgern und beunruhigen, endlich verstummen. Sie halten sie wirklich für Ungeziefer und Wanzen: Zehntausende und Hunderttausende von Christen werden wie schädliches Ungeziefer ausgerottet, vom Erdboden vertilgt. Vor den Augen der sterbenden Brüder werden ihre Schwestern geschändet, vor den Augen der Mütter werden die Säuglinge in die Höhe geworfen und mit Bajonetten aufgefangen; Dörfer werden zerstört, Kirchen in Schutt verwandelt, alles wird schonungslos vertilgt, – und das von einer wilden, gemeinen muselmännischen Horde, einer verschworenen Feindin der Zivilisation. Es ist eine systematische Vernichtung; es ist keine Räuberbande, die sich während der Kriegswirren zufällig gebildet hat und immerhin das Gesetz fürchtet. Nein, es ist ein System darin, es ist die Kriegsmethode eines riesengroßen Reiches. Die Räuber gehen nach den Anordnungen und Befehlen der Minister und Regenten des Reiches und des Sultans selbst vor. Und Europa, das christliche Europa, die hohe Zivilisation, sieht mit Ungeduld zu... „wann wird man endlich alle diese Wanzen vertilgen!" Und noch mehr: man bestreitet in Europa die Tatsachen, man leugnet sie in den Volksparlamenten, man glaubt an sie nicht und tut so, als ob man an sie nicht glaubte. Jeder dieser Volksführer weiß bei sich, daß dies alles wahr ist, und doch suchen sie es sich gegenseitig auszureden: „Es ist nicht wahr, so etwas hat es nicht gegeben, es ist übertrieben, sie haben die sechzigtausend Bulgaren selbst abgeschlachtet, um es dann den Türken in die Schuhe zu schieben." – „Euer Exzellenz, sie hat sich selbst mit Ruten gezüchtigt!"* Sie sind wie die Chlestakows, Skwosniks und Dmuchanowskijs** in der Not! Woher kommt aber das alles, was fürchten diese Menschen, warum wollen sie weder sehen, noch hören, sondern belügen sich und tun sich selbst Schande an? Ja, hier ist eben Rußland im Spiele: „Rußland wird stark werden, es wird sich des Orients, Konstantinopels, des Mittelmeers, der Häfen und des Handels bemächtigen. Rußland wird sich als eine Barbarenhorde über Europa stürzen und ‚die Zivilisation' vernichten'" – (dieselbe Zivilisation, die solche Barbarei duldet!). Das schreien jetzt die Leute in England und in Deutschland, und sie lügen wiederum alle miteinander und

---

* Zitat aus Gogols „Revisor".
** Figuren aus Gogols „Revisor"

glauben kein Wort von diesen Anklagen und Befürchtungen. Alle diese Worte sollen nur Haß in den Volksmassen wecken. Es gibt heute in Europa keinen auch nur ein wenig gebildeten und denkenden Menschen, der daran glaubte, daß Rußland die Zivilisation vernichten könne und wolle oder dazu imstande sei. Sollen sie nur an unsere Uneigennützigkeit nicht glauben und uns alle bösen Absichten zuschreiben: das ist begreiflich; aber es ist unwahrscheinlich, daß sie nach so vielen Beispielen und Erfahrungen noch daran glaubten, wir seien stärker als ganz Europa zusammengenommen. Es ist unwahrscheinlich, daß sie nicht wüßten, Europa sei doppelt so stark wie Rußland, selbst wenn dieses Konstantinopel in Händen hätte, und Rußland sei nur bei sich zu Hause außerordentlich stark, wenn es sein Land gegen eine Invasion verteidigt, aber viermal schwächer, wenn es einen anderen angreift. Gewiß, sie wissen das alles vorzüglich, aber sie halten sich und die anderen einzig aus dem Grunde zum Narren, weil es in England einige Kaufleute und Fabrikanten gibt, die krankhaft argwöhnisch sind und mit krankhaftem Eifer über ihre Interessen wachen. Aber auch diese wissen sehr gut, daß Rußland selbst unter den günstigsten Bedingungen die Industrie und den Handel Englands nicht überflügeln kann und daß dies eine Frage von Jahrhunderten ist; sobald aber jemand auch nur den geringsten Aufschwung des Handels oder die geringste Stärkung des Seewesens zeigt, sind sie schon gleich in panischer Angst und zittern für ihre Interessen: deshalb stellt sich auch die ganze „Zivilisation" als ein Bluff heraus. Und was geht das die Deutschen an, warum ist ihre Presse plötzlich außer sich geraten? Nun, weil Rußland hinter ihrem Rücken steht und ihnen die Hände fesselt, so daß sie wegen Rußland den passenden Moment versäumt haben, Frankreich endgültig vom Erdboden zu vertilgen und sich diese Sorge für alle Ewigkeit vom Halse zu schaffen. „Rußland ist uns im Wege, man muß Rußland in seine Grenzen zurückweisen; wie kann man es aber zurückweisen, wenn auf der anderen Seite das noch unversehrte Frankreich steht?" Ja, Rußland hat schon darum Schuld, weil es Rußland ist, und die Russen haben das verbrochen, daß sie Russen, d. h. Slawen sind; das slawische Volk ist in Europa verhaßt: sie sind *les esclaves*, d. h. Sklaven. Die Deutschen haben aber so viele dieser Sklaven; daß die sich nur nicht empören! Und so erweisen sich die achtzehn Jahrhunderte des Christentums, der Humanität, der Wissensschaft und Entwicklung, sobald der empfindliche Punkt getroffen ist, plötzlich als nichts, als eine Fabel für Schuljungen, als eine papierene Moral-Vorschrift. Aber das ist eben das Unglück, das ist eben so schrecklich, daß es „das letzte Wort der Zivilisation" ist und dieses Wort nun gefallen ist, daß man sich nicht geschämt hat, es auszusprechen. Man wende mir nur nicht ein, auch in Europa und sogar in England selbst habe sich die öffentliche Meinung in Protesten, Petitionen und Geldspenden zugunsten der Menschheit, die massakriert wird, geäußert: das ist um so trauriger; es sind nur Einzelfälle, welche beweisen, wie machtlos sie gegen die allgemeine, staatliche, nationale Richtung sind. Der Fragende verzagt voller Zweifel: „Wo ist die Wahrheit, ist denn die Welt von ihr wirklich so fern? Wann werden die Zwistigkeiten aufhören, wann werden sich die Menschen vereinigen, und was ist dem im Wege? Wird das Recht einmal stark genug sein, um mit der Verderbtheit, dem Egoismus und dem Zynismus der Menschen fertig zu werden? Wo sind die unter solchen Qualen gewonnenen Wahrheiten, wo bleibt die Menschenliebe? Sind es auch wirklich Wahrheiten? Sind es nicht nur Übungsthemen für die ‚höheren' Gefühle, für öffentliche Reden oder für Schuljungen, um sie in der Hand zu halten? Aber wenn es sich um eine Tat, um eine w i r k l i c h e Tat, um eine p r a k t i s c h e Tat handelt, so fliegen alle Ideale zum Teufel! Die Ideale sind Unsinn, Poesie, Verse! Und ist es auch wahr, daß der Jude überall wieder zur Herrschaft gelangt ist, und sogar nicht 'wieder' gelangt ist, sondern niemals aufgehört hat, zu herrschen?"

Drei Ideen
(1876)

Wir wiederholen: es scheint uns, daß sich jetzt alle möglichst aufrichtig und offen aussprechen müssen, ohne sich der naiven Nacktheit mancher Gedanken zu schämen. Denn in der Tat: uns, d. h. ganz Rußland erwarten vielleicht außerordentliche und große Ereignisse. „Es können große Ereignisse eintreten und unsere intelligenten Kräfte unvorbereitet finden; wird es da nicht zu spät sein?" – wie ich am Ende meines Dezember-„Tagebuchs" schrieb. Als ich das schrieb, hatte ich „in der nächsten Zukunft" nicht nur die politischen Ereignisse allein im Auge, obwohl auch diese heute die Aufmerksamkeit selbst der dürftigsten und „judaisierendsten" Geister, die sich nur um sich selbst kümmern, auf sich ziehen müssen. Und in der Tat: was steht der Welt nicht nur in dem verbleibenden letzten Viertel des Jahrhunderts, sondern sogar (wer kann es wissen?) vielleicht schon in diesem Jahre bevor? In Europa ist es unruhig, darüber besteht kein Zweifel. Ist es nicht eine vorübergehende, augenblickliche Unruhe? Durchaus nicht: offenbar ist die Zeit für etwas Ewiges, Tausendjähriges gekommen, für etwas, das sich in der Welt seit dem Beginn der Zivilisation vorbereitet hat. Drei Ideen erheben sich vor der Welt und scheinen ihre endgültige Form anzunehmen. Auf der einen Seite – am Rande Europas – ist es die katholische Idee, die schon verurteilt ist und in großen Qualen und Zweifeln wartet, was ihr beschieden wird: Sein oder Nichtsein, ob sie noch leben soll, oder ob schon ihr Ende gekommen ist. Ich spreche nicht von der katholischen Religion allein, sondern von der ganzen katholischen Idee, vom Schicksal der Nationen, die sich im Laufe des Jahrtausends unter dem Einflusse dieser Idee geformt haben und von ihr ganz durchdrungen sind. In diesem Sinne ist z. B. Frankreich die vollkommenste Verkörperung der katholischen Idee im

Laufe von Jahrhunderten, das Haupt dieser Idee, die es natürlich von den Römern und in ihrem Geiste übernommen hat. Dieses Frankreich, das jetzt sogar f a s t g a n z jede Religion verloren hat (Jesuiten und Atheisten sind hier eins und dasselbe), das seine Kirchen mehr als einmal geschlossen und sogar Gott selbst der Abstimmung einer Versammlung unterworfen hat, – dieses Frankreich, das aus den Ideen von 1789 seinen eigenen französischen Sozialismus geschaffen hat, d.h. die Beruhigung und Einrichtung der menschlichen Gesellschaft ohne Christum und außerhalb Christi, wie sie der Katholizismus in Christo einrichten wollte, aber nicht konnte, – dieses selbe Frankreich ist wie in den Revolutionären des Konvents, so auch in seinen Atheisten, in seinen Sozialisten und in den jetzigen Kommunarden immer noch eine im höchsten Grade katholische Nation, ganz durchseucht vom katholischen Geiste und seinem Buchstaben, und verkündet durch den Mund seiner eingefleischtesten Atheisten: „Liberté, Egalité, Fraternité – ou la mort," d.h. genau so, wie es der Papst selbst verkündet haben würde, wenn er nur gezwungen wäre, ein katholisches „Liberté, Egalité, Fraternité" zu verkünden: ganz in seinem Stile und Geiste, im echten Stile und Geiste eines Papstes des Mittelalters. Der heutige französische Sozialismus selbst, – der ein glühender und verhängnisvoller Protest aller von der katholischen Idee zu Tode gequälten und erstickten Menschen und Nationen gegen diese Idee zu sein scheint, dieser Protest selbst, der faktisch am Ende des vorigen Jahrhunderts (im Grunde genommen aber schon viel früher) begonnen hat, – ist nichts anderes als die sicherste und geradeste Fortsetzung der katholischen Idee, ihre vollständigste und endgültigste Vollendung, ihre von den Jahrhunderten gezeitigte verhängnisvolle Konsequenz! Denn der französische Sozialismus ist nichts anderes als eine g e w a l t s a m e Vereinigung der Menschen, – eine Idee, die noch aus dem ältesten Rom stammt und sich dann vollständig im Katholizismus erhalten hat. So hat sich hier die Idee der Befreiung des menschlichen Geistes vom Katholizismus gerade in die allerengsten katholischen Formen gekleidet, die seinem

Herzen und Geiste, seinem Buchstaben, seinem Materialismus, seinem Despotismus und seiner Moral entnommen sind.

Andererseits erhebt sich der alte Protestantismus, der schon seit neunzehn Jahrhunderten gegen Rom protestiert, gegen seine altheidnische und neukatholische Idee, gegen seinen Weltgedanken, über den Menschen auf der ganzen Erde zu herrschen, der moralisch und materiell gegen die ganze Zivilisation Roms prostestiert, und zwar schon seit den Tagen des Arminius und des Teutoburger Waldes. Das ist der Germane, der blind daran glaubt, daß nur in ihm und nicht in der katholischen Zivilisation die Erneuerung der Menschheit liegt. Während seines ganzen historischen Daseins hat er nur davon geträumt und nach nichts anderem gelechzt als nach der Einigung seiner Stämme zur Verkündung seiner stolzen Idee, – die schon in der Ketzerei Luthers ihre starke Formulierung und Zusammenfassung gefunden hat; und jetzt, nach der vor fünf Jahren erfolgten Niederwerfung Frankreichs, der führenden, wichtigsten und christlichsten katholischen Nation, ist der Germane schon vollkommen von seinem Triumphe überzeugt und auch davon, daß sich nun niemand mehr an die Spitze der ganzen Menschheit stellen und sie zur Wiedergeburt führen kann. Er glaubt daran fest und stolz; er glaubt, daß es in der Welt keinen höheren Geist und kein höheres Wort gibt, als das germanische, und daß nur Deutschland allein dieses Wort sprechen kann. Ihm erscheint schon die bloße Annahme lächerlich, es könnte in der Welt etwas, selbst nur im Keim geben, dessen Wesensinhalt das zur Führung der Welt berufene Deutschland nicht auch enthielte. Indessen wäre es aber gar nicht überflüssig, zu bemerken, wenn auch nur in Parenthese, daß Deutschland, das in den neunzehn Jahrhunderten seiner Existenz nichts anderes getan hat, als nur protestiert, bisher sein eigenes n e u e s Wort noch gar nicht gesprochen und die ganze Zeit nur von der Verneinung und vom Protest gegen seinen Feind gelebt hat, so daß sehr leicht das Merkwürdige passieren kann, daß Deutschland, wenn es endgültig gesiegt und das, wogegen es seit neunzehn Jahrhunderten protestierte, vernichtet hat, plötzlich auch selbst, gleich nach seinem Feinde, wird geistig sterben müssen, da es kein Lebensziel mehr haben wird: **es wird eben nichts mehr geben, wogegen es protestieren könnte!** Mag das nur eine Chimäre von mir sein, aber Luthers Protestantismus ist eine Tatsache: diese Religion ist protestierend und **nur verneinend**, und wenn der Katholizismus von der Erde verschwindet, so wird unbedingt auch der Protestantismus verschwinden, denn es wird nichts mehr geben, wogegen zu protestieren; er wird sich in offenen Atheismus verwandeln und damit ein Ende nehmen. Das ist aber vorläufig nur eine Chimäre von mir. Die slawische Idee verachtet der Germane genau so wie die katholische, bloß mit dem Unterschied, daß er die letztere als einen starken und mächtigen Feind immer geschätzt hat, während er die slawische Idee nicht nur nicht geschätzt, sondern bis zum letzten Augenblick nicht einmal anerkannt hat. Aber seit einiger Zeit fängt Deutschland an, argwöhnisch nach den Slawen zu schielen. Es wäre zwar lächerlich, anzunehmen, daß es auch irgendein Ziel und irgendeine Idee irgendeine Hoffnung haben könnte, ebenfalls „etwas der Welt zu sagen", aber nach der Niederwerfung Frankreichs ist sein argwöhnischer Verdacht stärker geworden, und die jetzigen Ereignisse sowie die vom vorigen Jahre können natürlich seinen Verdacht nicht abschwächen. Jetzt hat Deutschland manche Sorgen: in jedem Falle und vor allen Orientplänen muß es seine Sache im Westen fertig machen. Wer wird wohl leugnen, daß Frankreich, dieses nicht ganz totgeschlagene Frankreich, in diesen fünf Jahren nach seinem Zusammenbruch die Deutschen dauernd dadurch beunruhigt, daß es nicht ganz totgeschlagen ist. Im Jahre 1875 erreichte diese Unruhe in Berlin einen außerordentlichen Grad, und Deutschland würde sich sicher, so lange es Zeit war, auf seinen Erbfeind gestürzt haben, um ihn endgültig totzuschlagen, wenn nicht einige sehr mächtige Umstände es daran verhindert hätten. Aber jetzt, in diesem Jahre, besteht kein Zweifel mehr darüber, daß Frankreich, das materiell von Jahr zu Jahr mächtiger wird, Deutschland noch größere

Angst macht als vor zwei Jahren. Deutschland weiß, daß der Feind ohne Kampf nicht sterben wird, sondern vielmehr, sobald er sich völlig erholt fühlt, selbst den Kampf beginnen wird, so daß es nach drei, vielleicht nach fünf Jahren viel zu spät sein wird. Und nun, in Anbetracht dessen, daß Osteuropa vollständig von seiner eigenen, plötzlich entstandenen Idee erfüllt ist, und daß es viel zu viel bei sich zu Hause zu schaffen hat, – in Anbetracht dessen kann es sehr leicht geschehen, daß Deutschland, sobald es seine Hände für eine Zeitlang frei fühlt, sich endgültig über den Feind im Westen, über diesen schrecklichen Alpdruck, der es peinigt, stürzen wird, – das kann sogar allzu bald geschehen. Im Allgemeinen darf man sagen, daß, wenn die Sachlage im Osten gespannt und schwierig ist, Deutschland sich in einer vielleicht noch schlimmeren Lage befindet. Es hat vielleicht noch mehr Befürchtungen und Ängste auszustehen, trotz seines maßlos hochmütigen Tones, – und das sollten wenigstens wir ganz besonders in Betracht ziehen.

Im Osten ist aber indessen tatsächlich in einem unerhörten Lichte und Glanze die dritte Weltidee entbrannt, – die slawische Idee, eine erst aufgehende Idee, – vielleicht die dritte künftige Möglichkeit der Entscheidung der Schicksale der Menschheit und Europas. Allen ist es jetzt klar, daß mit der Lösung der Orientfrage in die Menschheit ein neuer Faktor eindringen wird, ein neues Element, das bisher passiv dagelegen hat, und das jetzt die Schicksale der Welt mindestens stark und entscheidend beeinflussen muß. Was ist das für eine Idee, was bringt die Einigung der Slawen mit sich? – dies alles ist noch zu unbestimmt, aber daß wirklich etwas Neues eindringen und gesagt werden muß, – daran zweifelt jetzt niemand. Und alle diese drei gewaltigen Weltideen sind sich in ihrer Entscheidung zeitlich beinahe begegnet. Das sind natürlich keine Launen mehr, kein Krieg um irgendein Erbe oder wegen der Zwistigkeiten zwischen irgendwelchen zwei hochstehenden Damen, wie im vorigen Jahrhundert. Hier ist etwas Allgemeines und Endgültiges, was zwar noch nicht alle Schicksale der Menschheit entscheidet, aber zweifellos den Anfang vom Ende der ganzen bisherigen Geschichte der europäischen Menschheit mit sich bringt, – den Anfang der Entscheidung ihrer ferneren Schicksale, die noch in Gottes Hand ruhen, und von denen der Mensch nichts erraten, höchstens nur etwas ahnen kann.

Nun kommt eine Frage, die sich unwillkürlich jeder denkende Mensch stellt: können solche Ereignisse in ihrer Entwicklung stehen bleiben? Können sich Ideen von solchen Ausmaßen kleinlichen, judaisierenden, drittklassigen Erwägungen fügen? Kann man ihre Entscheidung hinausschieben, und wäre das schließlich nützlich oder nicht? Die Weisheit muß zweifellos die Nationen beschützen und beschirmen und der Menschenliebe und der Menschheit dienen, aber manche Ideen haben ihre eigene träge, alles mitreißende Gewalt. Den abgebrochenen und fallenden Gipfel eines Felsens kann man nicht mit der Hand auf halten. Wir Russen haben natürlich zwei gewaltige Kräfte, die alle anderen Kräfte in der Welt aufwiegen: es sind die Einigkeit und geistige Unteilbarkeit der Millionen unseres Volkes und seine engste Einigung mit dem Monarchen. Das letztere ist natürlich unbestreitbar, aber die Volksidee können unsere „Peters am Abend"* nicht begreifen und wollen sie überhaupt nicht begreifen.

---

* Russisches Sprichwort: „Fang den Peter in aller Frühe, am Abend riecht er."

Die tote Macht und
die künftigen Mächte
(1876)

Man wird sagen: aber jetzt, im Augenblick gibt es nicht den geringsten Grund, sich zu beunruhigen, alles ist klar und heiter: in Frankreich ist Mac Mahon* Präsident, im Osten die große Einigung der Mächte, die Heeresbudgets wachsen überall ins maßlose, – wie soll es da keinen Frieden geben? Und der Papst? Er wird ja heute oder morgen sterben; was dann? Wird denn der römische Katholizismus zugleich mit ihm, um ihm Gesellschaft zu leisten, sterben wollen? Nein, noch niemals lechzte er so sehr nach dem Leben wie jetzt. Ist es übrigens unseren Propheten möglich, über den Papst nicht zu lachen? Die Papstfrage wird bei uns überhaupt nicht diskutiert und ist zu einem Nichts zusammengeschrumpft. Und doch ist diese „Absonderung" viel zu groß, viel zu voll von maßlosesten und grenzenlosesten Ansprüchen, als daß man auf diese letzteren des Weltfriedens wegen verzichten könnte. Und weshalb und wem zuliebe darauf verzichten? Vielleicht der Menschheit zuliebe? Der Katholizismus stellt sich schon längst über die Menschheit. Bisher hat er nur mit den Mächtigen dieser Welt gehurt und auf sie bis zum letzten Augenblick gebaut. Aber dieser letzte Augenblick scheint jetzt endgültig gekommen zu sein und der römische Katholizismus wird sich von den Mächtigen dieser Welt zweifellos abwenden; diese sind ihm übrigens selbst untreu geworden und haben in Europa schon längst eine allgemeine Hetze gegen ihn begonnen, die in unseren Tagen endgültig organisiert worden ist. Nun, der römische Katholizismus hat auch schon ganz andere Wandlungen durchgemacht: als es einmal nötig war, hat er auch Christum

---

* Patrice de Mac-Mahon (1808–1893), französischer Heerführer und Politiker, 1873–1879 konservativer Präsident der Republik, versuchte die Restauration der Monarchie.

für den weltlichen Besitz verkauft. Indem er das Dogma verkündete, daß „das Christentum auf Erden sich ohne den weltlichen Besitz des Papstes nicht halten könne", proklamierte er einen neuen, dem früheren gar nicht ähnlichen Christus, der sich durch die Versuchung des Teufels – durch die irdischen Reiche – verführen ließ: „Dies alles will ich dir geben, so du niederfällst und mich anbetest." Oh, ich habe schon glühende Einwände gegen diesen Gedanken gehört; man wandte mir ein, daß der Glaube und die Gestalt Christi auch heute noch in ihrer früheren Wahrheit und in ihrer ganzen Reinheit in den Herzen vieler Katholiken wohnen. Das ist zweifellos so, aber die Hauptquelle ist rettungslos getrübt und vergiftet. Außerdem ist es noch gar nicht lange her, daß Rom sein Einverständnis mit der dritten teuflischen Versuchung in Form eines unwankbaren Dogmas* verkündet hat, und darum konnten wir alle direkten Folgen dieses großen Entschlusses noch gar nicht übersehen. Es ist bemerkenswert, daß die Proklamierung dieses Dogmas, diese Eröffnung des „ganzen Geheimnisses" gerade in dem Augenblick geschah, als das geeinigte Italien schon an die Tore Roms klopfte. Viele bei uns haben damals darüber gelacht: „Er ist böse, aber schwach ..." Nun, so schwach ist er wohl nicht. Nein, solche Menschen, die zu solchen Entschlüssen und Wandlungen fähig sind, können nicht ohne Kampf sterben. Man wird darauf einwenden, dies sei im Katholizismus immer so gewesen, folglich liege gar keine Wandlung vor. Ja, aber es hat immer ein Geheimnis gegeben: Der Papst tat viele Jahrhunderte so, als sei er mit seinem winzigen Besitz, dem Kirchenstaat, zufrieden, aber das war nur eine Allegorie; das Wichtigste ist, daß in dieser Allegorie stets der Keim des Hauptgedankens enthalten war, wobei das Papsttum ständig und fest glaubte, daß dieser Keim sich in der Zukunft zu einem üppigen Baume entwickeln und die ganze Erde überschatten werde. Und im allerletzten Augenblick, als man ihm den letzten Morgen seines indirekten Besitzes

---

* Dogma der päpstlichen Unfehlbarkeit, verkündet am 1. Vatikanischen Konzil 1869/70.

nimmt, erhebt sich plötzlich der Herrscher des Katholizismus, seinen Tod vor Augen sehend, und verkündet der ganzen Welt die ganze Wahrheit über sich: „Ihr glaubt wohl, daß ich mich mit dem bloßen Titel des Fürsten des Kirchenstaates begnügen werde? Wisset also, daß ich mich immer für den Fürsten der ganzen Welt und aller irdischen Könige gehalten habe und für ihren nicht nur geistlichen, sondern irdischen, wahren Herrn, Herrscher und Kaiser. Ich bin der König aller Könige und der Herrscher aller Herrschenden, und mir allein gehören alle Schicksale, Zeiten und Fristen auf Erden; und das verkünde ich jetzt der ganzen Welt im Dogma der Unfehlbarkeit." Nein, darin ist Kraft; das ist groß und nicht lächerlich; das ist die Wiederauferweckung der altrömischen Idee der Weltherrschaft und Einigung, die im römischen Katholizismus immer lebte; das ist das Rom Julian Apostatas, doch nicht des besiegten, sondern eines, der Christum in einem neuen und letzten Kampfe gleichsam besiegt hat. Auf diese Weise wurde der Verkauf des wahren Christus für die Reiche der Erde vollzogen.

Auch im Römischen Katholizismus wird dieser Verkauf wirklich vollzogen und abgeschlossen werden. Ich wiederhole, diese schreckliche Armee hat viel zu scharfe Augen, um nicht schließlich zu merken, wo jetzt die wahre Macht liegt, auf die sie sich stützen kann. Der Katholizismus wird, nachdem er die Könige als Bundesgenossen verloren hat, sich zweifellos über den Demos stürzen. Er hat viele zehntausende Verführer, kluge und geschickte Herzenskenner und Psychologen, Dialektiker und Beichtväter, aber das Volk war immer und überall treuherzig und gutmütig. Zudem kennt das Volk in Frankreich und jetzt sogar auch in den anderen Ländern Europas, obwohl es die Religion haßt und verachtet, das Evangelium gar nicht; jedenfalls ist es in Frankreich so. Alle diese Herzenskenner und Psychologen werden sich über das Volk stürzen und ihm einen neuen Christus, der schon mit allem einverstanden ist, bringen, einen Christus, wie er auf dem letzten gotteslästerlichen römischen Konzil aufgestellt worden ist. „Ja, unsere Freunde und Brüder", werden sie sagen, „alles, um was ihr euch bemüht, haben wir für euch schon längst in diesem Buch, und eure Führer haben es uns gestohlen. Und wenn wir bisher zu euch ein wenig anders gesprochen haben, so nur darum, weil ihr bisher wie die kleinen Kinder gewesen seid und es für euch noch zu früh war, die Wahrheit zu kennen. Aber jetzt ist auch für eure Wahrheit die Zeit gekommen. Wisset denn, daß der Papst die Schlüssel des heiligen Petrus besitzt, und daß der Glaube an Gott bloß der Glaube an den Papst ist, den euch Gott selbst an seinerstatt auf Erden eingesetzt hat. Er ist unfehlbar, und es ist ihm die göttliche Gewalt gegeben, und er ist der Herrscher über alle Zeiten und Fristen; jetzt hat er beschlossen, daß auch für euch die Zeit gekommen ist. Früher bestand die Hauptkraft des Glaubens in der Demut, aber jetzt ist die Zeit der Demut zu Ende, und der Papst hat die Gewalt, die Demut aufzuheben, denn es ist ihm jegliche Gewalt gegeben. Ja, ihr seid alle Brüder, und Christus hat euch allen befohlen, Brüder zu sein; und wenn euch eure älteren Brüder nicht als Brüder aufnehmen wollen, so nehmt Stöcke, dringt in ihre Häuser ein und zwingt sie durch Gewalt, eure Brüder zu sein. Christus hat lange gewartet, daß eure sündigen älteren Brüder Buße tun, aber jetzt erlaubt er euch selbst zu verkünden: ‚Fraternité ou la mort' (Sei mir Bruder oder stirb!). Wenn dein Bruder seinen Besitz nicht mit dir teilen will, so nimm ihm alles weg, denn Christus hat lange auf seine Einkehr gewartet, jetzt ist aber die Zeit des Zornes und der Rache gekommen. Wisset auch, daß ihr an allen euren früheren und künftigen Sünden unschuldig seid, denn alle eure Sünden kamen nur von eurer Armut. Wenn euch dies eure früheren Führer und Lehrer schon früher verkündet haben, so wisset, daß sie, obwohl sie die Wahrheit sprachen, nicht die Gewalt hatten, sie euch vor der Zeit zu verkünden, denn diese Gewalt hat nur der Papst von Gott selbst; der Beweis dafür aber ist, daß diese eure Lehrer euch zu nichts Gutem gebracht haben, sondern nur zu Hinrichtungen und noch größerem Elend, und daß all ihr Beginnen von selbst zusammengestürzt ist; außerdem haben sie alle geschwindelt, um, auf euch gestützt, stark zu erscheinen und sich dann möglichst vorteilhaft euren Feinden zu verkaufen.

Der Papst wird euch aber nicht verkaufen, denn er hat keinen Mächtigeren über sich; er ist selbst der Erste unter den Ersten; glaubet nur nicht an Gott, sondern an den Papst und daran, daß nur er allein der König auf Erden ist und alle anderen Könige verschwinden müssen, denn auch für sie ist die Zeit gekommen. Freut euch und frohlocket, denn jetzt beginnt das Paradies auf Erden, ihr werdet alle reich sein und durch den Reichtum auch gerecht, denn alle eure Wünsche werden erfüllt und jeder Grund zum Bösen wird euch genommen sein." Diese Worte sind schmeichlerisch, aber der Demos wird das Anerbieten zweifellos annehmen: er wird im unerwarteten Bundesgenossen die einigende große Macht erkennen, die auf alles eingeht und ihm nirgends im Wege steht, eine wirkliche und historische Macht statt der seiner Führer, der Schwärmer und Spekulanten, an deren praktische Fähigkeiten und oft sogar Ehrlichkeit er nirgends mehr glaubt. Hier ist aber sogar der Stützpunkt bezeichnet und der Hebel gegeben; man braucht sich nur mit der ganzen Masse gegen ihn zu stemmen und ihn umzudrehen. Ist aber das Volk keine Masse und wird es den Hebel nicht umdrehen? Obendrein gibt man ihm wieder den Glauben und beruhigt damit die Herzen vieler, denn allzuviele von ihnen fühlten sich ohne Gott schon längst bedrückt ...

Ich habe schon einmal darüber gesprochen, aber flüchtig in einem Roman. Man verzeihe mir mein Selbstvertrauen, aber ich bin überzeugt, daß dies alles sich in Westeuropa in der einen oder anderen Form zweifellos verwirklichen wird; d. h. der Katholizismus wird sich über die Demokratie, über das Volk stürzen und sich von den Königen der Erde abwenden, weil sie sich von ihm abgewandt haben. Auch alle Mächte in Europa verachten ihn, weil er allzu armselig und allzu besiegt aussieht, aber sie stellen ihn sich doch nicht in so komischer Gestalt und Lage vor, wie ihn unsere politischen Publizisten in ihrer Einfalt sehen. Und doch hätte z. B. Bismarck ihn nicht so sehr verfolgt, wenn er in ihm nicht den gefährlichen, nahen und baldigen Feind der Zukunft sähe. Fürst Bismarck ist ein zu stolzer Mensch, um umsonst soviel Kraft gegen einen lächerlich ohnmächtigen Feind zu vergeuden. Der Papst ist aber stärker als er. Ich wiederhole: das Papsttum ist jetzt vielleicht die schrecklichste aller „Absonderungen", die den Frieden der ganzen Welt bedrohen. Der Welt droht aber gar vieles. Und niemals noch war Europa von solchen Elementen der Feindschaft durchsetzt wie jetzt. Alles ist gleichsam unterminiert und mit Pulver geladen und wartet nur auf den ersten Funken ...

„Was geht das aber uns an? Das ist doch alles dort, in Europa und nicht bei uns!" Uns geht das aber insofern an, als Europa bei uns anklopfen und uns zurufen wird, daß wir ihm zu Hilfe kommen sollen, wenn der „jetzigen Ordnung der Dinge" die letzte Stunde schlägt. Es wird von uns Hilfe fordern, als ob es ein Recht darauf hätte, in einem herausfordernden und befehlenden Tone; es wird uns sagen, daß auch wir zu Europa gehören, daß folglich auch wir „die gleiche Ordnung der Dinge" hätten, daß wir sie doch nicht umsonst zweihundert Jahre lang nachgeahmt und mit unserm Europäertum geprahlt hätten, und daß wir, wenn wir Europa retten, auch uns selbst retten. Natürlich wären wir vielleicht gar nicht geneigt, die Sache zugunsten einer Partei zu entscheiden, aber werden wir auch einer solchen Aufgabe gewachsen sein, und haben wir uns nicht schon längst eines jeden Gedankens darüber entwöhnt, worin unsere wahre „Absonderung" als einer Nation liegt, und worin unsere eigentliche Rolle in Europa besteht? Heute haben wir für derlei Dinge nicht nur kein Verständnis, sondern lassen solche Fragen nicht einmal aufkommen und halten es für unsere Dummheit und Zurückgebliebenheit, auf sie bloß zu hören. Und wenn Europa bei uns wirklich anklopft, damit wir uns erheben und ausziehen, um sein „l'Ordre" zu retten, so werden wir vielleicht zum erstenmal, und zwar alle zugleich, einsehen, wie wenig Ähnlichkeit wir die ganze Zeit über mit Europa hatten, trotz unseres ganzen zweihundertjährigen Strebens und unserer Träume, ein Europa zu sein, der Träume, die sich zu so leidenschaftlichen Ausbrüchen gesteigert haben. Vielleicht werden wir es aber auch dann nicht einsehen, da es schon zu spät sein wird. Dann werden wir aber auch sicher nicht verstehen, was Europa von uns will, um was es uns bittet und womit wir ihm „wirklich helfen könnten. Werden wir nicht vielmehr ausziehen, um den Feind Europas und seiner Ordnung mit dem gleichen Eisen und Blut zu bändigen, wie Fürst Bismarck? Oh, wenn es zu einer solchen Heldentat kommen sollte, könnten wir uns wirklich beglückwünschen, daß wir w a h r e E u r o p ä e r geworden seien.

Aber all das ruht in der Zukunft, es sind lauter Phantasien; doch die Gegenwart ist so klar, so klar!

Die katholische Verschwörung
(1877)

Den Gedanken einer katholischen Verschwörung habe ich schon früher einmal recht ausführlich behandelt, doch scheint der Hauptpunkt meiner Ausführungen, – daß der Kern der gegenwärtigen wie der bevorstehenden Ereignisse ganz Europas in der katholischen Verschwörung und der baldigen, zweifellos mächtigen Bewegung des Katholizismus, die mit dem Tode des alten und der Wahl des neuen Papstes zusammenfallen wird, liegt, – dieser Hauptpunkt scheint übersehen worden zu sein. Heute bin ich noch fester von meiner Ansicht überzeugt, als vor zwei Monaten. Seit der Zeit ist so vieles geschehen, was mich in meiner Lösung des Rätsels bestärkt hat, daß ich an ihrer Richtigkeit nicht mehr zweifle. Seit der Zeit haben auch die Zeitungen, die unsrigen wie die ausländischen, angefangen über dasselbe Thema zu schreiben, – wenn auch, wie es scheint, immer noch nicht so recht entschlossen, die letzte Folgerung zu ziehen.

Ich will hier eine Stelle aus dem vorzüglichen Leitartikel der „Moskauer Nachrichten" anführen, die unter anderem auch die Meinungen der Korrespondenten englischer Blätter zitiert:

> Die Korrespondenten der englischen Blätter ergehen sich in recht aufrichtigen Erklärungen. Der Schlüssel der europäischen Politik ist nach ihrer Meinung in den Händen Deutschlands. Deutschland aber wäre aus sehr begreiflichen Gründen aufgelegt, gerade jetzt sich noch fester als zuvor Rußland anzuschließen. – Erstens hat man in Berlin bemerkt, daß die Mißerfolge der russischen Strategie Österreich belebt und sogar ermuntert haben, also dasjenige Land, welches, wie man annimmt, immer noch einigen Unwillen gegen Preußen nährt. Zweitens, daß die Hauptfeinde Deutschlands, Frankreich und der Katholi-

zismus, ihre ganze Sympathie der Türkei entgegenbringen. Zu Anfang der Balkanwirren allerdings, da liebäugelte Frankreich noch mit Rußland, doch wenn es damals vielleicht noch einiges Wohlwollen für uns dort gab, so hat sich dasselbe jetzt nicht nur vermindert, es hat sich sogar mit dem ganzen Herzen den Türken zugewandt. Und was den kriegerischen Katholizismus anbetrifft, so hat er nicht erst jetzt, sondern von Anfang an, wie allen bekannt, leidenschaftlich die „rechtgläubige" Türkei gegen das schismatische Rußland unter seinen Schutz genommen. Die Gesinnungslosigkeit des eifernden Klerus ist sogar so weit gegangen, daß sich ein Vertreter dieser Partei mit unmißverständlicher Zärtlichkeit über den Koran geäußert, so daß selbst die ultramontane „Germania" es für nötig befunden hat, ähnliche Ausfälle durch die Bemerkung abzuschwächen, daß, wenn man sich auch der Siege der Türken über die verhaßten Russen freuen müsse, es doch nicht ganz angebracht sei, gleich Sympathie für den Islam zu bekunden. Da nun das *mot d'ordre* des Katholizismus auffallend mit der Veränderung der öffentlichen Meinung Frankreichs zugunsten der Türken zusammenfällt, und da die Interessen des gleichfalls katholischen Österreich den Interessen Rußlands zuwiderlaufen, so fürchtet man natürlich in Berlin die Möglichkeit solch einer katholischen und antideutschen Liga, in die vielleicht später die ultramontanen Interessen sowie die separatistischen Süddeutschlands und „sogar England" hineingezogen werden könnten. So schreiben nämlich die englischen Korrespondenten, doch kann hierüber wohl kein Zweifel bestehen, daß es England ist, das die Hauptrolle in diesen Intrigen spielt. Also bleiben wir wieder allein mit der Türkei.

Das ist ja alles ganz wunderschön, doch ist es einstweilen noch immer nicht das erklärende und letzte Wort, das zu sagen sich offenbar niemand getraut. Doch spricht man in diesem Leitartikel wenigstens auch von dem **kriegerischen Katholizismus** und der Bedeutung, die er in den Augen Bismarcks hat, und von dem gegenwärtigen Einfluß des ersteren auf Frankreich; und endlich sogar von der Liga: daß man in Berlin **natürlich die Möglichkeit so einer katholischen und antideutschen Liga fürchte**, in die vielleicht später die Ultramontanen und die separatistischen Elemente Süddeutschlands und „sogar England" hineingezogen werden könnten. Nun, von einer katholischen Liga, von einem katholischen Komplott sprach ich ja gerade vor zwei Monaten, doch sagte ich damals auch mein letztes abschließendes Wort darüber: nämlich, daß gerade in der Verschwörung die ganze Sache bestände, daß von ihr jetzt alles in Europa abhänge, und daß sogar der ganze Balkankrieg sich in kürzester Zeit in einen alleuropäischen verwandeln könne – und dieses einzig nur infolge dieser mächtigen Verschwörung des sterbenden Katholizismus. Währenddessen wollen die englischen Korrespondenten und die „Moskauer Nachrichten" diesen Gedanken gewissermaßen noch nicht zugeben, und letztere behaupten statt seiner sogar, daß „zweifellos England es ist, das die Hauptrolle in diesen Intrigen spielt", und daß „wir mit der Türkei wieder allein bleiben werden". – Wirklich? Steht es uns nicht vielleicht schon in allernächster Zukunft bevor, daß wir uns plötzlich nicht der Türkei, sondern ganz Europa allein gegenüber befinden?

In der Tat, was ist denn das für ein „kriegerischer Katholizismus", den zu bemerken und in den gegenwärtigen Ereignissen zuzugestehen, sich alle bequemen? Woher kommt dieser kriegerische Mut, der sogar „bis zur Leidenschaft" wird, mit dem der Katholizismus die „rechtgläubige" Türkei gegen das schismatische Rußland in seinen „Schutz" nimmt? Sollte das wirklich nur deshalb geschehen, „weil Rußland das abtrünnige Land ist"? Der Katholizismus hat heutzutage so viel Scherereien und ernste Sorgen, daß ihm an all diese alten Kirchenstreitigkeiten nicht mal zu denken Zeit übrigbleibt. Doch vor allem eine Frage: Woher kommt denn diese „katholische Liga", die man in Berlin so fürchtet? Übrigens, eben davon habe ich ja schon früher gesprochen, und meine Folgerung war damals, daß diese Liga, die jetzt auch schon von anderen zugegeben wird, eine feste, streng organisierte katholische Verschwörung ist, mit der Absicht, die römische Weltherrschaft wiederherzustellen, ferner, daß sie sich schon heute über ganz Europa verbreitet hat, und daß infolgedessen der Schlüssel der gegenwärtigen Intrigen weder hier noch dort und nicht nur in England allein, sondern gerade in dieser universalen katholischen Verschwörung liegt!

Der kriegerische Katholizismus stellt sich eifrig und „leidenschaftlich" gegen uns auf die Seite der Türken. Selbst in England, selbst in Ungarn gibt es augenblicklich keine so eifernden Hasser Rußlands, wie diese kriegerischen Klerikalen. Nicht irgendein Prälat, sondern der Papst selber hat in den Versammlungen im Vatikan freudig von den „türkischen Siegen" gesprochen und Rußland eine „furchtbare Zukunft" prophezeit. Dieser sterbende Greis, der sich noch dazu das „Haupt der Christenheit" nennt, hat sich nicht geschämt, öffentlich zu gestehen, daß er jedesmal freudig erregt von den Niederlagen der Russen höre. Ein so furchtbarer Haß wird sofort begreiflich, wenn man zugesteht, daß der römische Katholizismus jetzt tatsächlich „Krieg führt", daß er in Wirklichkeit und mit dem Schwert in Europa gegen seine verhängnisvollen Feinde im Felde steht.

Doch wer ist denn in Europa augenblicklich der größte Feind des römischen Katholizismus, das heißt, der Weltmonarchie des Papstes? Fraglos Fürst Bismarck. Rom selber wurde dem Papst ausgerechnet in der Stunde der Größe und Herrlichkeit Deutschlands und Bismarcks genommen, in der Stunde, da Deutschland den ersten Verteidiger des Papsttums, Frankreich, vernichtete, wodurch es bekanntlich dem italienischen König die ersehnte Freiheit zum Handeln gab – der dann auch unverzüglich Rom einnahm. Seit der Zeit hat Rom nur eine einzige Sorge gehabt, und zwar: einen Feind und Gegner Deutschlands und des Fürsten Bismarck zu finden. Fürst Bismarck wiederum begreift seinerseits schon längst und besser, als man es sich denkt, daß der römische päpstliche Katholizismus – abgesehen von seiner ewigen Feindschaft gegen das protestantische Deutschland, das seinerseits wiederum so viele Jahrhunderte lang gegen Rom und die römische Idee in allen ihren Gestalten und gegen alle Verbündeten und Beschützer und Anhänger Roms protestiert hat –, daß der Katholizismus namentlich jetzt, also in der für das geeinte Deutschland gefährlichsten Zeit, das allerschädlichste aller diese Vereinigung erschwerenden Elemente ist, mit anderen Worten, daß Rom die Vollendung dieses Gebäudes verhindern will, das zu errichten das mühevolle Lebenswerk Otto von Bismarcks gewesen ist. Außer dieser „Möglichkeit" einer katholischen, antideutschen Liga fürchtet man jetzt in Berlin noch, was man eigentlich schon lange vorhergesehen hat, daß der Katholizismus, sei es früher oder später, jedenfalls aber einmal, die Ursache der nächsten Erhebung Frankreichs sein wird, um Rache an Deutschland zu nehmen, von dem es erniedrigt und besiegt worden ist – und daß die Veranlassung dazu der römische Katholizismus früher und sicherer als alle anderen Feinde geben wird, und daß folglich er die größte Gefahr für das geeinte Deutschland bleibt. Diese Berliner Befürchtung hat sich aus der ganz natürlichen Kombination ergeben, daß erstens das Papsttum in der Welt keinen anderen Verteidiger hat, als immer noch dasselbe Frankreich, das sich einzig auf sein Schwert verlassen kann, **wenn es ihm nur gelingt, dieses Schwert wieder fest mit der Hand zu fassen**, und zweitens, daß der römische Katholizismus noch längst kein toter Feind ist, daß er schon tausendjährig ist, daß er mit wahrer Leidenschaft leben will und seine Lebensfähigkeit geradezu großartig ist, daß er Kräfte hat in Überfülle, und daß eine so mächtige Idee, wie die weltliche Papstmacht, nicht in einer Minute sterben kann. Ja, in Berlin hat man nicht nur den Feind erkannt, sondern auch seine Macht. In Berlin verachtet man seine Feinde nicht vor dem Kampf.

Wenn nun aber der Katholizismus mit solchem Drange leben will und leben muß, und wenn das Schwert, das ihn verteidigen könnte, sich nur in Frankreichs Hand befindet, so ist es wohl klar, daß Rom Frankreich nicht aus den Fingern lassen wird, besonders wenn es den günstigen Augenblick abwartet. Dieser günstige Augenblick kam nun im Frühling – das war der Russisch-Türkische Krieg, die Aufrollung der Balkanfrage. In der Tat: wer ist der Hauptverbündete

Deutschlands? Selbstverständlich Rußland. Und das hat Rom vorzüglich eingesehen. Da haben wir nun den Grund, warum sich der Papst über die russischen „Mißerfolge" freut: durch sie ist der größte Bundesgenosse des furchtbarsten Feindes der päpstlichen Macht von seinem uralten und natürlichsten Verbündeten durch den Krieg abgelenkt worden, und folglich ist Deutschland jetzt allein, – das heißt aber so viel, daß jetzt der Augenblick gekommen ist, den der Katholizismus so lange ersehnt hat. Wann sonst, wenn nicht jetzt, sollte es wohl am besten sein, den alten Haß zu schüren und Frankreich in den Rachekrieg zu treiben?

Zudem nähern sich für den Katholizismus noch andere gefährliche Krisen, so daß es jetzt wirklich für ihn heißt: keinen Augenblick verlieren. So naht unaufhaltsam der Tod Pius' IX. und damit die Wahl des neuen Papstes. In Rom aber weiß man nur zu gut, daß Fürst Bismarck seine ganze Genialität und seine ganze Kraft anwenden wird, um den letzten, furchtbarsten Schlag gegen die päpstliche Macht auszuführen: daß er aus allen Kräften die Wahl des neuen Papstes zu beeinflussen versuchen wird, und zwar, um ihn aus einem weltlichen Herrscher und Machthaber in nichts weiter als einen gewöhnlichen Patriarchen zu verwandeln, und das wenn möglich noch mit seiner eigenen Zustimmung – um darauf, nachdem der Katholizismus sich dann in zwei feindliche Lager gespalten hat, ihn zerbröckeln und all seine Absichten, Ansprüche und Hoffnungen auf ewig vernichten zu können. Wie soll sich da der Katholizismus nicht beeilen, alle Maßregeln, die gegen Bismarck zu ergreifen sind, so schnell wie möglich zu treffen! Und siehe, da kommt gerade zur rechten Zeit die Orientfrage dazwischen! Oh, jetzt wird man für Frankreich schon Verbündete, die es so lange vergeblich gesucht, mit Leichtigkeit finden können! Jetzt wird sich sogar eine ganze Koalition zusammentreiben lassen! Und wenn auch Europa von Blutströmen überschwemmt wird, – was hat das zu sagen! Dafür wird der Papst triumphieren, – das aber ist für die römischen Vekünder Christi alles!

Nun, und da haben sie sich denn an die Arbeit gemacht. Als erstes, versteht sich, mußte man erreichen, daß Frankreich für sie einsteht. Wie das machen? Sie haben es verstanden! Jetzt wird es schon von allen Staatsmännern und der ganzen Presse zugegeben, daß die Maiumwälzung in Frankreich von den Klerikalen veranlaßt worden ist; nur, wiederhole ich, scheinen sie alle dieser Tatsache noch nicht die volle Bedeutung zugestehen zu wollen, die sie zweifellos in sich schließt. Man konnte glauben, Europa hätte sich vor vier Monaten endgültig überzeugt, daß die Klerikalen und der Klerus den Staatsstreich in Frankreich bloß deshalb gemacht, um letzterem daselbst mehr Freiheit, gewisse Nutznießungen und größere Rechte zu verschaffen, während es doch unmöglich ist, auch nur anzunehmen, daß dieser Umsturz nicht mit den allerradikalsten Zielen vorgenommen worden sei, um – in Anbetracht der baldigen Unruhen in der römischen Kirche bei Gelegenheit der Papstwahl – den möglichst sofortigen Ausbruch des nun nicht länger aufschiebbaren Krieges zwischen Frankreich und Deutschland zu bewirken! Ja! gerade den Krieg wollen sie! Womit die Sache auch enden mag: sie werden ihren Willen doch durchsetzen, werden es doch zu dem Kriege bringen, durch den, falls Frankreich siegen sollte, dann auch der Papst vielleicht wieder zu seiner weltlichen Macht kommen kann.

Sie haben es bewunderungswürdig gewandt begonnen: schon allein, daß sie eine Zeit gewählt, in der alles zu ihrem Vorteil wie vorherbestimmt zusammentraf. Beginnen mußten sie unbedingt damit, daß sie die Republikaner, die den Papst um keinen Preis unterstützen, und die sich niemals zu einem neuen Krieg gegen Deutschland entschließen würden, nach Hause schickten. So haben sie es denn auch getan. Darauf hieß es, den Marschall Mac-Mahon zwingen, einen unverbesserlichen Fehler zu begehen – unbedingt einen unverbesserlichen –, um ihn auf einen Weg zu treiben, auf dem es kein Zurück mehr gibt. Das ist gleichfalls glücklich geschehen: er hat die Republikaner verjagt und verkündet, daß sie nicht mehr zurückkehren würden. So ist jetzt schon ein guter Grundstein gelegt, und die Klerikalen sind vorläufig zufrieden: sie wissen, daß, im Falle das französische Volk wieder die republikanische Mehrheit schicken sollte, der Marschall die Abgeordneten zurückschicken wird. Gambetta* hat allerdings erklärt, Mac-Mahon müsse sich entweder der Entscheidung des Landes fügen oder seinen Posten verlassen. Dasselbe erklären nach ihm auch alle Republikaner; doch vergessen sie bloß, daß die Devise des Marschalls „J'y suis et j'y reste" ist, und er sich von seinem Sessel nicht erheben wird. Seine Hoffnung setzt der Marschall natürlich auf die Ergebenheit der Armee. Dieser Ergebenheit der Armee – dem Marschall oder sonst wem – wollen sich nun auch die Klerikalen bedienen. Wäre nur erst die staatliche Umwälzung für sie vollzogen, dann könnten sie ja schon steuern, wohin sie wollen! Am wahrscheinlichsten ist, daß es so auch geschehen wird: sie werden den Usurpator einfach umringen und dann nach Gutdünken lenken. Doch selbst, wenn sie nicht mehr da wären, würde die Sache jetzt schon ohne sie ganz von selbst gehen: die gute Saat ist von ihnen in den richtigen Boden gesät, – wenn nur die staatliche Umwälzung sich vollziehen würde! Sie wissen, welch einen kolossalen Eindruck auf den Fürsten Bismarck **jede staatliche Veränderung in Frankreich** macht. Schon 1875 wollte er Frankreich den Krieg erklären, da er fürchtete, der Feind könne, wenn es mit seiner Erholung und Erstarkung immer so weiter bergauf ginge, gar bald gefährlich werden. Die Republikaner freilich, die er begünstigte, hätten es um nichts in der Welt gewagt, mit ihm einen Krieg zu beginnen, und so war er denn bis jetzt zum Teil beruhigt, da er sie an der Spitze des feindlichen Reiches wußte, sogar trotz der von Jahr zu Jahr größeren Erstarkung desselben. Dafür aber regt ihn jede neue Regierungsveränderung in Frankreich natürlich ungemein auf. Und in welch einem Augenblick: da Deutschlands natürlicher Verbündeter durch den Krieg gegen die Türkei in Anspruch genommen ist, da Österreich – der alte Gegner Deutschlands –, in dem so viel Deutschland

---

* Léon Gambetta (1838–1882), linker franz. Politiker, 1881 Premierminister, Gegner Mac Mahons

feindliche katholische Elemente stecken, plötzlich seinen Wert so hoch schätzt, und da England schon seit dem Ausbruch des Türkenkrieges mit einer so gereizten Ungeduld sich in Europa einen Bundesgenossen sucht! Wie nun, wird man in Berlin denken, wenn Frankreich mit seiner zukünftigen Regierung an der Spitze, die von den Klerikalen beherrscht und gelenkt wird, – wie nun, wenn Frankreich plötzlich errät, daß für den Vergeltungskrieg, wenn er überhaupt einmal geführt werden soll, eine bessere Gelegenheit, als die gegenwärtige, sich niemals mehr wird finden lassen, und ebensowenig jemals wieder so bedeutende Verbündete, wie jetzt? Und wie nun, wenn gerade zu der Zeit der Papst stirbt? Wie, wenn die Klerikalen die neue französische Regierung zwingen, Bismarck zu melden, daß seine Ansichten über die Wahl des neuen Papstes mit den Ansichten Frankreichs nicht übereinstimmen, – was bestimmt geschehen wird, wenn die Republikaner sich stürzen lassen – –?

Wie, wenn auch die neue französische Regierung zu gleicher Zeit errät, daß sie, wenn es ihr gelänge – in Anbetracht der Möglichkeit, in Europa mächtige Verbündete zu finden – wenigstens eine der 1871 verlorenen Provinzen zurückzuerobern, dadurch ihre Macht und ihren Einfluß im Lande mindestens auf zwanzig Jahre befestigen könnte? Nun, wie soll man sich da nicht aufregen?

Und dann gibt es hierbei noch einen kleinen Umstand: der Deutsche ist hochmütig und stolz, der Deutsche wird Ungehorsam nicht ertragen. Bis jetzt war Frankreich gehorsam unter voller Vormundschaft Deutschlands, gab Rechenschaft auf seine Anfragen fast über jede Bewegung, die es tat, mußte Entschuldigungen machen und Erklärungen schicken für jede dem Heere neu hinzugefügte Division, für jede neue Batterie. Und plötzlich erkühnt sich dieses selbe Frankreich, das Haupt zu erheben! So können die Klerikalen eigentlich darauf rechnen, daß Fürst Bismarck womöglich selber als erster den Krieg beginnen wird. Er hat es ja schon einmal tun wollen – 1875. Den Krieg jetzt nicht beginnen, heißt Frankreich auf ewig aus den Händen lassen. Allerdings war 1875 die Situation nicht wie heute, doch wenn

Österreich zu Deutschland hält, so ... Mit einem Wort, bei der kürzlichen Zusammenkunft der deutschen und österreichischen „Premiers" ist wahrscheinlich nicht nur über die Balkanfrage gesprochen worden. Und wenn es jetzt irgendwo ein Reich gibt, das in der vorteilhaftesten außenpolitischen Lage ist, so ist das zweifellos Österreich!

Österreichs
gegenwärtige Gedanken
(1877)

„Wieso?" wird man fragen. „In Österreich sind jetzt Unruhen; halb Österreich will nicht, was seine Regierung will; in Ungarn kommt es zu Manifestationen; Ungarn brennt vor Begierde, mit den Türken gegen die Russen zu kämpfen; man hat sogar eine Verschwörung entdeckt, tatsächlich: eine englisch-magyarisch-polnische! Anderseits sieht die österreichische Regierung auch auf die slawischen Elemente, die ihr Land bewohnen, mit einem gewissen Mißtrauen, obgleich diese bis jetzt noch zur Regierung halten. Wie kann man also sagen, daß Österreich zurzeit in der vorteilhaftesten politischen Lage sei, in der sich ein europäisches Reich nur befinden kann?

Ja, das ist wahr. Wahr, daß die katholische Tätigkeit sich fraglos auch auf Österreich erstreckt. Die Klerikalen sind weitsichtige Leute: wie sollten sie die augenblickliche Bedeutung dieses Landes nicht zu schätzen wissen, wie sollten sie die Gelegenheit vorübergehen lassen! Und schon, versteht sich, haben sie die Gelegenheit benutzt, um in diesem katholischen „allerchristlichsten" Lande alle möglichen Unruhen unter den bis zur Unkenntlichkeit verschiedensten Vorwänden, Formen und Ausartungen zustande zu bringen. Nun noch eines: wer weiß, vielleicht ist man in Österreich, obgleich man sich natürlich den Anschein gibt, als ärgere man sich sehr über diese Unruhen, in Wirklichkeit gar nicht so ungehalten über sie. Ja, vielleicht ist sogar das Gegenteil der Fall: man „bewahrt" diese Unruhen für alle Fälle auf, in Anbetracht dessen, daß sie sich in nächster Zukunft vielleicht verwerten lassen ... Am augenscheinlichsten ist übrigens, daß Österreich, wenn es sich auch, was die laufenden Angelegenheiten betrifft, in der glücklichsten politischen Lage fühlt, sich für eine weitsichtige und sehr bestimmte Politik doch noch nicht entschlossen hat, sondern erst überlegt und abwartet: was wird ihm die Vernunft zu tun raten? Sollte es sich aber doch zu irgend etwas Bestimmtem entschlossen haben, so wäre das wohl höchstens in betreff der nächstliegenden politischen Fragen der Fall – und selbst das nur bedingt. Überhaupt ist es in der glücklichsten Gemütsverfassung: es entschließt sich, ohne sich zu beeilen, es wartet ruhig, da es weiß, daß es alle auf sich warten macht, und alle es brauchen, es lauert auf seine Beute, die es selber auswählen wird, und leckt sich schon wonnig die Lippen beim Gedanken an die nun bald ihm zufallenden, unentwischbaren Bissen.

Während der Zusammenkunft der Kanzler beider deutschen Reiche, die kürzlich stattfand, ist vielleicht sehr viel „Bedingungsweise-Mögliches" berührt worden. Wenigstens hat die österreichische Regierung schon in ihrem Lande kundgetan –doch so, daß alle Länder es hören mußten –, daß am Balkan nichts geschehen noch entschieden wird, was den Interessen Österreichs entgegen ist: ein ungemein schwerwiegender Gedanke. So ist Österreich schon überzeugt, ohne noch die Hand an irgend etwas gelegt zu haben, daß es bedeutenden Anteil an den russischen Erfolgen, falls es zu solchen kommen sollte, haben wird, und vielleicht noch bedeutenderen Anteil, falls es zu ihnen nicht kommen sollte. Und das bloß mit der „Augenblickspolitik"! Was wird es da erst mit der ferneren Politik geben? – Schon jetzt brauchen alle dieses Österreich so notwendig, horchen auf seine Meinung, suchen seine Neutralität, machen ihm Versprechungen und womöglich Geschenke, und alles das dafür, daß es bloß stillsitzt und den Mund hält! Wie kann nun diese Macht, die sich jetzt so hoch schätzt, nicht auch auf die Aussichten ihrer ferneren Politik rechnen, die, davon bin ich überzeugt, noch allen unbekannt ist, trotz der freundschaftlichen Zusammenkunft der Kanzler!? Und überzeugt bin ich gleichfalls, daß diese Politik bis zur allerletzten, allerverhängnisvollsten Stunde allen unbekannt bleiben wird – was durchaus den alten Traditionen der österreichischen Politik entsprechen würde. Und habsüchtig, heißhungrig sitzt es jetzt da und lauert auf Frankreich und erwartet dessen Schicksal, erwartet neue interessante Fakta und tut's – vor allem, vor allem nicht zu vergessen – in der selbstzufriedensten Gemütsverfassung. Doch nicht lange wird es so bleiben können: vielleicht wird es sich schon sehr bald zu einer viel weiter reichenden Politik entschließen müssen – und das dann endgültig: eine Aufregung, die in seiner Lage sogar angenehm sein mag, doch die nichtsdestoweniger stark sein wird. Österreich begreift doch, und vielleicht sogar sehr feinfühlig, daß mit jeder so leicht und so bald möglichen Veränderung in Frankreich, daß mit jeder neuen Regierung daselbst – nur nicht wieder der republikanischen – die Gefahr eines Zusammenstoßes Frankreichs mit Deutschland entschieden unvermeidlich ist: und das sogar in dem Falle, wenn die neuen Regenten Frankreichs für ihre Person den Krieg überhaupt nicht wollten und sich womöglich aus allen Kräften bemühen würden, den alten Zustand zu erhalten. Oh, Österreich ist vielleicht fähig, besser als alle anderen zu verstehen, daß es im Leben der Nationen solche Momente gibt, in denen schon nicht mehr Wille und Berechnung sie zu gewissen Taten treiben, sondern das Schicksal selber.

Ich werde mir jetzt erlauben, aus der Phantasie heraus ein Bild von dem zu entwerfen, was – nach meiner Annahme – Österreich in der gegenwärtigen unbestimmten Stunde über diese seine fernere Politik, für die es sich natürlich noch nicht entschieden hat, eigentlich denkt. Einstweilen hört es jemanden schon an die Tür klopfen, es sieht, jemand will unbedingt eintreten, sogar die Klinke ist schon einmal niedergedrückt worden, doch die Tür hat sich noch nicht geöffnet ... und wer eintreten wird – das weiß niemand. In Frankreich liegt das Rätsel, dort muß es auch zuerst gelöst werden ... Vorläufig sitzt Österreich und denkt. Ja, wie soll es da auch nicht nachdenklich werden! Wenn nun Deutschland und Frankreich zum Entscheidungskampf die Schwerter ziehen und sich aufeinander stürzen – für wen soll dann Österreich einstehen, auf wessen Seite Österreich sich halten? Das ist die fernere Frage und vielleicht – wird es sie schon sehr bald beantworten müssen!

Wie soll es da nicht seinen Wert, seine Bedeutung zu schätzen wissen: zu wem es sich hält, der wird siegen! Was die Kanzler der beiden deutschen Reiche unter sich gesprochen, das kann niemand wissen, doch Andeutungen wird es zwischen ihnen bestimmt gegeben haben. Wie hätte es auch anders sein sollen! Vielleicht ist einiges auch deutlicher gesagt oder vorgeschlagen worden – wer kann es wissen? Kurz, Geschenke und Belohnungen sind ihm in Mengen versprochen, und die sind so gut wie sicher; so kann es vollkommen überzeugt sein, daß es, wenn es Deutschland im Falle eines Krieges gegen Frankreich nicht verrät, dafür ... viel bekommen wird. Und zwar für eine lumpige Neutralität, bloß dafür, daß es etwa ein halbes Jahr lang stillsitzt, in Erwartung der Belohnung für sein artiges Betragen. – Das ist doch wirklich nicht übel! Denn zu einer aktiven Tätigkeit gegen Frankreich würde es, glaube ich, kein einziger Kanzler bringen können: solch einen Fehler wird Österreich nie und nimmer begehen! Nein, Österreich wird sich nicht verleiten lassen, mitzuhelfen, wenn Deutschland Frankreich den Todesstoß gibt, o nein! Vielleicht aber wird es umgekehrt in der letzten verhängnisvollen Sekunde durch diplomatische Verwendung Frankreich vor allzu Bösem beschützen und sich auf diese Weise auch von dort noch eine Belohnung verdienen. Es kann doch nicht ganz ohne Frankreich bleiben, besonders nicht in der freundschaftlichen Umarmung solch eines Riesen, zu dem nach einem zweiten Sieg über Frankreich das junge Deutschland heranwachsen muß! Womöglich wird dieser Riese es dann plötzlich so umarmen und so an sich pressen, daß er es, aus Versehen natürlich, wie eine Fliege zerdrückt. Und zu der Zeit wird dann vielleicht noch ein anderer Gigant erwachsen, im Osten, rechts vom lieben Österreich, und sich endlich von seiner Lagerstätte, auf der er jahrhundertelang geschlafen hat, erheben ...

„Gutes Betragen ist eine gute Sache", denkt Österreich jetzt wahrscheinlich bei sich, „aber ..." Es wäre nicht gut möglich, daß ihm nicht auch noch ein anderer Gedanke käme, übrigens ein äußerst phantastischer, – nämlich:

„Die Umwälzung in Frankreich kann sogar schon in diesem Herbst beginnen und vielleicht schnell, sehr schnell beendet sein. Stürzt die Republik, oder bleibt sie bloß in einer nominellen, in irgendeiner absurden Form bestehen, so wird man es vielleicht bis zum Winter mit Deutschland schon zu Meinungsverschiedenheiten gebracht haben können. Jedenfalls werden dafür die Klerikalen sorgen, um so mehr, als der Papst bis dahin bestimmt gestorben sein wird und dann die Neuwahl sofort den gewünschten Vorwand zu Mißverständnissen und Spannungen abgeben kann. Stirbt der Papst jedoch nicht, so vermindern sich die Gelegenheiten, Spannungen zu verursachen, deshalb noch nicht im geringsten. Ist also Deutschland nur fest entschlossen, so kann im Frühling der Krieg ausbrechen. Am anderen Ende Europas ist augenscheinlich die Winterkampagne gegen die Türkei unvermeidlich, so daß Deutschlands Verbündeter im Frühjahr immer noch gebunden sein wird. Ergo, entbrennt der Revanchekrieg, so findet Frankreich sofort zwei Bundesgenossen: England und die Türkei.

Deutschland wird folglich allein sein ... mit Italien, d. h. so gut wie allein. Oh, natürlich, Deutschland ist mutig und mächtig. Aber auch Frankreich hat Zeit gehabt sich zu erholen: Frankreich hat eine Armee von einer Million, und England ist immerhin doch auch eine gewisse Hilfe: man wird die deutschen Häfen vor seiner Flotte beschützen müssen, und das fordert Mannschaften, Artillerie, Gewehre, Vorräte. Das wird Deutschland in irgend etwas doch ein wenig schwächen. Wie gesagt, Aussichten, mit Erfolg diesen Krieg zu führen, hat Frankreich auch ohne mich genügend, sagt sich Österreich, – wenigstens zweimal mehr als 1870, da es jetzt sicherlich nicht seine Fehler von damals wiederholen wird. Und dann, einerlei ob Frankreich besiegt wird, oder nicht, ich bekomme das Meine im Osten sowieso, denn: Nichts wird im Osten vor sich gehen, was den Interessen Österreichs zuwider ist! Das ist ja schon festgesetzt und unterschrieben. Aber wie, wenn ich ... im letzten ... entscheidenden Augenblick, ... nachdem ich vernünftigerweise die ganze Freiheit der Entscheidung zurückbehalten, ... plötzlich einfach für Frankreich eintrete und noch dazu die Klinge ziehe!?"

In der Tat, was dann?

Dann befindet sich Österreich sofort zwischen drei Feinden: Italien, Deutschland und Rußland. Rußland jedoch wird durch seinen Krieg so in Anspruch genommen sein, daß es eine Offensive kaum würde ergreifen können. Italien ist jedenfalls nicht allzusehr zu fürchten. Bleibt – Deutschland. Muß Deutschland dann auch gegen Österreich ein Heer schicken, so wird dieses doch nicht allzu groß sein, denn es braucht ja alle seine Kräfte gegen Frankreich. In der Tat: wollte sich Österreich zu einer Verbindung mit Frankreich entschließen, so würde Frankreich vielleicht sogar Deutschland zuerst angreifen, selbst wenn Deutschland den Krieg nicht einmal wollte. Frankreich, Österreich, England und die Türkei gegen Deutschland und Italien – das ist ja eine furchtbare Koalition! Erfolg wäre sehr, sehr leicht möglich. Nach einem Erfolg aber kann Österreich all das wiedergewinnen, was es bei Sadowa verloren hat, und vielleicht noch unendlich viel mehr als das. Außerdem können ihm seine Vorteile im Osten und all das ihm schon Versprochene gleichfalls nicht verloren gehen. Und die Hauptsache: es wird im katholischen Deutschland zweifellos großen Einfluß gewinnen. Wird dagegen Deutschland besiegt, oder nicht mal besiegt, sagen wir: kehrt Deutschland aus dem Kriege nicht ganz glücklich zurück – so ist die Einheit des Deutschen Reiches plötzlich stark erschüttert. Im katholischen Süden erhebt sich dann der Separatismus – um den sich die Klerikalen aus allen Kräften bemühen werden und dessen sich selbstverständlich auch Österreich bedienen wird: erhebt sich vielleicht sogar in solch einem Maße, daß zwei geeinte Deutsche Reiche entstehen, ein katholisches und ein protestantisches. Und darauf könnte Österreich, nachdem es sich um so viel Deutsche verstärkt hat, es ja auch auf seinen „Dualismus" ankommen lassen: Ungarn in das alte ehrerbietige Verhältnis zu sich zurückbringen und, wenn das geschehen, versteht sich, auch über seine Slawen verfügen, und zwar jetzt endgültig und unwandelbar. Mit einem Wort, der Vorteile könnte es unzählige geben. Sogar in dem Fall, wenn Deutschland Sieger bliebe, wäre Österreich nicht so schlimm daran, denn so entscheidend wie 1871 könnte Deutschland eine so mächtige Koalition schließlich doch nicht besiegen: es würde auch als Sieger seine Wunden haben. So ließe sich denn ohne besonders furchtbare Folgen der Friede schließen. „Also, für wen soll ich mich entscheiden? Wie ist es besser, mit wem ist es vorteilhafter?"

In Anbetracht der gegenwärtigen europäischen Verhältnisse, meine ich, sind solche Gewissensfragen in Österreich ganz zweifellos vorhanden ...

Deutschland,
die protestierende Macht
(1877)

Sprechen wir jetzt einmal von Deutschland, über seine jetzige Aufgabe, diese ganze verhängnisvolle und auch alle anderen Völker angehende deutsche Weltfrage.

Was ist das nun für eine Aufgabe? Und warum hat sich diese Aufgabe denn erst jetzt für Deutschland in eine so schwierige Frage verwandelt, warum nicht schon früher, warum nicht schon längst, sondern erst vor einem Jahr, was sage ich, erst vor zwei Monaten?

Diese Aufgabe Deutschlands, seine einzige, hat es auch früher schon gegeben, hat es gegeben, solange es überhaupt ein Deutschland gibt. Das ist sein Protestantentum: nicht allein jene Formel des Protestantismus, die sich zu Luthers Zeiten entwickelte, sondern sein ewiges Protestantentum, sein ewiger Protest, wie er einsetzte einst mit Armin gegen die römische Welt, gegen alles, was Rom und römische Aufgabe war, und später gegen alles, was vom alten Rom aufs neue Rom und auf all die Völker überging, die Roms Idee, seine Formel und sein Wesen übernahmen, der Protest gegen die Erben Roms und gegen alles, was dieses Erbe ausmacht. Ich bin überzeugt, daß viele Leser über das, was ich soeben geschrieben, mit den Achseln zucken und lachen werden: „Wie kann man nur im neunzehnten Jahrhundert, im Jahrhundert der freien Ideen und der Wissenschaft, noch über Katholizismus und Protestantismus reden und streiten, ganz so, als ob wir noch im Mittelalter wären! Es gibt ja allerdings noch religiöse Leute und sogar Fanatiker, aber die haben sich doch nur noch wie archäologische Raritäten erhalten, die verdammt und verlacht und von allen verurteilt in weltfernen Winkeln sitzen, ein armseliges, klägliches Häufchen rückständiger Leutchen. Wie kann man sie bei einer so großen Frage, wie es die der Weltpolitik ist, überhaupt nur erwähnen?"

Ich aber meine nicht den „Protestantismus", noch denke ich dabei an die zeitweiligen Formeln der altrömischen Idee, noch an den ewig gegen sie gerichteten germanischen Protest. Ich nehme nur die Grundidee, die schon vor zweitausend Jahren geboren wurde und seit der Zeit nicht gestorben ist, obgleich sie sich fortlaufend in verschiedenen Formeln verkörpert hat. Und heute ist es die Erbin Roms, die ganze westeuropäische Welt, die sich in den Geburtswehen einer neuen Umgestaltung dieser übererbten alten Idee windet und quält. Das ist für denjenigen, der zu schauen versteht, schon dermaßen augenscheinlich, daß es für ihn weiter keiner Erklärungen bedarf.

Das alte Rom war die erste Macht, die die Idee einer universalen Vereinigung der Menschen hervorbrachte, und die erste, die da glaubte und fest überzeugt war, sie praktisch in Gestalt einer Weltmonarchie verwirklichen zu können. Diese Formel jedoch fiel vor dem Christentum, – die Formel, aber nicht die Idee. Denn diese Idee ist die Idee der europäischen Menschheit, aus ihr bildete sich deren Kultur, für sie allein lebt sie überhaupt. Es fiel bloß die Idee der universalen römischen Monarchie, und sie wurde durch das neue Ideal einer wiederum universalen neuen Vereinigung in Christo ersetzt. Dieses neue Ideal zerspaltete sich in das östliche, das Ideal der vollkommen geistigen Vereinigung der Menschen, und das westeuropäische, römisch-katholische des Papstes, das dem östlichen durchaus entgegengesetzt ist. Diese westliche, römisch-katholische Verkörperung der Idee vollzog sich auf ihre Art, ohne den christlichen, geistigen Ursprung der Idee ganz zu verlieren, und indem sie diese Idee mit dem altrömischen Erbe verband. Das römische Papsttum verkündete, daß das Christentum und seine Idee ohne die universale Beherrschung der Länder und Völker, – nicht geistig, sondern staatlich, mit anderen Worten: daß es ohne die irdische Verwirklichung einer neuen universalen römischen Monarchie, deren Haupt nicht der römische Imperator, sondern der Papst sein würde – nicht verwirklichbar wäre. Und da begann dann wieder der Versuch einer universalen Monarchie – ganz und gar im Geiste der altrömischen Welt, aber doch schon in einer anderen Form. Auf diese Weise ist das östliche Ideal: zuerst die geistige Vereinigung der Menschheit in Christo anstreben und dann erst, kraft dieser geistigen Vereinigung aller in Christo, die zweifellos sich aus ihr ergebende rechte staatliche wie soziale Vereinigung verwirklichen. Nach der römischen Auffassung ist das Ideal dagegen das umgekehrte: zuerst sich eine dauerhafte staatliche Vereinigung in der Form einer universalen Monarchie zu sichern und dann, nachher, meinetwegen auch eine geistige Vereinigung zustande zu bringen unter der Obrigkeit des Papstes, des Herrn dieser Welt.

Seit der Zeit hat dieser Versuch in der römischen Welt immer Fortschritte gemacht und sich ununterbrochen verändert. Mit der Entwicklung dieses selben Versuchs ist dann der wesentlichste Teil der christlichen Grundsätze gänzlich eingebüßt worden. Als aber die Erben der altrömischen Welt schließlich das Christentum geistig verwarfen, da verwarfen sie mit ihm auch das Papsttum. Das geschah in der Französischen Revolution, die im Grunde nichts anderes war wie die letzte Gestaltveränderung oder Umverkörperung dieser selben altrömischen Formel der universalen Vereinigung. Doch die neue Formel erwies sich als ungenügend, die neue Idee verwirklichte sich nicht. Es gab sogar einen Augenblick, da alle Nationen, die die altrömische Bestimmung übernommen hatten, fast verzweifelten. Oh, versteht sich, der Teil der menschlichen Gesellschaft, der 1789 für sich die politische Suprematie gewonnen hatte, – die Bourgeoisie – triumphierte natürlich und erklärte, daß weiter zu gehen nun nicht mehr nötig sei. Dafür aber schlugen sich alle die Geister, die nach den unvergänglichen Gesetzen der Natur zur ewigen Beunruhigung der Welt bestimmt sind, zum Suchen neuer Formeln des Ideals und des neuen Wortes, wie sie beide unentbehrlich sind, – sie alle schlugen sich zu den Erniedrigten und Umgangenen, zu denen, die von der neuen Formel der allmenschlichen Vereinigung, die von der Französischen Revolution 1789 proklamiert worden war, nichts erhalten hatten. Diese Geister verkündeten nun i h r neues Wort, gerade die Notwendigkeit der Allvereinigung der Menschheit, und zwar nicht mehr in der Absicht, Gleichheit der Lebensrechte für etwa einen vierten Teil der ganzen Menschheit zu verschaffen und die übrigen bloß als Rohmaterial und auszunutzendes Mittel zum Glück dieses Viertels bestehen zu lassen, sondern im Gegenteil: um die Allvereinigung der Menschen auf den Grundsätzen der allgemeinen Gleichheit zustande zu bringen, mit der Teilnahme aller und jedes einzelnen an der Nutznießung der Güter dieser Welt, welcher Art sie auch sein mögen. Zur Verwirklichung dieser Lösung aber beschlossen sie, sich jedes Mittels zu bedienen, d. h. also durchaus nicht nur mit den Mitteln der christlichen Kultur vorzugehen, sondern vor nichts mehr zurückzuschrekken.

Was hat nun das alles in diesen ganzen zweitausend Jahren mit Deutschland und den Deutschen zu tun gehabt? Der charakteristischste, wesentlichste Zug dieses großen, stolzen und besonderen Volkes bestand schon seit dem ersten Augenblick seines Auftretens in der geschichtlichen Welt darin, daß es sich niemals, weder in seiner Bestimmung noch in seinen Grundsätzen, mit der äußersten westlichen europäischen Welt hat vereinigen wollen, d. h. mit all den Erben der altrömischen Bestimmung. Es protestierte gegen diese Welt diese ganzen zweitausend Jahre hindurch, und wenn es auch sein eigenes Wort nicht aussprach – und es überhaupt noch nie ausgesprochen hat, sein scharf formuliertes eigenes Ideal, zum positiven Ersatz für die von ihm zerstörte altrömische Idee – so, glaube ich, war es doch im Herzen immer überzeugt, daß es noch einmal imstande sein werde, dieses neue Wort zu sagen und mit ihm die Menschheit zu führen. Schon mit Armin begann es, gegen die römische Welt zu kämpfen. Darauf, zur Zeit des römischen Christentums, kämpfte es mit dem neuen Rom mehr denn jedes andere Volk um die Vorherrschaft. Und endlich protestierte es in der mächtigsten Weise, indem es die neue Formel des Protestes aus den geistigsten, elementarsten Gründen der germanischen Welt zog. Die Stimme Gottes tönte aus ihm und verkündete die Freiheit des Geistes. Die Spaltung war furchtbar und allgemein, – die Formel des Protestes war gefunden und ging in Erfüllung, – wenngleich es noch immer eine negative Formel blieb, und das positive Wort noch immer nicht gesagt wurde.

Und siehe, nachdem der germanische Geist dieses neue Wort des Protestes gesprochen – erstarb er geradezu für eine Zeitlang, und zwar geschah das parallel mit einer ebensolchen Erschlaffung der früher scharf formulierten Einheit der Kräfte seines Gegners. Die äußerste westliche Welt suchte, unter dem Einfluß der Entdeckung Amerikas, der neuen Wissenschaften und der neuen Grundsätze, sich in eine andere „neue Wahrheit" umzugebären, gleichfalls in eine neue Phase einzutreten. Als der erste Versuch dieser Umgestaltung zur Zeit der Französischen Revolution gemacht wurde, da war der germanische Geist in großer Verwirrung und nahe daran, seine Individualität zu verlieren, mitsamt dem Glauben an sich. Er konnte nichts gegen die neuen Ideen der äußersten westlichen europäischen Welt sagen. Luthers Protestantismus hatte seine Zeit schon längst hinter sich, die Idee aber des freien Geistes, der freien Forschung war bereits von der Wissenschaft der ganzen Welt angenommen worden. Der riesige Organismus Deutschlands fühlte mehr denn je, daß er keinen, sagen wir, Körper und keine Form für seinen Ausdruck hatte. Und damals war es denn, daß in ihm das dringende Bedürfnis entstand, sich wenigstens äußerlich in einen einzigen festen Organismus zusammenzufügen, in Anbetracht der neuen herannahenden Phasen seines ewigen Kampfes mit der äußersten westlichen Welt Europas. Hierbei ist nun ein interessantes Zusammentreffen bemerkenswert: beide feindlichen Lager, beide Gegner, beide Kämpfer um die Hegemonie im alten Europa ergreifen und erfüllen zu ein und derselben Zeit – oder ungefähr ein und derselben – jeder eine Aufgabe, die der des anderen sehr ähnlich sieht. Die neue, noch phantastische zukünftige Formel der äußersten westlichen Welt – die Erneuerung der menschlichen Gesellschaft durch neue soziale Grundsätze – diese Formel, die fast unser ganzes Jahrhundert hindurch nur von Schwärmern und ihren halbwissenschaftlichen Vertretern, von allen möglichen Idealisten und Phantasten gepredigt worden ist, verändert plötzlich in den letzten Jahren ihr Aussehen und den Gang ihrer Entwicklung und beschließt: vorläufig von der theoretischen Definition und Propagandierung ihrer Aufgabe abzulassen und sofort den ersten praktischen Schritt zu tun, das heißt so viel wie sofort den Kampf zu beginnen, zu diesem Zweck aber die Vereinigung aller zukünftigen Kämpfer für die neue Idee in einer einzigen Organisation zustande zu bringen, also des ganzen vierten 1789 umgangenen Standes, aller Besitzlosen, aller Arbeitenden, aller Armen, und erst darauf die rote Fahne der neuen unerhörten Weltrevolution zu erheben. Es bildete sich die Internationale, die Vereinigung aller Armen dieser Welt, es gab Zusammenkünfte, Kongresse, Beschlüsse, neue Ordnungen, – mit einem Wort, im ganzen alten Westeuropa wurde der Grundstein zu einem neuen *Status in statu* gelegt, und die zukünftige Ordnung dieser Welt sollte die alte, die dort im äußersten Westen Europas herrscht, verschlingen. Zu derselben Zeit aber, da dieses beim Gegner vor sich ging, begriff der deutsche Geist, daß auch die deutsche Aufgabe, vor allen anderen Dingen und neuen Anfängen, vor jedem Versuch eines neuen Wortes gegen den aus der alten katholischen Idee umgestalteten Gegner, zuerst nur eine war: die eigene politische Einheit herzustellen, die Schöpfung des eigenen staatlichen Organismus zu vollenden und, erst nachdem das geschehen war, sich Stirn gegen Stirn seinem alten Feinde entgegenzustellen. So geschah es auch: nachdem Deutschland seine Bereinigung innerlich vollendet hatte, warf es sich auf den Gegner und trat mit ihm in eine neue Kampfperiode ein, die mit Eisen und Blut begann. Der Kampf mit dem Eisen ist heute beendet, – jetzt steht nur noch bevor, ihn geistig zu beenden.

Was ist Asien für uns?
(1881)

Geok-Tepe, die Festung der Achal Teke, ist erstürmt! Die Tekinzen sind geschlagen, und wenn sie sich uns auch noch nicht ganz unterworfen haben, so ist doch unser Sieg gewiß!*

Die Gesellschaft und die Presse sind wieder einmal stolz ... Doch wie lange ist es denn her, daß sich diese wie jene noch vollkommen gleichgültig zu unseren transkaspischen Angelegenheiten verhielten? War das nicht, wenn ich mich recht erinnere, noch vor kurzem, noch nach dem ersten Mißerfolge General Lomakins, und sogar noch zu Anfang der Vorbereitungen zum zweiten Angriff?

„Was suchen wir dort, was schert uns dieses Asien?" hieß es damals. „Wieviel Geld ist dafür verschwendet worden, während bei uns Hungersnot und Diphtheritis herrschen und Schulen gebaut werden müssen!"

Natürlich waren längst nicht alle derselben Meinung — o nein! Doch trotzdem läßt es sich nicht leugnen, daß es eine Zeit gab, in der sich sogar sehr viele zu unserer Offensivpolitik in Asien feindselig verhielten. Allerdings trug die Ungewißheit der unternommenen Expedition manches zu dieser Feindseligkeit bei. Aber trotz alledem kann man nicht sagen, daß unsere Gesellschaft sich unserer Mission in Asien klar bewußt sei, noch dessen, was Asien überhaupt für uns bedeutet oder in Zukunft bedeuten wird. Die meisten europäischen Russen sehen auf unser russisches Asien — auch Sibirien einbegriffen — immer noch wie auf irgendein Anhängsel, an das man am liebsten überhaupt nicht denkt. „Wir sind Europäer," heißt es, „was sollen wir in Asien machen?" oder: „Ach, dieses ewige Asien! Wir können ja nicht

---

* Veröffentlicht im Januar gelegentlich der Siege General Skodelews in Mittelasien.

einmal in Europa Ordnung schaffen, da lädt man uns nun zum Überfluß auch noch Asien auf den Hals! Ach was, — schütteln wir es einfach ab!" Diese Auffassung wird selbst jetzt noch von unseren „Klugen" geteilt (die haben sie natürlich nur von ihrem allzu großen Verstande) ... Der Sieg Skobelews wird in ganz Asien, selbst in seinen weltfernsten Winkeln, Widerhall finden. „Also hat sich wieder ein wildes und stolzes mohammedanisches Volk dem weißen Zaren unterworfen," werden jetzt die asiatischen Völker denken. Möge das Echo unseres Sieges über ganz Asien hallen, bis nach Indien hin! Möge es in diesen Millionen von Menschen den Glauben an die Unbesiegbarkeit des weißen Zaren verstärken! Auf diesem Wege können wir nicht mehr stehenbleiben. Diese Völker können ihre Chans und Emire behalten, in ihrer Phantasie mag England, dessen Macht sie in Erstaunen setzt, als drohende Wolke fortbestehen, — doch der Name des weißen Zaren muß über den Chans und Emiren stehen, muß über dem der Kaiserin von Indien leuchten, ja sogar über dem des Kalifen. Der weiße Zar ist Zar auch des Kalifen. Diese und keine andere Überzeugung muß dort Wurzel schlagen! Und das geschieht ja auch schon von Jahr zu Jahr immer mehr, und das ist es, was not tut, denn es bereitet die Zukunft vor und gewöhnt jene Völker an das Unvermeidliche.

„Was für eine Zukunft? Worin besteht die Notwendigkeit, Asien uns einzuverleiben? Was sollen wir denn in Asien tun?"

Es ist eine Notwendigkeit, weil Rußland nicht nur in Europa liegt, sondern auch in Asien, weil der Russe nicht nur Europäer, sondern auch Asiate ist. Weil in Asien vielleicht noch mehr unserer Hoffnungen liegen als in Europa. Und das ist noch nicht alles: in unserem zukünftigen Schicksal wird gerade Asien unser Ausweg sein!

Ich fühle schon im voraus den Unwillen, mit dem viele meine rückständige Anschauung lesen werden; — für mich aber ist das Gesagte bereits ein Axiom. Ja, wenn es eine wichtige kranke Wurzel bei uns gibt, eine, die man um jeden Preis heilen muß, so ist das gerade unsre Auffassung von

Asien. Wir müssen die knechtische Furcht, Europa könnte uns asiatische Barbaren nennen und von uns sagen, wir seien überhaupt noch nicht Europäer geworden, doch endlich einmal überwinden. Diese Angst vor der „Schande", Europa könnte uns vielleicht doch für Asiaten halten, verfolgt uns ja fast schon zweihundert Jahre lang. Doch in diesem neunzehnten Jahrhundert hat diese Scham sich in uns noch ganz besonders verstärkt: sie ist beinahe schon in Panik ausgeartet. Diese falsche Scham und falsche Selbstbeurteilung, wenn wir uns ausschließlich für Europäer halten und nicht auch für Asiaten (die zu sein wir nie aufgehört haben), sind uns in diesen letzten zwei Jahrhunderten teuer, sehr teuer zu stehen gekommen: wir haben ihretwegen unsere geistige Selbständigkeit eingebüßt und sie mit unserer mißlungenen europäischen Politik bezahlt, und schließlich noch mit Geld, und Geld, und Geld, das, Gott weiß wieviel, dafür verschwendet worden ist, nur um Europa zu beweisen, daß wir ausschließlich Europäer seien und keineswegs Asiaten ... Aber der Vorstoß Peters nach Europa ist denn doch zu stark gewesen, wenn er am Anfang auch notwendig und erlösend war, und so tragen eigentlich nicht wir die Schuld an unserer schiefen Stellung. Was haben wir nicht alles getan, damit Europa uns als die Seinigen anerkenne, als Europäer, als Nur-Europäer und Nicht-Tataren! Allstündlich und unermüdlich sind wir hingelaufen und haben uns immer wieder aufdringlich angeboten. Bald haben wir Europa durch unsere Kraft erschreckt, unsere Heere hingeschickt, um die „Könige zu retten"; bald wiederum haben wir uns vor ihm gebeugt und geschworen, unsere einzige Aufgabe sei, nur ihm, Europa, zu dienen und es glücklich zu machen! Als wir 1812 Napoleon vertrieben hatten, versöhnten wir uns nachher nicht mit ihm, wie es damals einige kluge und einsichtsvolle Russen rieten und wünschten, sondern rückten in geschlossenen Reihen weiter, um Europa zu beglücken, da wir es nun einmal von dem großen Thronräuber befreit hatten. Das gab natürlich ein schönes Bild ab: auf der einen Seite stand der Despot und Räuber, auf der anderen — der Friedensstifter und Befreier. Doch unser politisches Glück lag damals durchaus nicht in diesem Bilde, sondern wäre anderswo zu finden gewesen. Dieser Räuber war nämlich gerade zu der Zeit, zum ersten Male während seiner ganzen Laufbahn, in einer solchen Lage, daß er sich aufrichtig und fest mit uns verbündet haben würde. Unter der Bedingung, ihn in Europa nicht zu stören, hätte er uns den Orient überlassen, und unsere heutige Orientfrage — das Unglück und das drohende Gewitter unserer Gegenwart und Zukunft — wäre jetzt schon längst abgetan. Der Usurpator hat es später selbst gesagt und hat bestimmt nicht nachträglich gelogen; denn er hätte wahrlich nichts Klügeres tun können, als auch hinfort mit uns verbündet zu bleiben, — unter der Bedingung, wie gesagt, daß wir für den Osten ihm den Westen überließen. Die europäischen Völker waren damals noch viel zu schwach, um uns im Orient zu stören; selbst England hätte es nicht gekonnt. Napoleon wäre später vielleicht gestürzt oder, wenn nicht er, dann nach seinem Tode seine Dynastie; der Orient aber wäre uns verblieben, und wir hätten jetzt das Meer und könnten England auch zur See entgegentreten. Wir aber gaben alles hin für dieses schöne lebende Bild! Und was war die Folge? Alle diese von uns befreiten Völker blickten sofort, noch bevor sie Napoleon gänzlich geschlagen hatten, mißgünstig und mit den gehässigsten Verdächtigungen auf uns. Auf den Kongressen verbündeten sie sich alle gegen uns und nahmen alles für sich, uns aber ließen sie nichts, und außerdem zwangen sie uns noch zu Versprechungen, die für Rußland selbst nur nachteilig waren. Und trotz dieser erhaltenen Lehre, — was haben wir in all den folgenden Jahren des Jahrhunderts und noch bis auf den heutigen Tag getan? Haben wir nicht zur Verstärkung der deutschen Mächte noch beigetragen? Haben wir nicht ihre Kraft so anwachsen lasten, daß sie jetzt vielleicht mächtiger sind als wir selbst? Es ist wirklich nicht übertrieben, wenn man sagt, daß wir ihr Wachstum und ihre Stärke gefördert haben. Sind wir nicht auf ihren Ruf hingegangen, um ihre Zwietracht beizulegen, haben wir nicht ihren Rücken geschützt, wenn ihnen Gefahr drohte? Und siehe — waren es nicht gerade sie, die uns in den Rücken fielen, als uns

Gefahr drohte, und wollten sie uns nicht in den Rücken fallen, als eine andere Gefahr sich uns näherte? Und die Folge ist, daß jetzt jeder in Europa, jede Rasse, jede Nation einen Stein für uns in der Tasche bereit hält und nur auf den ersten Anlaß wartet, um ihn auf uns zu schleudern. Was haben wir also von den Europäern dadurch erworben, daß wir ihnen so oft gedient? — Nur ihren Haß!

Warum nur haßt uns Europa so sehr, warum können die Menschen dort nicht ein für allemal Zutrauen zu uns fassen und uns glauben, daß wir ihre Freunde und Diener sind, ihre guten, treuen Diener? Und daß sogar unsere ganze europäische Bestimmung nur ist: Europa und seiner Wohlfahrt zu dienen. Oder wenn das vielleicht auch nicht ganz stimmen sollte, so haben wir doch das ganze Jahrhundert hindurch danach gehandelt. Haben wir denn etwas für uns getan, etwas für uns erstrebt? Alles doch nur für Europa, immer nur für Europa! ... Nein, sie können kein Zutrauen zu uns fassen! Warum nicht? — Weil es ihnen unmöglich ist, uns als I h r e s g l e i c h e n anzuerkennen.

Niemals und für keinen Preis werden sie es glauben, daß wir fähig sind, zusammen mit ihnen und auf ihrer Höhe an der ferneren Entwicklung der Kultur mitzuwirken. Sie sagen, wir seien unfähig, ihre Kultur zu begreifen, seien Fremdlinge in Europa, Namensusurpatoren. Sie nennen uns Diebe, die ihre Bildung stehlen und sich mit ihren Kleidern schmücken. Türken und Semiten stehen ihrem Herzen näher als wir Arier. All dieses hat nun natürlich einen gewichtigen Grund: wir tragen eine ganz besondere Idee, eine andere als sie, in die Menschheit — das ist die Ursache! Und das tun wir — trotz der krampfhaften Versicherungen unserer „russischen Europäer" in Europa, daß es bei uns überhaupt keine besondere Idee gebe, und es auch weiterhin keine geben werde, daß Rußland überhaupt nicht fähig sei, eine eigene Idee zu haben, sondern höchstens nachahmen könne, und es dabei auch bleiben werde, also beim Nachahmen, und daß wir keineswegs Asiaten oder Barbaren seien, sondern durchaus ganz so wie sie — „Europäer". Europa jedoch glaubt unseren „russischen Europäern" w e n i g s t e n s dieses eine nicht. Was dies anbetrifft, so stimmt es in seinen Schlüssen eher mit den Slawophilen überein, obgleich es die letzteren höchstens vom Hörensagen kennt, oder selbst das nicht einmal. Diese Übereinstimmung besteht in folgendem: Europa glaubt, ganz wie die Slawophilen, daß wir eine „Idee" haben, eine eigene, besondere und nicht europäische Idee, und daß Rußland fähig sei, eine Idee zu haben. Vom Wesen dieser Idee weiß Europa natürlich noch nichts, — denn wenn es etwas von ihm wüßte, würde es sich sofort beruhigen, ja sogar freuen. Doch einmal wird es unsere Idee bestimmt kennen lernen, und zwar gerade in dem Augenblick, wenn seine kritische Zeit anbricht. Jetzt jedoch traut uns Europa noch nicht; indem es uns überhaupt eine Idee zugesteht, fürchtet es sie bereits. Und schließlich: wir erregen in den Europäern doch nur Ekel, sogar persönlichen Ekel, obgleich man dort zuweilen auch höflich gegen uns ist. Man gibt dort gerne zu, daß die russische Wissenschaft, so jung sie sei, doch schon mehrere bemerkenswerte Vertreter aufzuweisen hat, sowie mehrere gute Arbeiten, die sogar ihrer europäischen Wissenschaft zustatten gekommen sind. Doch um nichts in der Welt würde uns Europa jetzt glauben, daß bei uns in Rußland nicht nur Arbeiter in der Wissenschaft — sogar sehr begabte — geboren werden können, sondern auch Genies, Führer der Menschheit, von der Art der europäischen! Daran werden die Europäer niemals glauben, denn sie können doch nicht uns Kulturfähigkeit zugestehen, und von unserer aufsteigenden Idee wissen sie ja noch nichts. Nach den Tatsachen zu urteilen, haben sie ja schließlich auch recht; denn ganz gewiß werden wir weder einen Bacon, noch einen Newton, noch einen Kant hervorbringen, so lange wir uns nicht „gerade" auf den Weg stellen und geistig selbständig werden. Was das übrige betrifft, so ist es dasselbe — in der Kunst, wie im Gewerbe: Europa ist bereit, uns zu loben, uns wie einem braven Jungen den Kopf zu streicheln, doch als die Seinigen erkennt es uns nicht an, o nein!

Dazu verachtet es uns innerlich und äußerlich viel zu sehr! Es hält uns für niedriger als Menschen, niedriger als

Rasse, und zuweilen flößen wir ihm sogar Ekel ein, Ekel im allgemeinen — und Ekel im besonderen, wenn wir uns mit brüderlichen Küssen ihm an den Hals werfen.

Es ist schwer, sich von dem Fenster nach Europa, das Peter für uns durchbrochen hat, abzuwenden — das ist nun einmal unser Verhängnis. Indessen ist aber Asien ... — Ja, das kann doch tatsächlich unsere Rettung sein! Wenn sich bei uns nur ein etwas richtigeres Verständnis für Asien, für diese Idee „Asien" durchsetzen würde, welch eine große nationale Wurzel würde dann gesunden! Asien, unser asiatisches Rußland —, das ist ja gleichfalls eine unserer kranken Wurzeln, eine, die man nicht nur pflegen, nein, die man ganz ausgraben und von neuem pflanzen muß! Ein Prinzip, ein neues Prinzip, eine neue Anschauung — das ist es, was uns not tut!

Rede über Puschkin*
(1880)

Puschkin ist eine außerordentliche und vielleicht die einzige Manifestation russischen Geistes, sagt Gogol. Ich füge dem noch hinzu: und eine prophetische. Ja, in seinem Erscheinen liegt für uns Russen etwas zweifellos Prophetisches. Puschkin erschien gerade zu Beginn unserer richtigen Selbsterkenntnis, die in der russischen Gesellschaft erst hundert Jahre nach den Reformen Peters des Großen zu keimen anfing, und sein Erscheinen trug viel zur Erleuchtung unseres dunklen Weges durch ein neues, leitendes Licht bei. In diesem Sinne ist Puschkin eine Verheißung und ein Hinweis. Ich unterscheide in der Tätigkeit unseres großen Dichters drei Perioden. Ich spreche jetzt nicht als Literarkritiker: ich berühre das Werk Puschkins nur, um meinen Gedanken von der prophetischen Bedeutung, die er für uns hat, zu erläutern und darzulegen, was ich darunter verstehe. Ich will jedoch nebenbei bemerken, daß die Perioden der dichterischen Tätigkeit Puschkins, wie mir scheint, keine scharfen Grenzen haben. Der Anfang des „Onegin" gehört z.B. meines Dafürhaltens noch zur ersten Periode seines dichterischen Schaffens, das Ende aber zu der zweiten Periode, in der Puschkin schon seine Ideale in der heimatlichen Erde gefunden und mit seiner liebenden und seherischen Seele vollkommen aufgenommen und liebgewonnen hatte. Man pflegt auch zu sagen, daß Puschkin in seiner ersten Periode die europäischen Dichter: Parny, André Chénier und andere, besonders Byron, nachgeahmt hätte. Ja, die Dichter Europas hatten zweifelsohne einen mächtigen Einfluß auf die Entwicklung seines Genies, und dieser Einfluß bestand auch während seines ganzen Lebens. Und doch sind selbst die al-

---
* Gehalten am 8. Juni 1880 in der Versammlung der Freunde der russischen Literatur

lerersten Gedichte Puschkins keine bloßen Nachahmungen, so daß auch in ihnen die außerordentliche Selbständigkeit seines Genies Ausdruck findet. In Nachahmungen findet sich doch niemals eine solche Selbständigkeit des Leidens und eine solche Tiefe der Selbsterkenntnis, wie sie Puschkin z. B. in den „Zigeunern" zeigte, einem Poem, das ich durchaus zu den Werken der ersten Periode seiner dichterischen Tätigkeit zähle. Ich spreche schon gar nicht von der schöpferischen Kraft und dem Ungestüm, von denen wir niemals so viel vorfänden, wenn der Dichter bloß Nachahmer wäre. Im Typus des Aleko, des Helden der „Zigeuner", findet sich schon eine tiefe und starke, durchaus russische Idee, die später in so harmonischer Vollständigkeit im „Onegin" wiederkehrt, wo fast der gleiche Aleko nicht mehr in phantastischer Beleuchtung, sondern in einer greifbar realen und verständlichen Gestalt auftritt. Im Aleko hatte Puschkin schon den Unglücklichen, der auf heimatlicher Erde heimatlos umherzieht, den historischen russischen Märtyrer, der mit historischer Notwendigkeit in unserer vom Volke losgerissenen Gesellschaft aufkommen mußte, gefunden und genial gezeichnet. Natürlich hatte er ihn nicht bloß bei Byron gefunden. Dieser Typus ist richtig und fehlerlos gezeichnet, es ist ein ständiger Typus, der sich bei uns in Rußland für lange angesiedelt hat. Diese heimatlosen Russen irren auch heute noch obdachlos umher und werden wohl lange noch nicht verschwinden. Und wenn sie heutzutage auch nicht mehr zu den Zigeunern gehen, um im wilden und eigenartigen Leben ihre Weltideale zu finden und um im Schoße der Natur vom sinnlosen und verworrenen Leben der russischen intellektuellen Gesellschaft auszuruhen, – so verfallen sie in den Sozialismus, den es zu Alekos Zeiten noch nicht gegeben hat, gehen mit einem neuen Glauben auf einen neuen Acker und bearbeiten ihn mit großem Eifer, gleich Aleko vom Glauben beseelt, daß sie durch ihr phantastisches Tun ihre Ziele und ein Glück erreichen, und zwar nicht nur für sich selbst, sondern für die ganze Welt. Denn der heimatlose Russe braucht gerade ein allweltliches Glück, um zur Ruhe zu kommen: billiger tut er es nicht, natürlich nur solange er sich auf die Theorie beschränkt. Es ist immer der gleiche russische Mensch, nur zu verschiedenen Zeiten. Dieser Mensch ist, ich wiederhole es, gerade zu Beginn des zweiten Jahrhunderts nach den großen Reformen Peters in unserer intelligenten, vom Volke losgerissenen Gesellschaft aufgetaucht. Gewiß, eine erdrückende Mehrheit der russischen Intellektuellen hatte damals, zu Puschkins Zeiten, genau so wie jetzt, friedlich als Beamte an staatlichen Instituten, Eisenbahnen und Banken gedient, oder einfach auf jede mögliche Weise Geld verdient, oder sich sogar mit Wissenschaften befaßt und Vorlesungen gehalten – und das alles regelmäßig, träge und friedlich, mit Bezug von Gehältern, mit Preferencespiel und ohne die leiseste Absicht, in ein Zigeunerlager oder an einen anderen, unserer Zeit mehr entsprechenden Ort zu fliehen. Höchstens führen sie ab und zu liberale Reden „mit einem Stich in den europäischen Sozialismus", der jedoch schon einen gutmütigen russischen Charakter angenommen hat, – aber auch das ist nur eine Frage der Zeit. Was macht es, daß der eine noch nicht angefangen hat, Unruhe zu empfinden, während der andere schon die verschlossene Türe erreicht und sie ordentlich mit der Stirne angerannt hat? Alle werden ja zu ihrer Zeit dasselbe erleben, wenn sie nicht den heilsamen Weg des demütigen Verkehrs mit dem Volke betreten. Und selbst wenn es nicht alle erleben: es genügt, daß nur die „Auserwählten", der zehnte Teil der in Unruhe Geratenen so weit ist, damit auch die übrige große Mehrheit keine Ruhe mehr hat. Aleko versteht selbstverständlich noch nicht, seine Sehnsucht richtig in Worte zu kleiden: bei ihm ist alles noch irgendwie abstrakt, es ist nur eine Sehnsucht nach der Natur, eine Klage über die gebildete Gesellschaft, Tränen um eine Wahrheit, die irgendwer irgendwo verloren hat und die er unmöglich finden kann. Es ist darin auch etwas von Jean-Jacques Rousseau. Worin diese Wahrheit besteht, wo und worin sie zum Ausdruck kommen könnte und wann sie verloren worden ist, das weiß er natürlich auch selbst nicht zu sagen, aber er leidet aufrichtig. Der phantastische und ungeduldige Mensch erwartet die Rettung zunächst vorwiegend von äußerlichen

Erscheinungen; so muß es ja auch sein: „Die Wahrheit ist wohl irgendwo auswärts, vielleicht in irgendwelchen andern, z.B. westeuropäischen Ländern mit ihrem festen historischen Gefüge, mit ihrem feststehenden gesellschaftlichen und bürgerlichen Leben. Niemals wird er verstehen, daß die Wahrheit vor allen Dingen in ihm selbst ist, und wie sollte er es auch verstehen: er ist ja auf seiner eigenen Erde fremd, er ist seit einem ganzen Jahrhundert der Arbeit entfremdet, er hat keine Kultur, ist wie ein Institutszögling in vier Wänden aufgewachsen, er ist seltsamen mechanischen Obliegenheiten nachgegangen, je nach seiner Zugehörigkeit zu der einen oder andern der vierzehn Beamtenklassen, in die die gebildete russische Gesellschaft eingeteilt ist. Er ist vorerst nur ein losgerissener, in der Luft schwebender Halm. Und das fühlt er selbst und leidet darunter, oft sogar sehr schmerzvoll! Was ist denn dabei, daß er, obwohl er dem erblichen Adel angehört und höchstwahrscheinlich sogar Leibeigene besitzt, sich als freier Adliger die kleine Phantasie erlaubt hat, für die Menschen, die „ohne Gesetz" leben, zu schwärmen und eine Zeitlang mit einer Zigeunerbande einen abgerichteten Bären herumzuführen? Natürlich konnte ihm eine Frau, eine „wilde Frau", wie sich ein Dichter ausdrückte, noch am ehesten die Hoffnung auf einen Ausweg aus seiner Verzweiflung geben, und er stürzt sich, von einem leichtsinnigen, aber leidenschaftlichen Glauben beseelt, zu der Semfira: „Hier ist mein Ausweg, hier ist vielleicht mein Glück, im Schoße der Natur, fern von der Welt, hier bei diesen Menschen, die weder eine Zivilisation, noch Gesetze haben!" Was stellt sich aber heraus? Bei seinem ersten Zusammenstoß mit den Bedingungen dieser wilden Natur hält er es doch nicht aus und beschmutzt seine Hände mit Blut. Der unglückliche Träumer ist nicht nur für die Weltharmonie, sondern selbst für die Zigeuner ungeeignet, und sie jagen ihn fort, ohne Rache, ohne Haß, würdevoll und einfach:

Verlasse uns, du stolzer Mann,
Wild sind wir, kennen nicht Gesetze,
Wir richten nicht und töten nicht ...

Das alles ist natürlich phantastisch, aber der „stolze Mann" ist richtig gezeichnet und real. Als erster hat ihn bei uns Puschkin geschildert, und das soll man sich merken. Es ist wirklich so: wenn ihm nur etwas nicht paßt, so stürzt er sich über einen her und straft ihn für seine Kränkung; oder, was noch bequemer ist, er besinnt sich auf seine Zugehörigkeit zu einer der vierzehn Beamtenklassen und ruft vielleicht (solche Fälle hat es nämlich gegeben!) das strafende und tötende Gesetz an, nur damit seine persönliche Kränkung gerächt werde. Nein, dieses geniale Poem ist keine Nachahmung! Hier ist schon die russische Lösung der Frage, der „verdammten Frage" im Sinne des Volksglaubens und der Volkswahrheit angedeutet: „Demütige dich, stolzer Mensch, und zerbrich vor allem deinen Stolz. Demütige dich, müßiger Mensch, und arbeite vor allem auf dem Acker des Volkes" – das ist die der Wahrheit und dem Verstände des Volkes entsprechende Lösung. „Die Wahrheit ist nicht außerhalb deiner, sondern in dir selbst, finde sie in dir, füge dich dir selbst, bemächtige dich deiner selbst, und du wirst die Wahrheit sehen. Nicht in den Dingen ist diese Wahrheit, nicht außerhalb deiner, nicht irgendwo jenseits des Meeres, sondern vor allem in deiner eigenen Mühe an dir selbst. Wenn du dich besiegst, wenn du dich bändigst, wirst du so frei sein, wie du es dir niemals geträumt hast, und du wirst ein großes Werk beginnen und die andern frei machen und das Glück sehen, denn dein Leben wird voll werden, und du wirst endlich dein Volk und seine heilige Wahrheit begreifen. Die Weltharmonie ist weder bei den Zigeunern, noch sonst irgendwo, wenn du selbst ihrer unwürdig, böse und stolz bist und das Leben umsonst haben willst, ohne daran zu denken, daß du es bezahlen mußt." Diese Lösung der Frage ist im Puschkinschen Gedicht schon sehr klar angedeutet. Noch klarer kommt sie im „Jewgenij Onegin" zum Ausdruck, einem nicht mehr phantastischen, sondern greifbar realen Poem, in dem das echte russische Leben mit einer solchen schöpferischen Kraft und Vollendung verkörpert ist, wie es sie vor Puschkin und vielleicht auch nach ihm noch nicht gegeben hat.

Onegin kommt aus Petersburg, – selbstverständlich aus Petersburg, das war im Poem unbedingt notwendig, und Puschkin durfte einen so wesentlichen realen Zug in der Biographie seines Helden nicht unterdrücken. Ich wiederhole, es ist derselbe Aleko, besonders später, als er voller Sehnsucht ausruft:

> *Ach, warum lieg in Paralyse*
> *Ich nicht wie Tula's Magistrat?*

Aber am Anfang des Poems ist er noch zur Hälfte Geck und Salonheld und hat noch zu wenig gelebt, um am Leben völlig enttäuscht zu sein. Aber ihn besucht und plagt schon der
Geheimer Langweil' edle Dämon.

In der ländlichen Einöde, im Herzen seiner Heimat ist er natürlich nicht bei sich zu Hause. Er weiß nicht, was er da treiben soll, er fühlt sich als Gast bei sich selbst. Später, als er voller Sehnsucht seine eigene Heimat und die fremden Länder durchwandert, fühlt er sich, als zweifellos kluger und zweifellos aufrichtiger Mensch, auch bei den Fremden sich selbst fremd. Auch er liebt zwar die heimatliche Erde, aber er glaubt an sie nicht. Er hat natürlich auch von den heimatlichen Idealen gehört, aber er glaubt an sie nicht. Er glaubt nur an die absolute Unmöglichkeit irgendeiner Arbeit auf dem heimatlichen Acker und sieht auf diejenigen, die an diese Arbeit glauben und deren es damals ebensowenig gab wie jetzt, mit traurigem Lächeln herab. Den Lenskij hat er einfach aus Langerweile getötet: wer weiß, vielleicht aus Sehnsucht nach dem Weltideal, denn das wäre allzu russisch und ist sehr wahrscheinlich. Ganz anders ist Tatjana: sie ist ein gefestigter, sicher auf seinem Boden stehender Typus. Sie ist tiefer als Onegin und natürlich auch klüger als er. Sie ahnt schon durch ihren edlen Instinkt allein, wo die

Wahrheit ist, und das äußert sich auch im Finale des Poems. Puschkin hätte vielleicht auch besser getan, das Poem mit Tatjanas und nicht Onegins Namen zu nennen, denn sie ist die eigentliche Heldin des Poems. Sie ist ein positiver und kein negativer Typus, der Typus einer positiven Schönheit, die Apotheose der russischen Frau, und sie wurde vom Dichter ausersehen, in der berühmten Szene der letzten Begegnung zwischen Tatjana und Onegin die Idee des Poems auszusprechen. Man darf sogar sagen, daß ein so positiv schöner weiblicher Typus in unserer ganzen schönen Literatur nicht mehr vorkommt, vielleicht die Gestalt Lisas im „Adelsnest" Turgenjews ausgenommen. Die Gewohnheit, alles von oben herab anzusehen, bewirkte aber, daß Onegin Tatjana gar nicht erkannte, als er sie zum erstenmal auf dem Lande, in Gestalt eines reinen, unschuldigen jungen Mädchens sah, das vor ihm sofort solche Scheu empfand. Er konnte nicht in dem armen Mädchen die Vollkommenheit und Vollendung erkennen und hielt sie vielleicht wirklich für einen „moralischen Embryo". Sie – ein Embryo, und das nach ihrem Brief an Onegin! Wenn im Poem jemand ein moralischer Embryo ist, so ist es natürlich Onegin selbst, das ist außer jedem Zweifel. Er konnte sie ja auch gar nicht erkennen: kennt er denn überhaupt die Menschenseele? Er ist ein abstrakter Mensch, ein unruhiger Träumer sein ganzes Leben lang. Er erkannte sie auch später in Petersburg nicht, in der vornehmen Dame, als er, wie er selbst in seinem Briefe an Tatjana sagte, „mit seiner Seele alle ihre Vollkommenheiten begriff". Aber es sind nur Worte: sie ging an ihm in seinem Leben von ihm unerkannt und nicht gewürdigt vorüber. Wäre aber damals, bei ihrer ersten Begegnung auf dem Lande, zufällig der englische Childe Harold oder vielleicht sogar Lord Byron selbst anwesend, der Onegin auf ihre bescheidene, scheue Schönheit aufmerksam machte, – dann wäre Onegin natürlich erstaunt und entzückt, denn in solchen Weltschmerzträgern steckt zuweilen viel geistiges Lakaientum! Das geschah aber nicht, und der Sucher der Weltharmonie begab sich, nachdem er ihr eine Predigt gehalten und eigentlich doch sehr anständig gehandelt hatte, mit seinem

Weltschmerz und mit dem aus dummer Bosheit vergossenen Blute an den Händen auf die Wanderung durch seine Heimat, die er dabei gar nicht sieht, und rief, vor Kraft und Gesundheit strotzend:

Jung bin ich, voller zähem Leben,
Wozu! Was kann das Dasein geben!

Dies verstand aber Tatjana. Der Dichter hat sie in den unsterblichen Strophen des Romans dargestellt, wie sie das Haus dieses für sie noch wundersamen und rätselhaften Menschen besucht. Ich spreche schon gar nicht von der künstlerischen Vollendung, unerreichbaren Schönheit und Tiefe dieser Strophen. Da ist sie in seinem Kabinett, sie sieht sich seine Bücher und andere Sachen an und bemüht sich, aus ihnen seine Seele zu begreifen, ihr Rätsel zu lösen, und der „moralische Embryo" bleibt plötzlich, nachdenklich, mit einem seltsamen Lächeln auf den Lippen, in der Vorahnung der Lösung des Rätsels stehen, und ihre Lippen flüstern leise:

Ist er nicht eine Parodie?

Ja, das mußte sie flüstern, sie hatte es erraten. Bei ihrer neuen Begegnung in Petersburg nach vielen Jahren kennt sie ihn schon vollkommen. Wer hat übrigens gesagt, daß das Leben am Hofe ihre Seele zersetzend beeinflußt habe und daß die Stellung in der höchsten Gesellschaft und die Begriffe dieser Gesellschaft der Grund ihrer Weigerung, Onegin zu folgen, gewesen seien? Nein, es verhielt sich gar nicht so. Nein, es ist dieselbe Tanja, die frühere, ländliche Tanja! Sie ist durch das glänzende Petersburger Leben nicht verdorben, sondern im Gegenteil – bedrückt, sie ist gebrochen und leidet; sie haßt ihre Stellung einer Salondame, und wer sie anders beurteilt, der versteht gar nicht, was Puschkin sagen wollte. Und sie erklärt Onegin sehr bestimmt:

Doch bin ich eines andern Weib,
Dem ich auf ewig treu verbleib.

Das sagte sie als russische Frau, und darin liegt ihre Apotheose. Sie spricht die Wahrheit des Poems aus. Ich will kein Wort über ihre religiösen Überzeugungen sagen, über ihr Verhältnis zum Sakrament der Ehe – nein, dies will ich nicht berühren. Aber ich frage: Weigert sie sich deshalb, ihm zu folgen, obwohl sie ihm selbst gesagt hat: „Ich liebe Sie", weil sie „als russische Frau" (und nicht Südländerin, oder Französin) eines kühnen Schrittes unfähig ist und keine Kraft hat, ihre Fesseln zu zerreißen, keine Kraft, den Zauber der Ehren, des Reichtums, ihrer Stellung in der Gesellschaft, die Bedingungen der Tugend zu opfern? Nein, die russische Frau ist kühn. Die russische Frau folgt tapfer allem, woran sie glaubt, und sie hat es schon bewiesen. Sie ist aber „eines andern Weib, dem sie auf ewig treu verbleibt". Wem ist sie aber treu? Welchen Pflichten? Diesem alten General vielleicht, den sie nicht lieben kann, weil sie Onegin liebt, und den sie nur deshalb geheiratet hat, weil „die Mutter sie unter Tränen angefleht" hatte und in ihrer gekränkten und verwundeten Seele damals nur die Verzweiflung und gar keine Hoffnung, nicht der leiseste Lichtschimmer gewesen war? Ja, sie ist diesem General, ihrem Gatten, dem ehrlichen Menschen, der sie liebt und achtet und auf sie stolz ist, treu. Mag die Mutter sie „angefleht" haben; die Einwilligung gab aber sie und niemand anders, sie schwur selbst, ihm ein treues Weib zu sein. Und wenn sie ihn nur aus Verzweiflung geheiratet hat, jetzt ist er ihr Gatte, und ihre Untreue würde ihn mit Schmach und Schande bedecken und töten. Darf aber ein Mensch sein Glück auf dem Unglücke eines andern gründen? Das Glück liegt nicht nur in den Wonnen der Liebe, sondern auch in der höchsten Harmonie des Geistes. Womit kann man den Geist beruhigen, wenn man hinter sich eine unreine, grausame, unmenschliche Tat hat? Soll sie nur deswegen fliehen, weil sie ihr eigenes Glück sieht? Aber was kann es für ein Glück sein, wenn es auf fremdem Unglück begründet ist? Erlauben Sie mal: Stellen Sie sich vor, daß

Sie selbst den Bau des menschlichen Schicksals errichten, mit dem Ziele, die Menschen letzten Endes zu beglücken und ihnen endlich Frieden und Ruhe zu geben. Und stellen Sie sich ferner vor, daß man zu diesem Zweck unbedingt und unvermeidlich auch nur ein einziges menschliches Wesen totquälen müsse, und ich sage noch mehr: ein gar nicht wertvolles, für manchen Geschmack sogar lächerliches Wesen, keinen Shakespeare, sondern einfach einen alten ehrlichen Gatten einer jungen Frau, an deren Liebe er blind glaubt, obwohl er ihr Herz gar nicht kennt, die er achtet, auf die er stolz ist, die sein Glück und seine Ruhe ist. Es gilt also, diesen einzigen Menschen zu entehren, totzuquälen und auf den Tränen dieses entehrten Greises das Gebäude zu errichten! Wollen Sie unter diesen Bedingungen den Bau aufführen? Das ist die Frage. Und können Sie auch nur einen Augenblick lang annehmen, daß die Menschen, für die Sie das Gebäude errichtet haben, einwilligen werden, von Ihnen dieses Glück zu empfangen, wenn im Fundamente dieses Baues das Leid eines, wenn auch unbedeutenden, aber erbarmungslos und ungerechterweise totgequälten Wesens liegt, und nach Empfang dieses Glückes ewig glücklich zu bleiben? Sagen Sie, konnte denn Tatjana mit ihrer erhabenen Seele, mit ihrem Herzen, das so viel gelitten hat, anders beschließen? Nein, die reine russische Seele entscheidet die Frage so: „Mag ich allein das Glück verlieren, mag mein Unglück unermeßlich größer sein als das Unglück dieses Greises, mag schließlich kein Mensch, und selbst dieser Greis nicht, von meinem Opfer erfahren und es nach Gebühr würdigen – aber ich will nicht glücklich sein, nachdem ich einen andern zugrunde gerichtet habe!" Hier ist eine Tragödie, sie spielt sich auch ab, die Grenze läßt sich nicht mehr überschreiten, es ist zu spät, und so weist Tatjana Onegin zurück. Man wird einwenden: Auch Onegin ist unglücklich, sie hat den einen gerettet und den andern zugrunde gerichtet. Gestatten Sie, das ist eine andere Frage, vielleicht sogar die wichtigste im ganzen Poem. Die Frage, warum Tatjana nicht mit Onegin gegangen ist, hat übrigens bei uns, wenigstens in unserer Literatur eine sehr charakteristische Vorgeschichte, und darum erlaubte ich mir, mich über sie so zu verbreiten. Am charakteristischsten ist, daß die moralische Lösung dieser Frage bei uns lange Zeit Zweifeln unterlag. Ich denke mir aber, selbst wenn Tatjana ihre Freiheit hätte, wenn ihr Mann gestorben und sie Witwe geworden wäre, selbst dann würde sie Onegin nicht folgen. Man muß doch das ganze Wesen dieses Charakters verstehen. Sie sieht ja, was er ist; der ewig Heimatlose hat eine Frau, die er früher verschmähte, in einer neuen, glänzenden, ihm unerreichbaren Umgebung erblickt; diese Umgebung ist vielleicht das Wichtigste an der Sache. Das kleine Mädchen, das er einst beinahe verachtete, wird jetzt von der „Gesellschaft" verehrt, von den Kreisen, die für Onegin, trotz seines auf die ganze Welt gerichteten Strebens eine schreckliche Autorität bedeuten, – darum stürzt er ja wie geblendet zu ihr hin! Das ist mein Ideal, ruft er aus, das ist meine Rettung, das ist das Ziel meiner Sehnsucht, ich habe es übersehen, aber „das Glück war schon so nahe, so möglich!" Und wie früher Aleko über Semfira, so fällt er über Tatjana her, in seiner launischen Phantasie alle Lösungen suchend. Sieht denn Tatjana es nicht, hat sie ihn nicht schon längst durchschaut? Sie weiß ja bestimmt, daß er im Grunde genommen nur seine eigene neue Phantasie liebt und nicht sie, die nach wie vor bescheidene Tatjana! Sie weiß, daß er sie für etwas anderes hält, als was sie in Wirklichkeit ist, daß er vielleicht gar nicht sie liebt, daß er vielleicht überhaupt niemand liebt und keiner Liebe fähig ist, und wenn er noch so sehr leidet! Er liebt die Phantasie, aber auch er selbst ist eine Phantasie. Wenn sie ihm folgt, wird er ja schon morgen enttäuscht sein und seine eigene Leidenschaft mit Hohn ansehen. Er hat keinerlei Boden, er ist ein vom Winde herumgetriebener Halm. Sie aber ist gar nicht so: in ihrer Verzweiflung, in ihrer quälenden Erkenntnis, daß ihr Leben zugrunde gerichtet ist, hat sie immerhin etwas Festes und Unerschütterliches, worauf sich ihre Seele stützt. Es sind ihre Erinnerungen an die Kindheit, an die Heimat, an die ländliche Einöde, in der ihr bescheidenes reines Leben begonnen hatte, an „das Kreuz und den Schatten der Zweige" über dem Grabe ihrer alten Kinderfrau. Ja, diese Erinnerungen und Bilder der Vergangenheit sind ihr jetzt wertvoller als alles; diese Bilder sind das einzige, was ihr noch geblieben ist, aber sie retten sie vor endgültiger Verzweiflung. Und das ist gar nicht wenig, es ist sehr viel, denn es ist eine Grundlage, etwas Unerschütterliches und Unzerstörbares. Hier ist eine Berührung mit der Heimat, mit dem Volke und dessen Heiligtümern. Was hat aber er und was ist er? Sie wird ihm doch nicht bloß aus Mitleid folgen, nur um ihm Freude zu machen, um ihm aus unendlichem liebevollen Mitleid das Gespenst eines Glückes zu schenken, ganz sicher wissend, daß er schon morgen dieses Glück verspotten wird. Nein, es gibt tiefe und starke Seelen, die ihr Heiligtum, selbst aus unendlichem Mitleid, niemals bewußt dem Spotte aussetzen können. Nein, Tatjana konnte nicht Onegin folgen.

Puschkin trat also im „Onegin", in diesem unsterblichen und unerreichbaren Poem, als der große Volksdichter auf, wie es einen solchen vor ihm noch nicht gegeben hat. Er hatte auf einen Schlag, auf die treffendste und scharfblickendste Weise die Tiefe unseres Wesens, unserer über dem Volke stehenden Gesellschaft erfaßt. Puschkin, der den Typus des heimatlosen Russen vor unseren Tagen und in unseren Tagen festgestellt, dessen historische Schicksale und gewaltige Bedeutung für unsere künftigen Schicksale durch seinen genialen Spürsinn erraten und neben ihn den Typus der positiven und zweifellosen Schönheit in Gestalt einer russischen Frau hingestellt hat, dieser selbe Puschkin zeigte uns, natürlich wiederum als erster unter den russischen Schriftstellern, in den anderen Werken der gleichen Periode eine ganze Reihe schöner russischer Typen, die er im russischen Volke gefunden hat. Die höchste Schönheit dieser Typen ist ihre Wahrheit, eine zweifellose und greifbare Wahrheit, so daß man sie nicht mehr leugnen kann: sie stehen wie aus Stein gemeißelt da. Ich erinnere noch einmal daran, daß ich nicht als Literarkritiker spreche, und darum werde ich auch meinen Gedanken nicht durch eine eingehende literarische Wertung dieser genialen Werke unseres Dichters erläutern. Über den Typus des russischen Mönches und Chronisten könnte man z. B. ein ganzes Buch schreiben, um auf die ganze große Bedeutung dieser erhabenen russischen Gestalt hinzuweisen, die Puschkin auf der russischen Erde gefunden, die er geschildert, aus Stein gemeißelt und vor uns für alle Ewigkeit in ihrer zweifellosen, demütigen und erhabenen Schönheit hingestellt hat als ein Zeugnis des mächtigen Geistes des Volkslebens, welcher Gestalten von so unerschütterlicher Wahrheit hervorzubringen vermag. Dieser Typus ist gegeben, er steht fest, man kann ihn nicht mehr anzweifeln, man kann nicht sagen, daß er nur eine Erfindung und Idealisierung des Dichters sei. Sie sehen ihn selbst und Sie geben zu, ja, er ist, folglich existiert auch der Geist des Volkes, der ihn geschaffen, folglich gibt es auch die lebendige Kraft dieses Geistes, und sie ist groß und unermeßlich. Überall hört man bei Puschkin seinen Glauben an den russischen Charakter und an dessen geistige Kraft heraus; und wo dieser Glaube ist, da ist auch eine Hoffnung, die große Hoffnung auf den russischen Menschen.

Auf Ruhm und auf das Gute hoffend,
Blick vorwärts ohne Bangen ich,

sagte der Dichter bei einem andern Anlaß, aber diese Worte kann man auf seine ganze nationale schöpferische Tätigkeit beziehen. Kein russischer Schriftsteller, weder vor ihm, noch nach ihm hatte sich so herzlich und verwandtschaftlich mit seinem Volke vereinigt wie Puschkin. Gewiß, unter unseren Schriftstellern gibt es viele Kenner unseres Volkes, die talentvoll, treffend und auch mit Liebe über unser Volk schreiben; wenn man sie aber mit Puschkin vergleicht, so sind sie alle, bisher nur mit einer, höchstens mit zwei Ausnahmen unter seinen späteren Nachahmern, nur „Herren", die über das Volk schreiben. Bei den begabtesten unter ihnen, selbst bei diesen beiden Ausnahmen, von denen ich eben sprach, kommt hie und da etwas Hochmütiges zum Durchbruch, etwas aus einem andern Milieu, aus einer anderen Welt, ein Bestreben, das Volk zu sich emporzuheben und es durch dieses Emporheben zu beglücken. Bei Puschkin finden wir aber eine echte Verwandtschaft mit dem Volke, die zuweilen an Rührung grenzt. Man lese nur die Geschichte vom Bären, dessen Bärin der Bauer getötet hat, oder besinne sich auf die Verse:

Schwager Iwan, wenn wir trinken ...

und man wird verstehen, was ich sagen will.

Alle diese Schätze der Kunst und des künstlerischen Erschauens sind von unserm großen Dichter gleichsam als Fingerzeige für die nach ihm kommenden Dichter, für die künftigen Arbeiter auf dem gleichen Acker hingestellt. Man darf mit Bestimmtheit sagen: Hätte es keinen Puschkin gegeben, so gäbe es auch die späteren Dichter nicht. Jedenfalls wären sie, trotz ihrer großen Begabung, nicht mit solcher Kraft und Klarheit hervorgetreten, die sie später, schon in unseren Tagen, zu zeigen vermochten. Aber es handelt sich nicht nur um die Poesie, nicht nur um das künstlerische Schaffen: hätte es Puschkin nicht gegeben, so wäre vielleicht niemals mit so unerschütterlicher Kraft (wie später, wenn auch nicht bei allen, sondern nur bei sehr wenigen) unser Glaube an unsere russische Selbständigkeit zum Ausdruck gekommen, unsere jetzt schon bewußte Hoffnung auf die Kräfte unseres Volkes und dann auch der Glaube an unsere kommende selbständige Bestimmung in der europäischen Völkerfamilie. Diese Bedeutung Puschkins kommt besonders klar zum Bewußtsein, wenn man sich in das vertieft, was ich die dritte Periode seiner künstlerischen Tätigkeit nenne.

Und ich sage wieder: Zwischen diesen Perioden lassen sich keine scharfen Grenzen ziehen. Einige von den Werken selbst dieser dritten Periode könnten auch ganz zu Beginn des dichterischen Schaffens unseres Dichters entstanden sein, denn Puschkin war stets ein ganzer und vollkommen ausgebildeter Organismus, der alle seine Keime in sich trug und sie nicht von außen empfing. Die Außenwelt weckte in ihm nur das, was schon in der Tiefe seiner Seele enthalten war. Dieser Organismus entwickelte sich aber, und die Perioden dieser Entwicklung lassen sich wirklich verfolgen, ebenso wie man in jeder von ihnen ihren besonderen Charakter und den allmählichen Übergang aus der einen Periode zu der nächsten feststellen kann. So kann man zu der dritten Periode jene Gruppe seiner Werke zählen, in der vorwiegend allweltliche Ideen aufleuchten, in denen sich die poetischen Gestalten anderer Völker spiegeln und die Genien dieser Völker ihre Verkörperung finden. Einige dieser Werke erschienen erst nach dem Tode Puschkins. Und gerade in dieser Periode seiner Tätigkeit stellt unser Dichter sogar etwas Wunderbares, vor ihm Niedagewesenes und Unerhörtes dar. In den europäischen Literaturen hat es wohl kolossale künstlerische Genies gegeben: Shakespeare, Cervantes, Schiller. Aber man zeige mir unter diesen großen Genies nur ein einziges, das über eine solche allweltliche Resonanzfähigkeit verfügte wie Puschkin. Diese Fähigkeit, die wichtigste Fähigkeit unseres Volkstums, teilt er eben mit unserem Volke, und gerade darin ist er in erster Linie Volksdichter. Die allergrößten europäischen Dichter vermochten niemals in sich das Genie eines fremden, vielleicht nachbarlichen Volkes, seinen Geist, die ganze heimliche Tiefe dieses Geistes und die ganze Sehnsucht seiner Sendung mit solcher Kraft zu verkörpern, wie es Puschkin vermochte. Im Gegenteil, wenn sich die europäischen Dichter an fremde Völker wandten, so kleideten sie sie meistens in ihr eigenes Volkstum und deuteten alles nach eigenem Sinn. Selbst bei Shakespeare ist es so: seine Italiener z. B. sind immer die gleichen Engländer. Puschkin hat als einziger unter allen Dichtern der Welt die Fähigkeit, in einem andern Volkstum aufzugehen. Da sind seine „Szenen aus dem Faust", da ist „Der geizige Ritter" und die Ballade „Lebte einst ein armer Ritter". Man lese seinen „Don Juan": stünde nicht Puschkins Name darunter, würde man niemals vermuten, daß es nicht von einem Spanier geschrieben ist. Was für tiefe, phantastische Gestalten finden sich im Poem „Das Gastmahl während der Pest"! Aber in diesen phantastischen Gestalten sieht man den Genius Englands; dieses herrliche Lied des Helden des Poems von der Pest, dieses schöne Lied Marys mit den Versen:

Unsrer Kinder Stimmen hallten
Durch der Schule Zimmerflucht –

ist ein englisches Lied, es ist die Sehnsucht des britischen Genius, sein Weinen, seine qualvolle Vorahnung seiner Zukunft. Man lese die seltsamen Verse:

Auf einer Wanderung ein wildes Tal durchstreifend ...

Es ist eine fast wörtliche Wiedergabe der ersten drei Seiten des seltsamen mystischen Prosawerkes eines altenglischen religiösen Sektierers* – ist es aber nur eine Nacherzählung? In der traurigen und verzückten Musik dieser Verse fühlt man die tiefste Seele des nordischen Protestantismus, die Seele des englischen Ketzers, des uferlosen Mystikers mit seinem stumpfen, dunklen und unbezwingbaren Streben und mit der ganzen Schrankenlosigkeit seiner mystischen Träume. Wenn man diese seltsamen Verse liest, glaubt man den Geist der Jahrhunderte der Reformation zu spüren, man begreift das kriegerische Feuer des entstehenden Protestantismus, man begreift sogar die Geschichte selbst, und zwar nicht nur mit dem Verstand, sondern so, als ob man selbst dort gewesen wäre, das bewaffnete Heer der Sektierer gesehen, mit ihnen ihre Hymnen gesungen, in ihrer mystischen Verzückung geweint und an dasselbe geglaubt hätte, was sie glaubten. Da sind übrigens neben diesem religiösen Mystizismus die gleichfalls religiösen Strophen aus dem Koran oder aus „Frei nach dem Koran": ist es nicht der Islam, ist es nicht der eigentliche Geist des Korans und sein Schwert, die einfältige Größe des Glaubens und seine drohende blutige Gewalt? Und da ist auch die Antike, da sind die „Ägyptischen Nächte", die irdischen Götter, die über ihrem Volke thronen, den Genius des Volkes und sein Streben schon verachten, an das Volk nicht mehr glauben, in ihrer Lostrennung wahnsinnig geworden sind und sich in ihrer

---

* John Bunyan (1628–1688), englischer Baptistenprediger und Schriftsteller, u. a. Autor von „The Pilgrim's Progress".

letzten Langenweile an phantastischen Grausamkeiten, an der Wollust von Insekten, der Wollust der Spinne, die ihr Männchen verzehrt, ergötzen. Ich erkläre auf das bestimmteste, daß es einen Dichter mit einer solchen allweltlichen Resonanzfähigkeit wie Puschkin noch nicht gegeben hat, und es handelt sich sogar nicht um die Resonanzfähigkeit, sondern um ihre erstaunliche Tiefe, um die Umwandlung seines Geistes in den Geist anderer Völker, eine fast vollkommene Umwandlung, die ganz wunderbar ist, weil diese Erscheinung sich bei keinem andern Dichter der ganzen Welt wiederholt. Das finden wir nur bei Puschkin, und in diesem Sinne ist er, ich wiederhole es, eine noch nie dagewesene und unerhörte, darum auch, wie ich es nenne, prophetische Erscheinung, denn ... denn darin äußerte sich am stärksten seine national russische Kraft, die Volkstümlichkeit seiner Poesie, das Volkstum in seiner weiteren Entwicklung, das Volkstum unserer Zukunft, die in unserer Gegenwart schon enthalten ist, und es äußerte sich prophetisch. Denn was ist die Kraft des russischen Volksgeistes in seinen letzten Zielen anderes als das Streben nach Allweltlichkeit und Allmenschlichkeit? Als Puschkin ein durchaus volkstümlicher Dichter wurde, erfaßte er, sobald er nur mit der Kraft des Volkes in Berührung kam, die große kommende Bedeutung dieser Kraft. Hier ist er ein Seher und ein Prophet.

Was ist uns wirklich die Reform Peters des Großen, sogar nicht nur in der Zukunft, sondern auch darin, was schon war, was schon greifbar geworden ist? Was bedeutete uns diese Reform? Sie war für uns doch nicht bloß die Aneignung europäischer Kleider, Sitten und Erfindungen und der europäischen Wissenschaft. Vertiefen wir uns in das Wesen der Sache. Gewiß, es ist sehr möglich, daß Peter diese Reform zuerst nur in diesem Sinne in Angriff nahm, d. h. in einem ausgesprochen utilitaren Sinne; aber später, bei der weiteren Entwicklung seiner Idee folgte er zweifellos einem gewissen heimlichen Instinkt, der ihn in seinem Werke zu künftigen Zielen trieb, zu viel gewaltigeren Zielen, als es der nächstliegende Utilitarismus ist. Ebenso hatte auch das russische

Volk die Reform nicht aus bloßem Utilitarismus angenommen, sondern weil es durch seinen Instinkt zweifellos fast sofort ein gewisses anderes Ziel ahnte, das unvergleichlich höher war als dieser Utilitarismus, – es ahnte dieses Ziel, ich wiederhole es, unbewußt, aber dennoch unmittelbar und lebendig. Wir fingen ja damals sofort an, nach der lebendigsten Einigung, nach der allmenschlichen Vereinigung zu streben! Wir nahmen in unsere Seele nicht feindselig (wie es anscheinend hätte sein müssen), sondern freundschaftlich, mit vollkommener Liebe die Genien der anderen Nationen auf, aller zugleich, ohne dem einen oder andern Volke den Vorzug zu geben, durch unseren Instinkt schon fast beim ersten Schritt die Widersprüche unterscheidend und beseitigend, die Verschiedenheiten entschuldigend und anpassend, und zeigten schon darin unsere auch uns selbst erst eben zum Bewußtsein gekommene Bereitschaft und Neigung zu einer allmenschlichen Vereinigung mit allen Völkern des großen arischen Stammes. Ja, die Bestimmung des russischen Menschen ist zweifellos alleuropäisch und allweltlich. Ein wirklicher Russe, ganz Russe sein, heißt vielleicht nur (letzten Endes, ich bitte das zu unterstreichen) ein Bruder aller Menschen sein, ein Allmensch, wenn man so will. Unser ganzes Slawophilentum und Westlertum ist nur ein großes, wenn auch historisch notwendiges Mißverständnis. Dem echten Russen ist Europa und das Los des großen arischen Stammes ebenso teuer wie Rußland selbst, wie das Los seiner heimatlichen Erde, denn unser Los ist die Allweltlichkeit, und zwar keine mit dem Schwerte erkämpfte, sondern eine durch die Kraft der Brüderlichkeit und des brüderlichen Strebens nach einer Vereinigung der Menschen erworbene. Wenn man in unsere Geschichte nach der Reform Peters eindringen will, so findet man schon Spuren und Andeutungen dieser Idee, dieses meines Gedankens, wenn man will im Charakter unserer Beziehungen zu den Völkern Europas, sogar in unserer Staatspolitik. Denn was tat Rußland diese zwei Jahrhunderte lang in seiner äußeren Politik anderes, als daß es Europa diente, vielleicht sogar in viel höherem Maße als sich selbst? Ich glaube nicht, daß

dies nur auf der Unfähigkeit unserer Politiker beruhte. Die Völker Europas wissen gar nicht, wie teuer sie uns sind! In der Zukunft, ich glaube daran, werden wir, d. h. natürlich nicht wir, sondern die zukünftigen russischen Menschen alle ohne Ausnahme begreifen, daß echter Russe sein nichts anderes bedeutet als: danach streben, die europäischen Widersprüche endgültig zu versöhnen, der europäischen Sehnsucht den Ausweg in der russischen allmenschlichen und allvereinenden Seele zu zeigen, in sie mit brüderlicher Liebe alle unsere Brüder aufzunehmen und schließlich und endlich vielleicht auch das endgültige Wort der großen allgemeinen Harmonie auszusprechen, der brüderlichen endgültigen Einigung aller Völker nach dem Gesetze Christi und des Evangeliums! Ich weiß, ich weiß allzu gut, daß meine Worte ekstatisch, übertrieben und phantastisch erscheinen können. Sollen sie es nur, ich bereue nicht, daß ich sie ausgesprochen habe. Das mußte ausgesprochen werden, besonders aber jetzt, bei der Ehrung unseres großen Genies, das gerade diese Idee mit seiner künstlerischen Kraft verkörpert hatte. Dieser Gedanke ist ja schon mehr als einmal ausgesprochen worden, und ich sage durchaus nichts Neues. Vor allen Dingen wird es als Selbstüberhebung erscheinen: „Wir und unser armes, rohes Land sollen eine solche Bestimmung haben? Uns ist es Vorbehalten, der Menschheit ein neues Wort zu verkünden?" Nun, spreche ich denn von wirtschaftlichem Ruhm, vom Ruhm des Schwertes oder der Wissenschaft? Ich spreche ja nur von der Verbrüderung der Völker und davon, daß das russische Herz zu so einer allmenschlich brüderlichen Vereinigung vielleicht mehr als die Herzen aller anderen Völker vorbestimmt ist, und ich sehe Hinweise darauf in unserer Geschichte, in unseren begabten Menschen, im künstlerischen Genie Puschkins. Mag unser Land arm sein, aber dieses arme Land „hat in Knechtsgestalt durchschritten Christus selbst mit seinem Segen".*
Warum sollen wir auch nicht Sein letztes Wort fassen? Und

---

* Aus einem Gedicht Fjodor Tjutschews (1803–1873), Lyriker, Chef der ausländischen Zensur.

kam Er denn selbst nicht in einer Krippe zur Welt? Ich wiederhole: Wir können wenigstens auf Puschkin hinweisen, auf die Allweltlichkeit, die Allmenschlichkeit seines Genies. Er verstand es doch, fremde Genien wie eigene in seine Seele aufzunehmen. In der Kunst, im künstlerischen Schaffen hat er jedenfalls dieses Streben des russischen Geistes nach Allweltlichkeit unzweifelhaft geäußert, und darin liegt schon ein großer Hinweis. Wenn unser Gedanke nur eine Phantasie ist, so kann sich diese Phantasie wenigstens auf Puschkin stützen. Hätte er länger gelebt, so hätte er vielleicht unsterbliche, große Gestalten der russischen Seele gezeigt, die unsern europäischen Brüdern schon verständlich wären, hätte uns den Europäern vielleicht viel näher gebracht, als wir es jetzt sind, hätte ihnen die ganze Wahrheit unseres Strebens gezeigt, und sie würden uns dann besser verstehen als jetzt, würden uns erraten und aufhören, uns so argwöhnisch und hochmütig anzusehen, wie sie uns jetzt ansehen. Hätte Puschkin länger gelebt, so wären vielleicht auch unter uns weniger Mißverständnisse und Streitigkeiten als jetzt. Gott hat es aber anders gewollt. Puschkin ist in voller Blüte seiner Kraft gestorben und hat zweifellos ein Geheimnis ins Grab mitgenommen. Und nun enträtseln wir ohne ihn dieses Geheimnis.

Nachwort des Herausgebers

Das politische Leben Dostojewskis wird 1849 öffentlich. In einem Geheimzirkel in der Wohnung seines Freundes Petraschewski hatte man vor allem französische Sozialutopisten wie Fourier, Cabet und Proudhon diskutiert. Dostojewski war unter anderem dadurch aufgefallen, daß er einen radikalen politischen Brief des nachmals berühmten Kritikers Belinski an Gogol vorgelesen hatte. Die Gruppe wurde verhaftet, angeklagt, Dostojewski und andere zum Tode verurteilt. In einer von Zar Nikolaus I. inszenierten Hinrichtung wurde den Verurteilten, die bereits vor ihren ausgehobenen Gräbern an Pfähle gebunden waren, von einem Boten mitgeteilt, daß ihnen der Zar das Leben schenke. Dostojewski wurde in Ketten in die Katorga von Omsk in Sibirien gebracht, wo er vier schwere Jahre verbrachte, denen weitere Zwangsjahre als Soldat folgten. Erst dann durfte er nach St. Petersburg zurückkehren.

Seine politische Haltung erfuhr durch den Leidensweg keine Radikalisierung, ähnlich wie jene Raskolnikows in „Schuld und Sühne". Er löste sich von der Entwicklung zahlreicher russischer Intellektueller zum atheistischen Sozialismus und näherte sich entschieden dem Christentum und einem patriotischen Monarchismus. Noch aus der Verbannung huldigte er in einem Brief an den Zaren dem autokratisch geführten russischen Vaterland, was keineswegs im Opportunismus, sondern in seiner inneren Wandlung gründete. Seine Annäherung an das einfache Volk widerstand der Erfahrung der völlig unsolidarischen, entmenschten Umgebung seiner Mithäftlinge, in denen er in seltenen Augenblicken Gläubigkeit und tiefe Güte durchschimmern sah. Die Entdeckung verschütteter Menschlichkeit findet sich in seinen frühen Romanen, wie in den „Aufzeichnungen aus einem Totenhaus", aber auch in seiner politischen

Publizistik, die in der zusammen mit seinem Bruder Michail gegründeten Zeitschrift „Wremje" (*Die Zeit*) einsetzte. Die „Wremje" wurde 1863 wegen eines polonophilen Artikels verboten. Die 1864 gegründete Nachfolgezeitschrift „Epocha" ging bald wieder ein.

❖

Dostojewskis politische Einlassungen intensivierten sich mit seinem „Tagebuch eines Schriftstellers", das 1873 in der von Fürst Metscherski geführten Zeitschrift „Graschdanije" (*Der Bürger*) zu erscheinen begann. 1874 wurde er wegen einer Verletzung der Zensurvorschriften kurze Zeit verhaftet. Sein „Tagebuch" veröffentlichte er von 1876 bis 1881 im Selbstverlag, es enthielt nicht nur politische Artikel, sondern unter anderem auch literarische Prosa.

Mit seiner Arbeit an den „Brüdern Karamasow" zieht sich Dostojewski zunehmend von rein politischer Publizistik zurück, auch von seinem Einsatz für eine russische Großmachtpolitik. 1881 erschienen noch zwei Hefte des Tagebuchs, in denen sich auch die berühmte Rede über Puschkin fand, die wir wegen ihres einflußreichen metapolitischen Gehalts hier abdrucken.

Unübersehbar und bedeutend sind die politischen Implikationen in seinen großen Romanen, wie in den „Dämonen", im „Idiot" und den „Brüder Karamasow".

Das Menschenbild Dostojewskis ist definitorisch schwer zu fassen, wie es bei einem großen Autor, in dessen Werk sich Menschen entwickeln und wandeln, nicht erstaunlich ist. Diese Schaffensprozesse bewegen auch sein politisches Denken. Die konkrete Erfahrung und die Zugänge zu den Erniedrigten und zu den Erniedrigern liegen ihm zu Grunde. Er sieht den russischen Menschen, dem er sich hauptsächlich zuwendet, im einfachen Volk, im Bauern, in dem sich, zumindest in Spuren, Güte, Offenheit, Christlichkeit, Brüderlichkeit und Menschlichkeit finden, zuletzt die Wendung zur Allmenschlichkeit, wie er im Schlußteil der Puschkinrede ausführt: „Ein echter und ganzer Russe werden heißt vielleicht nur: ein Bruder aller Menschen werden, ein Allmensch." Diese Offenheit findet er nicht in der „Nation", die für Turgenjew und für ihn die Gemeinschaft der Gebildeten ist, die zwischen Westlertum und Nationalismus oszilliert, sondern im „einfachen" Volk, auch wenn er es in seiner entsetzlichen Niedrigkeit in der Katorga gesehen hat. Den polnischen Mithäftling, der angesichts dieser Hefe „Je haïs ces brigands" hervorstößt, weist er zurück. Der Bauer Marei aber in seiner tiefen, schützenden Güte oder der einfache Soldat Foma Danilow, dessen Treue zum Zaren und zum Christentum sich unter den entsetzlichen Martern der Kiptschaken bewährt, sind Prototypen des tiefen Rußlands. Vom Volk kommt das Heil Rußlands.

Mit Iwan III., der mit der Tochter des letzten Kaisers von Byzanz vermählt war, hatten die Zaren nicht nur das Wappen und die Etikette von Ostrom übernommen, sondern auch den Anspruch auf Konstantinopel und dessen macht- und kirchenpolitisches Erbe. Später hat sich diese Idee mit dem Panslawismus vermählt, der sich vor allen an die Südslawen unter türkischer Herrschaft richtete. Der Versuch, Konstantinopel zu erobern, wurde nach dem Krimkrieg zuletzt wieder im türkisch-russischen Krieg 1876/77 von den Westmächten vereitelt, als die russischen Truppen bereits knapp vor diesem Ziel standen. Zum anderen hatte Peter der Große in seinem Testament seinen Nachfolgern die Richtung nach Asien, sogar bis Indien gewiesen. Auch Dostojewski ist dem gefolgt, als er sagte „in Europa sind wir nur Sklaven, in Asien sind wir die Herren."

Etwas verkürzt hat man hat man die politische Entwicklung Dostojewskis beschrieben: Vom utopischen Sozialisten zum Slawophilen, zum Panslawisten und russischen Imperialisten. Den „Westlern", die auch ideologisch die Hinwendung Peter des Großen zum europäischen Westen fortführten, setzt er ein intransigentes Russentum entgegen. Schon N. Danilewski diagnostizierte 1866 in seiner Kulturzyklen-Theorie „Rußland und Europa" (Deutsch 1920) in der germanisch-romanischen Kultur den Katholizismus als Produkt der Lüge und Anmaßung, den Protestantismus als Verleugnung aller Religion und setzte ihr die allslawische Kultur entgegen. In den „Dämonen" sagt Schatow, ein Volk sei nur solange Volk, solange es seinen eigenen Gott habe. „Das einzige Gottesvolk aber sind wir, das russische Volk". Den Westlern begegnet Dostojewski mit Energie, die Beziehung zu Turgenjew, der Deutschland als sein zweites Vaterland betrachtet, bricht er ab. Dabei baut er nicht auf eine reine Antiposition, wenn er die technische Zivilisation des Westens übernehmen will.

In späteren Schriften sieht er den Russen als Allmenschen, der versöhnend Slawen, Europa aber auch Asien umarmen soll; der weiße Zar muß in Asien auch der Zar des Kalifen werden. Die Russen müssen ihren Führungsanspruch sehen und wollen: „Jedes große Volk ... glaubt und muß glauben, daß nur in ihm allein das Heil der Welt ruhe, daß es nur dazu lebe, um an der Spitze der anderen Völker zu stehen, um sie alle in sich aufzunehmen und sie in einem harmonischen Chore zum endgültigen, ihnen allein vorbestimmten Ziel zu führen."

Auf dem Weg zur Weltversöhnung muß Rußland den Weg des Krieges gehen, den er nicht nur als politisches Instrument, sondern als Element der Klärung und Läuterung ansieht. Das Ethos des Kriegers besteht nicht darin, andere totzuschlagen, sondern sich zu opfern. Er ist für den Russisch-Türkischen Krieg von 1877, und dessen Ziel, den Zaren zum Protektor der christlichen Untertanen des Sultans zu machen und Konstantinopel zu nehmen. Dostojewskis panslawistischer Ansatz zielt vor allem auf die Balkanslawen, die Brüder des Blutes, der Sprache und der Orthodoxie. Die katholischen Polen und Tschechen interessieren ihn wenig bzw in einem anderen Zusammenhang.

Dabei bleibt er politisch nicht nur im Großräumigen und Visionären: In den hier abgedruckten Aufsätzen „Träumereien ..." und „Meinung eines Bürokraten ..." äußert er sich zu innenpolitischen Tages- und Strukturfragen wie dem Budget oder der Funktion der Bürokratie.

Der Katholizismus zählt zu Dostojewskis zentralen Feindbildern. Neben theologischen Gründen stehen der universalistische Anspruch der Kirche und die weltliche Herrschaft des Papstes seinem Wertekatalog aus Orthodoxie, Autokratie und slawischer Sendung entgegen. Ja, er geht noch weiter, wenn er im „Idiot" Fürst Myschkin sagen läßt: „Meiner Meinung nach ist der römische Katholizismus nicht einmal eine Religion, sondern die Fortsetzung des Heiligen Römischen Reiches, und alles ist dieser Idee untergeordnet, voran der Glaube ... Auch der Sozialismus ist ein Kind des Katholizismus und der wahren katholischen Natur! Auch er ist, wie sein Bruder Atheismus, aus Verzweiflung in Opposition zum Katholizismus als moralischer Macht gezeugt ... um den geistigen Durst der verdorrten Menschheit zu löschen."

Merkwürdigerweise sieht Dostojewski im Frankreich seiner Zeit die Macht des politischen Katholizismus, in einem höheren Maße noch als in Österreich, das er wegen seines imperialistischen Ausgreifens auf das europäische Erbe der Türken bekämpft. Deutschland, die „protestierende Macht", findet ein milderes Urteil, auch beeindruckt vom politischen Genie Bismarcks und dessen Kulturkampf gegen die katholische Kirche.

Das Judentum sieht Dostojewski mit kritischen Augen, was ihm auch von der Seite gebildeter Juden als Antisemitismus vorgeworfen wird, wogegen er sich wortreich wehrt: Er behauptet, das einfache Volk liebe die Juden, die Juden hingegen würden es verachten: ersteres ist wohl eine kühne Behauptung. Seine Skepsis gegenüber einer völligen rechtlichen Gleichstellung gründet letztlich in der Vermutung einer höheren intellektuellen, wirtschaftlichen und örtlichen Mobilität der Juden gegenüber der bäuerlichen Bevölkerung, die für Dostojewki den Kern des russischen Volkes darstellt, so daß die völlige Emanzipation eine Deklassierung der Russen bewirken könnte.

Der politische Dostojewski hat keine gute Nachrede. „Wolkiger Nationalismus" wird ihm im milden Falle vorgeworfen und Sigmund Freud spricht aus, was liberale westliche, aber auch sowjetische Kritiker meinen: Dostojewski lande rückläufig „bei der Unterwerfung unter die weltliche wie unter die geistliche Autorität, bei der Ehrfurcht vor dem Zaren und vor dem Christengott und bei einem engherzigen russischen Nationalismus, eine Station, zu der geringere Geister mit weniger Mühe gelangt sind ... Dostojewski hat es versäumt, ein Lehrer und Befreier der Menschen zu werden, er hat sich zu ihren Kerkermeistern gesellt, die kulturelle Zukunft der Menschen wird ihm wenig zu danken haben." (In: Dostojewski und die Vatertötung, 1928)

Gewiß sind seine Prognosen von der Geschichte widerlegt, nicht immer seine Diagnosen. In seinem politischen Denken wird man die schlüssige, reflektive Entwicklung von der Diagnose und der Vision zur Beurteilung der politischen Realität vermissen. Und doch bedarf eine neue Auswahl seiner politischen Überlegungen keiner Rechtfertigung. „Il se trompe, mais avec force" sagte ein Zeitgenosse über Joseph de Maistre; das ist die literarische Seite. Die andere ist, daß der große Autor, Seelenkenner und Russe Gedanken und Gründe freilegt, die auch dem, der heute über Rußland nachdenkt, von einigem Nutzen sein werden. 1880 schreibt Dostojewski an E. M. Vogue : „Wir haben das Genie aller Völker, dazu noch den russischen Genius; daher können wir Sie verstehen, während Sie uns nicht verstehen."

Unsere Auswahl verwendet die „Politischen Schriften" im Rahmen der Ausgabe der *Sämtlichen Werke*, herausgegeben von D. Mereschkowski, übersetzt von E. K. Rahsin (München, Piper, 1922), das „Tagebuch eines Schriftstellers", herausgegeben und übersetzt von Alexander Eliasberg, vier Bände (München, Musarion, 1921 ff.), sowie die „Auswahl aus den politischen Schriften", *Der Staat als Theorie*, 3. Band, herausgegeben von Laurenz Wiedner, übersetzt von Charles Andres (Zürich, Pegasus 1945).

Literaturhinweise

Janko Lavrin, Fjodor M. Dostojewskij (Reinbeck, Rowohlt, 1963). Auflage 2010 mit ausführlicher Bibliographie

Pierre Pascal, F. M. Dostoëvski. L'Homme et l'Œuvre, (Lausanne, L'Age d'Homme, 1970)

Hans Kohn, Dostojewski. Ein politisches Porträt. In: *Der Monat* 2, I. 1949/50

Leonid Großmann, Die Beichte eines Juden in Briefen an Dostojewski. Hg. von R. Fülöp-Miller und Fr. Eckstein (München, Piper, 1927)

Johannes Schüller, Der Weg nach Eurasien. Dostojewski, Danilewski, Dugin. *Neue Ordnung*, 3/2014

Horst-Jürgen Gerigk, Turgenjew. Eine Einführung für den Leser von heute (Heidelberg, Winter, 2015)

Adolf Stender-Petersen, Geschichte der russischen Literatur. Aus dem Dänischen von Wilhelm Krämer, (München, C.H. Beck, 1957)

Geoffrey Hosking, Russland. Nation und Imperium 1552–1917. Aus dem Englischen von K. Baudisch. (Berlin, Siedler, 2000)

KAROLINGER VERLAG
AUS UNSEREM PROGRAMM

Konstantin Leontjew
DER DURCHSCHNITTS-EUROPÄER.
Ideal und Werkzeug universaler Zerstörung
Mit einer Einleitung von Isabelle Beaune
Aus dem Russischen von Jurij Archipow
104 Seiten, Br.
ISBN 3 85418 95 0

„Der fulminante, zwischen genialischen Einsichten und leichtfertigen Pauschalurteilen oszillierende Text ist unvollendet geblieben (...) Leontjews patriotischer Messianismus scheint heute wieder aufzuleben in den Geschichtsthesen und politischen Programmen der neuen russischen Rechten, die ihn – neben Dostojewski und Rosanow – zu ihren Stammvätern zählen".
      Felix Philipp Ingold in der *Neuen Zürcher Zeitung*

„Der Mitteleuropäer kann dieses hochgebildete Delirium studieren, für die Aburteilung des universalen Spießers sogar Sympathie aufbringen – aber auch der massivste Selbstzweifel wird ihn nicht dazu bringen, sich mit diesem Denken zu identifizieren. ‚Ruchlos' hat Dostojewski einmal die Ideen Leontjews genannt."
      Lorenz Jäger in der *Frankfurter Allgemeinen Zeitung*

„Brilliant und kompromisslos reaktionär"
      Novalis, Zeitschrift für spirituelles Denken

Karolinger Verlag
Kutschkergasse 12/7, 1180 Wien
verlag@karolinger.at, Pagina Domestica: www.karolinger.at

KAROLINGER VERLAG
AUS UNSEREM PROGRAMM

F. M. Dostojewskij
WEISSE NÄCHTE
94 Seiten, broschiert
ISBN 3 85418 019 5

Die große Erzählung in neuer Übersetzung in einer bibliophilen Ausgabe mit Tuschzeichnungen Mstislaws Dobuschinskijs aus dem Jahre 1922. Numerierte Vorzugsausgabe.

Pierre Pascal
STRÖMUNGEN RUSSISCHEN DENKENS 1850–1950
136 Seiten, broschiert
ISBN 3 85418 017 9

Pierre Pascal, 1890 in Issoire (Frankreich) geboren, lebt als Emeritus in Paris. 1911 bereist er zum ersten Mal Rußland. Nach einem Literaturstudium dient er seit 1917 bei der französischen Militärmission in Petrograd. Der „legendäre Lieutenant Pascal" gehört mit Männern wie Petit, Boulay, Rozier der ersten französischen kommunistischen Gruppe in Moskau an, die später in die KPdSU integriert wird. Er wendet sich in der Folge vom Kommunismus ab und einem eher mystischen Christentum zu. Legay sagt, er habe Solschenizyn früh vorweggenommen. 1933 verläßt er die Sowjetunion als einer der profundesten Slavisten Europas; Kenner der Hochkultur, der Orthodoxie und der bäuerlichen Volkskultur wird er später Professor an der Sorbonne. Sein knappes Standardwerk ist ein Desiderat ersten Ranges und wird hier zum ersten Mal auf deutsch vorgelegt.

Karolinger Verlag
Kutschkergasse 12/7, 1180 Wien
verlag@karolinger.at, Pagina Domestica: www.karolinger.at